高等教育秘书学专业本科系列教材
中国高等教育学会秘书学专业委员会组编

SECRETARY SCIENCE

速记与速录

S U J I Y U S U L U

主　编　童之侠　谭连顺
参　编　杨　瑞　古婕慧　童　星　王瑞华

北京师范大学出版集团
BEIJING NORMAL UNIVERSITY PUBLISHING GROUP
北京师范大学出版社

图书在版编目(CIP)数据

速记与速录 / 童之侠，谭连顺主编 . —北京：北京师范大学出版社，2021.3(2025.7 重印)

高等教育秘书学专业系列教材

ISBN 978-7-303-26274-8

Ⅰ.①速… Ⅱ.①童… ②谭… Ⅲ.①汉字－速记－高等学校－教材 Ⅳ.①H126.1

中国版本图书馆 CIP 数据核字(2020)第 157502 号

SUJI YU SULU

出版发行：北京师范大学出版社 https：//www.bnupg.com
　　　　　北京市西城区新街口外大街 12-3 号
　　　　　邮政编码：100088
印　　刷：北京溢漾印刷有限公司
经　　销：全国新华书店
开　　本：787 mm×1092 mm　1/16
印　　张：21.75
字　　数：380 千字
版　　次：2021 年 3 月第 1 版
印　　次：2025 年 7 月第 2 次印刷
定　　价：54.80 元

策划编辑：易　新　　　　责任编辑：冯　倩
美术编辑：焦　丽　　　　装帧设计：焦　丽
责任校对：康　悦　　　　责任印制：赵　龙

高等教育秘书学专业本科教材编审委员会

出版序言

本套教材是中国高等教育学会秘书学专业委员会（以下简称"秘书学专业委员会"）组织编写的第一套秘书学专业本科教材。

"秘书学专业委员会"于 1982 年 12 月创办，1990 年 9 月正式成立，原称"中国高教学会秘书学会"，是经过民政部核准注册的国家二级学会。全国性社会团体清理整顿工作后，于 2004 年 4 月正式更名为现称，为中国高等教育学会分支机构——"学科"专业委员会，我国秘书界唯一的全国性社团学术组织。

"秘书学专业委员会"通过广泛开展学术交流与研讨活动，在全国尤其是在高等院校有较大影响。随着秘书学学科建设与专业教育发展的需要，申请秘书学专业加入国家教育部本科目录的问题逐步提上日程。

教育部于 1997 年进行修订的《普通高等学校本科专业目录》颁布之后，"秘书学专业委员会"在北京召开的"1999 年学术研讨会"上，围绕"21 世纪高等院校如何提高教学质量，培养高素质秘书人才，以适应社会发展需求"的问题进行了深入研讨。与会专家、教授、学者一致认为，经过将近 20 年的秘书学研究和教学的探索与实践，我国高校设置秘书学本科专业的条件已具备，主要表现：一是秘书学科理论体系已逐步形成，二是秘书学专业教师和研究队伍已逐步建立，三是秘书学专业教学经验日趋丰富。所以，应该抓紧开展申办秘书学专业"入本"工作。当时因有一些同志认识不同，于是会议就此展开了热烈深入的讨论，最后大家统一了认识：秘书学专业必须设置本科层次，甚至发展到硕士、博士的层次，这是社会发展的需要。教育部高教司刘凤泰副司长应邀出席了这次研讨会并讲了话，他对会议决定申办秘书学专业"入本"工作表示支持，当即表态说让"秘书学专业委员会"提交文字报告。当"秘书学专业委员会"向教育部提交了申办秘书学专业"入本"的书面报告之后，教育部在 2004 年调整高等学校本专科目录时，在教育学门类职业教育种类的"本科专业目录"之外增加了"文秘教育"专业，代码为"040335W"，属于师范教育。原因是，为了适应经济社会发展对秘书人才的迫切需要，教育部已批准在"本科专业目录"之外的专科层次增设了"文秘"专业，主要在高职高专中招生。这次调整在"本科专业目录"之外增加"文秘教育"专业，主要是为了解决"文秘"专业师资问题。当然，这对于秘书学学科建设与专业教育的发展也同样起到了一定的推动和促进作用，但仍然不能够满足秘书学专业建设与发展的需要。这是"秘书学专业委员会"首次申办秘书学专业"入本"的情况。

2010 年 3 月，教育部自改革开放以来第四次对《普通高等学校本科专业目录》的修订开始启动。"秘书学专业委员会"抓住机遇，再次向教育部提交了申请秘书学专业"入本"的书面报告。2011 年 4 月，教育部把秘书学专业正式列入新修订的《普通高等学校本科专业目录》进行公示，第一次把"秘书学"定位为"文学"类属下与"汉语言文学"并列的二级学科，代码为"050107T"，并于 2012 年颁布实施。此前的教育部本科目录在教育学门类中把"文秘教育"作为目录外本科专业列入其中，这次修订，"文秘教育"在教育学门类内已被撤销。

秘书学专业进入国家教育部正式颁布的《普通高等学校本科专业目录》，标志着历经 30 年的中国秘书学"学科"的正式确立，也预示着中国秘书学界春天的到来。

面临秘书学专业"入本"之后的新形势和新任务，为了集思广益，商讨对策，解决实际问题，"秘书学专业委员会"及时在京举办了"秘书学本科专业学科建设座谈会"。会议一致认为，解决好秘书学专业本科教材和师资问题是当务之急。

自从"秘书学专业委员会"于 1990 年正式成立迄今，有不少院校已自行编辑出版了秘书学本科教材，这些教材在推动秘书学专业发展和秘书学学科建设方面做出了重要贡献。而"秘书学专业委员会"到底需不需要直接组织编写秘书学专业的本科教材？有个别领导认为，仅在秘书学专业"入本"前后，市场上就已经出版了不少本科教材，不需要再费力组编。但是，"秘书学专业委员会"的委员们经过认真讨论最后统一了意见。大家一致认为：当前现有本科教材的实际状况，已不适应"入本"后秘书学学科建设和专业教育发展的需要，根据"秘书学专业委员会"的宗旨与业务范围，应该勇于担当，组织编写一套秘书学专业本科教材，并引领秘书学学科发展的方向，这也是义不容辞的责任和义务。而如何着手组织编写？经过研究决定，先行展开调研，以便结合实际，做到有的放矢，编写出适用的精品教材。

据此，"秘书学专业委员会"自 2013 年 1 月开始，展开了深入细致的调研工作。为了做好调研工作，成立了以第一副会长郭长宇为组长，教育部高教司原副司长刘凤泰为常务副组长，以及其他有关领导成员参加的调研工作小组，并邀请国防大学基本系原主任孟进鸿将军、总参工程兵部办公室原主任郑德源大校、北京师范大学侯玉珍教授、北京联合大学应用文理学院周文建教授、北京联合大学师范学院张东昌教授等参加调研。直至 2015 年 1 月，经过两年来的多轮调研和反复论证，并几易其稿，做出了《秘书学专业本科人才培养方案》，确定了基础课、专业课和实践课的课程，在此基础上才开始着手组织编写这套本科教材。

为了加强这套教材的编写工作，"秘书学专业委员会"经 2014 年 9 月 16 日会长办公会议通过，成立以时任名誉会长、教育部原国家督学郭长宇为主任，教育部高教司原副司长、高等教育教学评估中心原主任刘凤泰为常务副主任，以及常务理事会成员组成的"中国秘书学专业本科教材编审委员会"（后决定吸收参编院校的领导参加）。"编审委员会"几经讨论，认真准备，"秘书学专业委员会"于 2015 年 5 月 15 日以"中高秘〔2015〕12 号文件"发出了《关于征集秘书学本科专业教材参编院校与参编个人的通知》，开始了本套教材的编写工作。

本套教材编写的指导思想：坚持以马列主义、毛泽东思想、邓小平理论、"三个代表"重要思想、科学发展观和习近平总书记有关重要讲话的精神为指导，认真贯彻落实党的十八大和《国家中长期教育改革发展规划纲要（2010—2020年）》精神，结合实际，编辑出版本套秘书学本科专业教材。

本套教材编写的基本原则：集体组织，自愿参编；统筹安排，民主决策；主编负责，分工合作；严格程序，确保质量；按时完稿，力出精品；既出成果，又出人才。

本套教材编写的具体要求：坚持质量第一，对教材中的基本概念、理论的表述，力争准确、简明，语言通俗、流畅。

本套教材编写队伍的组成：由热爱秘书事业，积极参加秘书活动，从事秘书学教学、科研工作，实践经验丰富，学术造诣较深，开拓进取，善于团结合作，乐于奉献的人员组成。

本套教材编写的主要内容：本套教材涵盖了基础课教材、专业核心课教材和实践课教材三大类，其中包括：《秘书学概论》《中国秘书史》《秘书应用写作》《秘书写作实训》《秘书实务》《秘书文档管理》《秘书文化导论》《秘书心理学》《秘书礼仪》《办公数字化》《速记与速录》《领导科学》《管理学原理》《形式逻辑》《古代汉语》《现代汉语》《基础写作》《中国文学简史》共18本。每本教材按照满足学生自主学习，教师可翻转教学，师生共筑快乐课堂的目标而设置，不仅配有数字化资源、思考题答案、参考资料，而且有丰富的知识链接、章节说课链接等，可用来建设微课、慕课教学，供授课教师教学参考之用。

本套教材编辑出版的意义：第一，这套教材是"秘书学专业委员会"组编的第一套秘书学专业本科教材，属于集体行为，是在秘书学专业"入本"之后进行深入调研的基础上确立的本科人才培养方案，所以，它适应秘书学学科发展和秘书学专业人才培养的需要。第二，"秘书学专业委员会"组编的这套教材，是在深入调研的基础上，汇集全国秘书学界的精英，实行编审委员会集体领导下的主编负责制，并选择了"老、中、青"相结合的参编方案，所以，教材的质量是毋庸置疑的，是能够适应市场需要的。第三，这套教材汇总了多年来秘书学学科创建发展的成果，而且要求能够引领今后学科发展的方向，同时贯彻落实党的十八大和习近平总书记的有关重要讲话精神，体现新的执政理念，所以，编辑出版这套本科教材具有重要的历史意义和现实意义。

本套教材的特色：基于秘书学具有交叉学科的特性，本套教材在编写过程中，力争突出秘书学专业独特性、完整性、综合性和时代性的特色。所谓"独特性"，是指它的研究对象和内容与其他学科专业不同，是"研究秘书（个体）、秘书机构（群体）和其动作（秘书工作）规律，以及秘书学本身发展规律的一门科学"。所谓"完整性"，正如苏联学者拉契科夫所说，"每门科学总是以建立统一的、逻辑严密的、关于周围世界某一方面的知识体系为前提的"，秘书学也不例外，同样要形成自己完整的知识体系和统一的、逻辑严密的学科专业体系。所谓"综合性"，主要体现在以下两个方面。一方面体现在秘书工作的性质上，即秘书工作是一种综合性的工作；另一方面体现在秘书学科自身的特征上，即交叉学科的综合性。所谓"时代性"，从 20 世纪 70 年代开始的信息革命正给人类文明带来前所未有的影响和挑战，在信息革命中出现的数字化、智能化和网络化的大趋势正改变着现代人政治、经济、文化各方面的活动面貌。因此，秘书学的理论体系必须符合时代的特征，要重视引进信息革命所形成的各种适合于我国国情的先进理论，来充实和完善秘书学自身的理论内容，以保证秘书学理论体系的不断更新，这也是中国秘书学自身发展的必然要求。

本套教材的创新：以教育部教改的新精神为指导，进行教学内容的改革和教材新体系建设，改变传统的教学模式，建立具有个性化特征，适于教师教学、学生自主学习，注重学生创造性思维与创新能力培养的立体化教材；区别于已经出版的其他秘书学专业教材，更不等同于"文秘专业"高职高专教材。它拓宽了研究方法和视野，并注意从感性认识中概括出新观点，从实践中提升新理论，善于选用新案例、新数据、新材料，推陈出新，推进秘书学学科应用理论系统化的建立。不仅教学内容、教学方法与手段体现了教学改革的新精神，而且案例新、数据新、材料新，充分体现了专业的最新发展及学科优秀科研成果；较之于同类教材更适合教学的需要，具有鲜明的特色和优势，突出信息数字化，弥补了现有教材教案刻板、表现形式单一等不足。同时，考虑到秘书学交叉学科的特性，使其在人才培养的目标定位、质量内涵等方面不可避免地会产生模糊性的特点，该教材在内容的选材、概念的界定、体系的完整等方面坚持不可替性原则。本套教材坚持了研究成果进教材，注重在学科交叉领域开拓秘书学理论的新观点。

总之，这套秘书学专业本科教材是"秘书学专业委员会"的集体成果，是秘书学界所有关心支持这一工作的领导、参编人员和诸多同仁的智慧结晶。而且，经过认真比对，最后确定了与北京师范大学出版集团合作编辑出版这套教材。通观这套秘书学专业本科教材的特点，它具有科学性、知识性、新颖性及趣味性等诸多优点。由于受作者水平限制，而且编写时间过紧，书中难免有诸多不足之处，因此诚恳希望广大师生、同行专家与学者们批评和赐教。

让我们更加紧密地团结在以习近平同志为核心的党中央周围，务实苦干，攻坚克难，同心协力，使这部教材成为具有当代水平的精品，为提高秘书学专业的教学质量，为中华民族的伟大复兴做出贡献！

高等教育秘书学专业本科教材编审委员会

2016 年 12 月 18 日

致读者

亲爱的读者朋友：

　　您好！

　　语言和文字是人类交际的主要工具，世界上的各种文字是记录各种不同语言的符号。文字能超越时间与空间的限制，将人们的思想记录下来，传到远方，留给后世。文字的产生促进了人类社会的发展，没有文字就没有人类记载的历史，也就没有人类社会发展的今天。

　　世界上无论哪一种文字，用来记录口头语言的都不可能与之达到同步。这就是速记产生的原因。研究速记的原理和结构的学科叫速记学，是语言学的一个分支。速记学包括三个部分：速记产生与发展的历史、速记原理、速记的方法与技巧。

　　速记是用特别简单的记音符号和词语缩写符号迅速记录语言的方法。普通文字的字形复杂，书写起来较为缓慢。但是如果掌握了速记，用笔记录时就可以基本上达到与语言同步的速度。高效率、快节奏是当今时代的特点。速记能以很快的速度记录语言，是一种高效率的书写技能。它不依赖任何外界设备，一旦掌握便熟记于心，运用自如。秘书和新闻记者等行业的人士掌握速记是很有必要的。事实上，凡是经常需要书写的人都应该学习速记。阅读和书写外语的速记，还有助于促进外语的学习。人们永远需要速记，因为速记能节省时间、精力和金钱。

　　速记方便快捷，可以提高工作效率。速记的使用范围涉及社会生活的各个领域。世界上多数国家都有本民族语言的速记方式。在工作和学习中，如果使用速记，就能够非常有效地争取时间和节约时间，提高工作与学习的效率。学会速记，可以终身受益。

　　本书速记理论以及汉语和英语的速记方法。英语的速记方法采用流线型葛锐格速记法。汉语的速记方法是作者根据英语的速记方法设计的。读者可根据个人需要，分别学习汉语或者英语的速记，也可以两者都学。学会一种以后再学另外一种会更加容易，因为两者的符号基本相同。

　　本书速记部分及速记、速录练习材料和附录等均由中国传媒大学教授、美国俄勒冈大学名誉教授、广州华商学院教授童之侠编写。他长期担任速记教学工作，具有丰富的汉语速记和英语速记的教学经验，对于速记的原理和应用有深入细致的研究。中国传媒大学外国语言文化学院教师杨瑞、广西铜牛文化传播有限公司副总经理兼北海艺术设计学院特聘讲师古婕慧、三亚市院士联合会文宣部主管童星参加速记部分编写。速录部分由双飞速录软件发明人、澳大利亚昆士兰大学计算机软件工程师谭连顺编写。青岛双飞软件有限公司经理、曾任青岛百圣府速录师职业培训学校校长王瑞华参加速录部分编写。本书由童之侠教授负责总体规划、布局篇章、安排结构和最后统稿。

感谢中国高等教育学会秘书学专业委员会和北京师范大学出版社对本书出版的精心策划、周密安排与大力支持。

童之侠

2020 年 12 月于广州华商学院

内容简介

　　速记是用特别简单的记音符号和词语缩写符号快速记录语言的方法，是一种高效记录的书写技能，一旦熟练掌握，就可以运用自如。速记可应用于社会生活的各个领域。秘书、翻译和新闻记者等行业的人士掌握速记是很有必要的。速录是用计算机进行录入的一种速记形式。在工作和学习中，如果使用速记与速录，就能够非常有效地节省时间，事半功倍。

　　本书包括汉语和英语的速记与速录方法。读者可根据个人需要，有针对性地选择学习汉语或者英语的速记与速录，也可以两者都学，相得益彰。

　　本书注重科学性、实用性、思想性、知识性、趣味性、启发性。本书的特点是内容新颖、结构合理、由浅入深、循序渐进、提纲挈领、简明扼要、详略得当、逻辑性强、重点突出、练习全面、资源丰富、条理清晰、简单明了、通俗易懂。读者通过阅读本书，可以掌握速记的原理，举一反三，灵活运用。本书适合教师进行课堂教学，同时也方便学生课外练习与自学。

简要目录

详细目录

第一章

速记概论

看一看，速记原来如此简单！

这里是五个符号和它们所代表的语音：

xi	qi	ji	s(h)i	he	

熟练掌握之后，用这几个符号就可以很轻松地快速记录这些词语：

机器　气息　实习　时期　实际　　合适　失和　和气　契合

喜事 其实 及时 合计 集合

过后再看这几个符号就可以把它们读出来。是不是很神奇？

想一想，你用这几个符号还能写出哪些词语？

快来学速记吧，既有趣又有用！

第一节
速记基本知识

一、什么是速记

速记是一种提高书写速度的方法，它是运用简便的记音符号和有规律的缩写方法迅速记录语音和表达思维的艺术与学问。

在日常工作、学习和生活中，人们都觉得字写得太慢，没有办法把听到的东西完整地记录下来。说话速度和书写速度之间有很大的差距，解决这个问题的有效方法是使用速记。速记可以使说话速度与书写速度基本上实现同步。

《中国大百科全书》给速记下的定义是："与文字相辅而行的一种书写系统。它是在文字书写形式不断演变的基础上，为了适应快速书写的需要而发展起来的。"[①]《大辞海》给速记下的定义是："用特别简单的记音符号和词语缩写符号迅速记录语言的方法。"[②]《新华字典》给速记下的定义是："用便于书写的符号记录口语。"[③]《美国大百科全书》则称速记是"简洁而迅速的书写方法"。

速记不仅可以记录口语，而且还广泛应用于记录思维和抄录文字资料。关于速记的定义问题，在国际速记与打字联合会大会上曾经进行过多次讨论。大多数人认为，不管采取什么方式，凡是能快速记录语言的方法就叫速记，其中既包括传统的手写速记方式，也包括使用机器进行速记的方式。因此，速记的定义可以表述为：速记是采用简便的特殊符号或编码，借助科学的缩略形式，快速记录语言和思维的方法与技巧。

二、速记的用途

人们在日常生活、工作、学习中经常需要用笔做记录。普通文字不能适应人们快速记录语言和思维的需要，所以人们在运用文字的过程中，采用了简化和略写的方法。

---

① 中国大百科全书总编辑委员会：《中国大百科全书·语言文字》，379页，北京，中国大百科全书出版社，2002。

② 夏征农、陈至立：《大辞海》，338页，上海，上海辞书出版社，2015。

③ 中国社会科学院语言研究所：《新华字典》（大字本），468页，北京，商务印书馆，2000。

速记就是为了满足人们快速书写语言的需要而产生的(图 1-1-1)。速记能节省时间,提高工作效率。

图 1-1-1　人们在日常生活、工作、学习中经常需要用笔做记录

速记的用途是多方面的,它可以记录报告、会议、课程、广播等内容;也可以写发言稿、笔记、日记、备忘录,摘录书报、抄录文献资料等。国外许多国家的国会开会时都用速记记录讲话内容,并保存了大量的速记稿。

秘书工作以书写为主,如记录口述和电话内容等。应用速记可以大大提高工作效率。在发达国家,速记是秘书人员必须掌握的专业技能。美国把速记列为秘书应会的九种职业技能中的第二种。许多公司招聘秘书时,会速记是主要的条件。对外国的新闻记者来说,速记是他们基本的职业技能。在新闻采访中如果使用速记,就能比不用速记的人获得更多、更准确的信息。

学生上课和听讲座时,如果用速记做笔记,就能记得更详细、精确。不少大专院校的学生参加速记培训班,目的就是解决记课堂笔记速度慢的困难。在法庭上,写调查记录、审讯记录、辩护记录等文字材料时常常使用速记,这样能达到详细、准确记录的目的。不少欧美国家的法院都设有速记人员,很多律师自己也会速记。翻译人员在口译时可借助速记记录讲话人成段的讲话,以保证翻译时不致遗漏。

在国家级外事会谈中,国际惯例规定不许录音,必须使用笔和纸手写记录。国家领导人在会见外宾时,身后都有翻译与速记工作人员。这是周恩来总理在中华人民共和国成立初期就指示外交部这样做的,并且还规定翻译人员也必须学会速记,以保证国家领导人与外宾会谈时能全面了解外宾的意见。翻译人员一般都是待外宾讲完一段话后再进行翻译,如果仅凭自己的记忆理解,重新把原话译出大意,就难免出现误译和漏译的现象。应用速记就可以避免这些现象。

法院多使用速记记录庭审内容。近年来,仅北京市各级法院就招聘了 700 余名掌握速记技能的专业人员作为书记员。速记广泛应用于各新闻媒体的工作中,如电视节目字幕制作、场记等文字录入和网站的文字直播、报社的文字采访等。全国和地方"两会"以及国务院、外交部等各大部委组织的新闻发布会、各种听证会等重要会议，均采用速记记录会议内容。

利用速记整理口述而成的文学作品也是速记应用的一个方面(图 1-1-2)。在一些发达国家，用速记整理出来的著作不计其数。苏联作家奥斯特洛夫斯基的《钢铁是怎样炼成的》就是由作家口述，速记员记录整理而成的。19 世纪英国著名作家狄更斯精通速记，他直接使用速记写成了大量的文学作品。

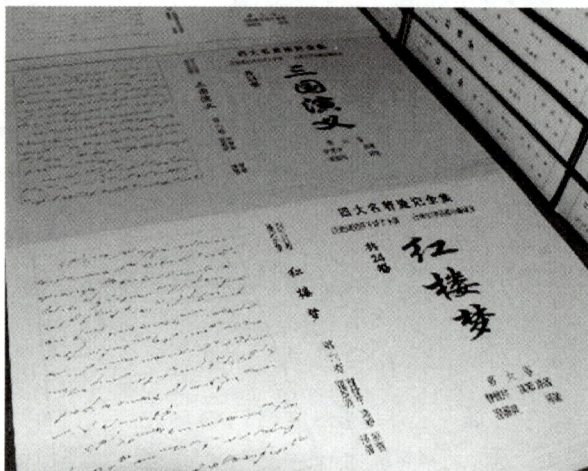

图 1-1-2 用速记符号抄录的四大名著

速记还可以用来快速地整理录音。现代社会，许多单位和个人都常常在工作中运用录音机直接进行声音记录，但录音的整理工作却是相当繁重的，一个小时的录音使用汉字整理要花七个小时以上，而用速记一般只需要一个小时左右。

使用速记还能起到保密的作用。在一些部队、政府保密部门、公安机关等单位，培训速记人才是为了做好保密工作。保密人员根据速记书写规律，可自创速记符号，即使是会速记的人，也辨认不出来。

除了记录口头语言以外，速记可以记录无声语言即文字，如摘抄资料情报。资料情报是人们从事写作和研究的必要条件，而资料情报的积累是一项繁重的工作。如果使用汉字摘抄资料，往往要耗费大量的时间、精力，运用速记就可以节省时间，可以积累更多的资料。

速记是一门实用技术，它除了能适应快速记录的需要，还能提高人们的听话能力和写作水平，培养敏捷的反应能力，促进智力的发展。经常用手写速记有助于发展智力。医学研究表明：对大脑的健康来说，最重要的是手指的运动，如练习书法、速记、绘画等。通过运动手指来刺激大脑，可以延缓脑细胞的衰老，有利于保持大脑的功能健全。速记符号的区别很细微，学习和使用速记还有助于培养细致严谨的好习惯。

三、机器不能代替手写速记

在科技日新月异的今天，记录人类语言的技术在不断地更新。录音机的普及、电子速记机以及各种电脑文字处理软件的研发和应用，在很大程度上改善了人们记录和书写语言的条件。但是，这些新技术无法取代手写速记。因为任何一种工具都有自己的应用范围，不是万能的。打字机发明后，曾有人预言，打字机将会代替笔。但是这么多年过去了，人类使用的普通书写工具仍然是笔。速记在处理文字的书写速度和语言表达速度之间的矛盾方面一直发挥着重要的作用。

速记与录音机虽然都可以记录语言，但录音机只能把有声语言的声音如实地记录下来。要把录音的声音变为文字，还得使用速记，因为录音带播放速度依然很快，一般文字是记不下来的。要用普通文字记录，就得来回放，会浪费很多时间。录音机的使用有时会受场合、电源等条件的限制。记者在采访中使用录音机，如果受访者是初露头角的人，他们见到录音机说话就会拘束，影响采访的效果；如果受访者是老专家、老领导，他们可能会要求不要录音。由此可见，采访中录音机的使用是有限制的。

录音机记录语言只能机械地照录，不管需不需要都会全部录下来；而用速记记录语言，既可以详尽地记录，也可以选重点记，运用十分灵活。速记记下的符号，可以查阅、修改，而录音带不能直接查阅，必须在录音机上播放，也不能修改。速记不仅能记录有声语言，还能记录文字，还可用速记起草文稿、写日记、记笔记、摘抄资料等，这是录音机望尘莫及的。在西方一些发达国家，录音机早已普遍使用，但他们的速记技术照样发达，学习与应用速记的人仍然很多。可见，录音机不可能取代速记。

在录音机不能发挥作用的地方，速记是必不可少的。在重要的外交会谈或会见的场合不允许用录音机这种情况下，速记就特别重要。

速记用在表达思想和抄录文字方面，更是录音机无法代替的。在记录语言方面录音机只能满足人们"听"的需要，而无法解决人们"读"的需要。"听"和"读"是从不同的方面来满足人们的需要的。例如，现在每天都有新闻广播，但是仍然需要出版报纸。要把录音变成书面文字，还得需要速记。有些重要报告，先用录音机录音，然后再由速记员速记下来整理成讲话稿印发。录音机只是机械地录音，如果需要记录讲话的现场动态、上课的板书或电视上的文字等，录音机是无能为力的。录音机也不一定能随时随地带在身边使用。而速记仅需要一纸一笔，不受其他条件的限制。

随着现代科学技术的飞速发展，电子计算机的应用与普及，各种技术与获取信息情报的技术迅猛发展，有一些人对手写速记技术的发展前途产生了种种忧虑，担心手写速记将被机械和电子计算机所取代。这是对手写速记的误解，是对手写速记的价值意义缺乏认识和理解。

手写速记具有机械速记所不能替代的优势。手写速记灵便、经济，不受时间、条件、场所、设备等因素的制约，而机械速记、计算机速记和速记机速记，则必须在特定的条件和场所下进行。手写速记则不同，如果需要记录，速记人员只要有笔和纸，就可以随时随地迅速进行工作，做到讲话与记录同步。即使将来计算机速记普遍运用的时候，手写速记仍然是人们记录信息的一个重要手段。著名语言学家周有光表示，我们不能一天到晚总带着一台机器，也不能一天到晚总带着电子计算机，有许多场合是要用双手的，这等于现在我们已经发明了汽车、飞机，但人们还是离不开双腿走路。无论将来机械化、电子化发展到怎样一个程度，速记、手写的速记还是大有用途的。

只要人类还需要用笔书写，手写速记就永远不会过时。用速记比用汉字书写速度要快三至五倍。掌握了速记对工作开展非常有利。国家劳动部已经将速记列入秘书职业技能考核内容。1996 年国家劳动部发布文件，颁布和实施《计算机速记技能培训和鉴定标准》，规范了我国速记员的职业标准，并规定"助理速记员""速记员""速记师"作为速记行业的职称，速记服务进入市场。这为推广速记教学，发展我国速记事业创造了良好的社会氛围。

四、速记的基本类型

世界上有自己独立语言和文字的国家和民族，几乎都有自己的速记方式。有的国家同时有几种乃至几十种速记方式，例如，日本就出现过 80 多种速记方式，其中比较流行的就有 8 种。自中国速记诞生以来，出现了数百种速记方案，现在比较流行的速记方式也有几十种。

速记有各式各样的类型，按照内容划分，可分为新闻速记、外事速记、财经速记、秘书速记。按照方式划分，可分为手写速记、机械速记和电脑速记。按照形式划分，可分为符号速记、字母速记和简略速记。按照符号的体式和流派划分，可分为几何式速记、流线式速记和草书式速记。

符号速记是现代速记的主流。符号速记的基本符号是通过科学的方法从几何图形中分解出来的点、线、圈等简单图形，而且注意符号的繁简程度与音节频率之间的合理搭配，这是古今中外普遍采用的一种速记方式。由于符号选择和设计上的不同，可以分为以下三种类型。

第一，几何式正圆类型。几何式速记的基本符号来源于正圆体和正米字形。它的所有符号，都是从这种正圆体和正米字图形中分解出来的。正圆体速记是英国的伯特勒博士于 1588 年创制的，流行于英、日、美、法等国家。其中著名的有英国的皮特曼式速记、法国的巨龙式速记、美国的凌士礼式速记、日本的田锁记纲式速记。皮特曼的速记法是世界上流行较广、影响较大的一种几何式速记方式。

第二，流线式椭圆类型。流线式速记的创始人是葛锐格。流线式速记的符号来源于方向不同的椭圆和斜米字形。葛锐格于 1888 年在英国发表《轻线记音学》，1893 年在美国出版《葛锐格速记》。葛式速记有 20 个辅音符号，12 个元音符号，符号有三级比例，不分粗细。

第三，草书式斜体类型。斜体速记是世界上最古老的速记，符号取自普通文字的手写体，如汉字草书、草体拉丁字母、阿拉伯字母、斯拉夫字母、日本假名等。古罗马的泰罗音符就是草体式速记。

五、速记的书写速度

快速是速记的灵魂，是速记的生命。要达到速记快速的标准，必须解决书写速度、译读速度和准确率这三个问题。快速记录主要取决于速记技能的高低，同时也受主客观多种因素的影响。在客观方面，要受使用速记方案的设计，记录专业是否对口，记录场地的条件，速记员使用的工具等的限制。在主观方面，主要受速记技能高低的影响，也受速记员知识面的广度和深度、语言听力、记忆力和反应力、临场的心理状态的影响。快速和准确是对立的，快速影响准确，准确限制快速。我们要的快速是建立在准确的基础上的快速；我们要的准确是在保持快速的情况下的准确。

速记的书写速度一般分为三等十级。初等速度包括一、二、三级，要求每分钟记录汉字的数量分别为 120 字以上、130 字以上、140 字以上。这是学习速记初期应该达到的速度。如果按照书写普通文字平均每分钟 30 字计算，初等速度比平常汉字书写速度快 4 倍多，能记录一般速度的讲话，适合于机关秘书使用。业余自学速记，如果每天自学 2 小时，半年累计自学 240 小时，就能达到这个标准。如果参加脱产的速记短训班，每天学习 6 小时，每周学习 36 小时，经过一个半月的专门学习，就可以达到这个标准。达到这个标准的可以评为初级速记员的职称。

速记中等速度包括四、五、六级，要求每分钟记录汉字的数量分别为 150 字以上、160 字以上、170 字以上。这比平常汉字书写速度快 5 倍多，能记录会议报告、座谈讨论、课堂讲课等，具有很高的实用价值。在速记学校经过半年的专业学习，包括练习和实习共需 650 学时才能达到这个标准。达到这个标准的人可以评为中级速记师的职称，可以担任速记学校的速记教师或一般机关单位的专业速记师。

速记高等速度包括七、八、九、十级，要求每分钟记录汉字的数量分别为 180 字以上、190 字以上、200 字以上、210 字以上。在专门的速记班经过一年的专业学习，共需 1300～1500 学时才能达到这个标准。要达到每分钟记录 180 个汉字以上必须经过长期的、刻苦的训练才能实现。

六、速记与文字的关系

速记与文字不一样。虽然速记和文字都是语言的书面表现形式，但是速记并不等同于文字。

文字是人类社会交往的工具，具有全民性、规范性和明确性。而速记主要要求快，因此速记必须具备符号简单性、表现敏捷性和运用灵活性的特点。速记的传阅范围窄，读者是个人或少部分人。因此，在一种语言中可以有多种速记方式存在，其缩略方法可以根据实际需要，由个人随意设计。作为一个国家或一个民族通用的文字，它经过长期运用已经约定俗成，并且用法律手段固定了下来，不能随意变动。速记只能是一种辅助工具。

文字是全社会使用的记录语言的工具，速记只在比较小的范围里使用。文字重在精密，速记重在简捷。速记和文字都是记录和传达语言的书写符号，但两者的功用不同，文字是精确记录和传达语言的书写符号，速记是快速记录和传达语言的书写符号。文字作为社会的交际工具，为求精确、严密，以致形体烦琐，书写缓慢，无法快速记录。速记则是为了适应快速记录的需要而产生的。速记和文字相互补充，就能够既准确又快速地记录和传达语言。

> **思考题**
>
> 1. 什么是速记？
> 2. 速记有什么用途？
> 3. 速记的书写速度分为什么样的等级？
> 4. 为什么说录音机不能代替速记？
> 5. 速记有哪些基本类型？

第二节
世界速记简史

一、远古时代的速记

在古希腊、古罗马文明昌盛的时代，人类就开始创制并使用速记了。考古发现，早在 3000 多年前的古埃及就有了速记术。公元前 350 年，古希腊人也创造出了一种速记方法。这种古希腊语的速记法比当时普通的文字书写要快得多。古希腊的历史学家色诺芬就是用这种速记符号来记录苏格拉底的传记的。

世界公认的速记创始人是公元前 103 年出生的古罗马帝国的泰罗。他原来是奴隶，由于发明了快速记录语言的符号而成为自由人。他用几千个符号代表数千个词，记录演说家的演说。泰罗在公元前 82 年创造了一种拉丁语速记简便符号。他用这种符号在雅典、小亚细亚一带记录著名的雄辩家西塞罗的演说。古罗马人称这种符号为"泰罗音符"。泰罗发明的速记法在早期常常使用于军事领域，为当时军事情报的传递做出过贡献，同时，它也记录了大量的文史资料。这种速记法为后世保存了许多古罗马的历史文献，为后人研究古罗马历史提供了很大的帮助。

在奥古斯都大帝统治下，速记有了很大的发展。虽然泰罗没有出版过速记教科书，但是他完成了一本速记词汇书。菲拉格瑞斯出版了一本按词根、前缀和后缀分类的速记教科书。速记用于罗马军队中，不只是为了节省时间，而且也由于下层人和被征服者不能理解而把它作为保密文字来使用。速记被用于国会记录发言，也用于法庭。演说时间如果太长，速记员就轮换记录。在恺撒时代，主教中的许多人都精于速记。随着速记术的不断改进，传播范围也越来越广，许多学校开设了速记课程。

二、近代和现代的速记

近代流行于世界各国的几何式速记法产生于 16 世纪末的英国。1588 年英国剑桥大学考古学家蒂莫西·布赖特博士到罗马考古，发现了泰罗音符。布赖特将它改编为几何式的英语速记，采用几何图形的直线、圆圈和半圆弧线，设计了一种英文速记法，取名"符号学"，献给当时的英国女王伊丽莎白一世。布赖特这个速记系统的创制，使在中世纪时被摧残的欧洲速记得以复活。布赖特把他的速记系统献给伊丽莎白，得到了出版这种速记法 15 年的专利权。

英国伦敦的约翰·威利斯牧师生于 1575 年，在 1600 年设计了几何式速记体系，出版了他的《速记的艺术》一书，使速记走上了普及应用之路。这是一种草书式速记，符号来源于草写体的英文字母，他设计了一个完整的速记字母表，用附加区别符号表示不同的元音。由于威利斯速记字母表给后来的速记发展奠定了基础，他被称为英国的"现代速记之父"。受威利斯速记方式的影响，生于 1601 年的托马斯·谢尔顿创制了自己的速记方式，称为"缩写文字"。从此，英国的速记历经多人的改进与应用，很快在其他国家传播开来。速记体系可以改造适用于各种语言。从 17 世纪以后，许多国家都进行了大量的速记研究工作，研制了多种方案的速记。继英国之后，瑞典于 1643 年成为第一个把速记用于国会的国家，法国于 1651 年、德国于 1796 年、美国于 1840 年、俄国于 1858 年、日本于 1882 年、中国于 1896 年先后引进并创制了本国的速记方式。

皮普斯用谢尔顿式速记写了他的日记。作为目击者，他描绘了伦敦大疫和伦敦大火。此外，英格兰人在皮普斯的笔记里发现普通写法区别于速记的最早解释。谢尔顿设计了很多有用的符号，每个符号表示两个或更多辅音的复合，而这些又是在英语中经常出现的，如复合辅音符号"sh、th、ng"等。这种方法被约翰·斯万用于瑞典语。斯万由于把谢尔顿速记转写为瑞典语速记，而获得授予爵士勋位的奖励。瑞典是第一个把速记用于国会的国家。

自泰罗速记问世以来，速记的改革对速记本身有很大的促进。人们学习速记，用它来记录新传教士讲道的内容，抄录从拉丁语翻译过来的《圣经》。德国神学家莫森格尔出版了以泰勒式速记为基础并做了大量补充的几何式速记。他更注意为前缀、后缀设计特别符号。

法国的速记创始人是雅克·柯森德。继柯森德之后又出现了 10 多种速记方式。德国的速记是以 1796 年毛斯盖尔从英国输入几何体系速记法为开端的。

1834 年，德国的巴伐利亚政府秘书戈贝尔斯伯格设计了一种草书式速记，对当时德国和斯堪的纳维亚地区的许多国家的速记法的发展产生了很大的影响。戈贝尔斯伯格于 1789 年出生于慕尼黑。他对几何式速记做了改进，于 1834 年首创德国的草书派斜体速记。他的草书速记被传到了瑞士的德语区、奥地利、匈牙利各地，是近代斜体速记的始祖。现在德国的统一式速记就是综合了戈贝尔斯伯格的速记和斯托尔兹式的速记而形成的。斯堪的那维亚国家和俄罗斯都派人来学习这种速记方式，并把它用于本国语言。

1813 年出生于英格兰的伊萨克·皮特曼是教会学校的教师。他改进了前人的速记系统，1837 年出版了《语音速记法》。由于他对速记的贡献，被维多利亚女王授予爵士称号。皮特曼的速记方式以几何式的正圆弧线和直线为基础，采用了加粗笔画来区别两个发音近似的辅音，以及把符号写在不同的位置以省去元音等方法。皮特曼的速记法用了一个多世纪，经过改动还应用于阿拉伯、非洲、美洲以及荷兰、法国、爱尔兰、德国、印度、意大利、日本、波兰、西班牙等地使用的语言。

1888 年，爱尔兰人葛锐格用几何式椭圆弧线和斜直线，设计了一种完全用轻线的速记法，不用位置变换表示元音，而是用普通写法的拼写原则，学习起来比较容易。这种速记在美国和拉丁美洲的许多国家得到广泛传播。

1922 年捷克斯洛伐克采用了赫路特和米库力克创制的草书式速记。这种方式被用于记录保加利亚语、英语、法语、德语、匈牙利语、意大利语、俄语、塞尔维亚、西班牙语和世界语。

1925 年，德国优秀的速记方式被合并为德国统一速记。斯托尔兹—施莱式成了德国、瑞士和其他德语地区的速记方式，并且被采用于丹麦语、荷兰语、英语、爱沙尼亚语、法语、古希腊语、立陶宛语、挪威语、匈牙利语、波兰语、俄语、西班牙语和世界语。

20 世纪初期在东欧地区，速记得到的鼓励超过了对无线电的鼓励。速记 1919 年被运用于波兰语，1918 年发表了一种改编为爱沙尼亚语速记的修改本，1922 年速记被运用于拉脱维亚语。

这一时期的苏联也着手统一速记方式。1925 年举行了一个会议，政府奖励索柯洛夫的轻线草书速记，并且用它转写苏联的各种语言，如格鲁吉亚语、乌孜别克语、乌克兰语等。1922 年在莫斯科举行的共产主义者世界会议雇用了 12 名速记员。

国际速记协会会议 1937 年在伦敦举行，许多国家和许多速记体系的代表都出席了会议。英格兰的牧师西姆斯建议，将来世界速记协会应该设置博士学位。

1867 年生于爱尔兰的葛雷格最初在格拉斯哥的一间律师事务所做速记员，1888 年出版了一本叫《轻线记音学》的教科书。皮特曼的速记方式流行于英格兰，葛雷格在美国的学生则更多。由于葛雷格对速记的有价值的贡献，他得到了博士学位荣誉，他 1948 年在美国去世。葛雷格的方式被一个叫巴尔卡玛的人在 1955 年用于好几种语言的速记。第二次世界大战期间，美国总统罗斯福的速记员是全美国速记速度最高的。

1958 年，英国速记讲师葛莱特关于世界速记史的《世界速记体系》在伦敦出版。这本书对速记和文字的发展做了专门的历史回顾。

三、世界各国速记应用状况

在英国，速记术的应用比较广泛。文艺复兴时期莎士比亚的许多著名剧本，就是当时莎士比亚在伦敦的格陆布斯剧院表演时由速记者记录整理而成的。英国速记几经改革，现在比较流行的是皮特曼创制的速记方式。

美国有专业速记人员 120 万人。流行最广的速记法是"葛锐格速记"。这种速记法的符号形体是流线型，书写速度非常快。美国有 92％的公立学校讲授葛锐格速记，有 4633 个城镇的公立学校采用葛锐格速记的教科书。美国每年 5 月举行全国秘书合格证书考试，五门课程中有一门就是速记。美国的办公室人员职位设有速记员一职，其工资比档案员或资料员高一级。不会速记的人在美国没有资格当办公室秘书。

速记在苏联很普及。为了发挥速记在国家建设中的作用，苏联部长会议曾通过一项决议，在全国推行国家统一的速记法。《真理报》发表了社论，号召机关干部、大学生、秘书人员要学会速记。苏联很重视速记的应用。苏共历次党的代表大会和重要的学术讨论会都使用速记记录，这些文件还特别注明是"速记录"，速记录具有法律性。

日本很重视速记教育，很多大学都开设速记课，还有专门的速记学校。早稻田大学成立了速记普及会，专业速记工作者有数万人。在日本国会众议院第一线工作的速记员就有 120 名。

德国在 1925 年就有了国家统一的速记法，中学、大学都设有速记课。前联邦德国有 300 多个速记打字协会。在德国的德累斯顿市，有建于 1839 年的速记博物馆。它所收藏的速记手稿记载了一个半世纪以来速记发展的历史，说明了速记在社会上所发挥的作用。

法国、日本、德国、瑞士、美国、英国等国家，从事新闻、法律、秘书工作的人一般都会速记，甚至司机、电工、店员、大学生、中学生及农业工人都学习速记，以节约书写时间。

四、国际速记学术组织

第一次世界大战前夕，国际速记与打字联合会（以下简称国际速联）成立，其宗旨是联合世界各国的速记和打字界的专家、学者、工作者进行速记与打字专业的学术研究、交流和推广工作，并建立会员国之间的联系，促进国与国之间的速记学术和技术的交流、开发和研制，组织多种语言的速记与打字国际性的比赛等。

1888 年国际速联在英国伦敦举行了第一次学术大会，1888 年至 1937 年的 50 年间，一共举办了 20 届学术年会。由于第二次世界大战的爆发，活动停滞下来，直到 1955 年在法国摩纳哥召开的第 21 届学术年会时才恢复。此后，国际速联每两年举行一次年会。随着其影响的扩大，加入国际速联的成员国也越来越多。中国文献信息速记学会于 1993 年 7 月 8 日首次派出中国速记代表团出席在土耳其的伊斯坦布尔举行的第 40 届国际速联学术年会，成为国际速联的第 36 个会员国。1995 年 7 月，我国派出 15 人的中国速记代表团，参加了在荷兰首都阿姆斯特丹举行的第 41 届学术年会。我国速记代表团在年会上进行了中文速记表演赛，引起各国代表的高度重视。

1997 年 9 月国际速联在比利时召开国际中央委员会会议，会议通过了"国际速记与打字联合会"改名为"国际信息处理联合会"的议程。瑞士日内瓦的国际速记与打字工作者联合会里收藏了世界各国优秀的速记方式，为研究各国速记提供了珍贵的材料。

思考题

1. 世界公认的速记创始人是谁？他在什么时候发明了速记？
2. 近代和现代的速记有什么发展？
3. 各国速记的应用状况如何？

第三节
中国速记简史

一、中国早期的速记

速记在中国 2000 年前的汉朝就已经萌芽。当时我国文字由"隶书"演变到"草书"，就是为了应付需要而创制的一种快速书写的简体字体，实际上相当于古代的速记。根据英国李约瑟的《中国科学技术史》记载，在 9 世纪，中国唐朝出现了一种快速记录方法，可以与说话的速度一致，但是具体的记录方法后来失传了。

近代采用简单符号记录语言的中文速记起源于 1896 年。当时正值我国文字改革的切音运动时期，这一年出版的切音新字方案中有三种是用速记符号作为方案，其中最有代表性并正式转化为速记术的是蔡锡勇的《传音快字》。

我国近代速记创始人蔡锡勇是福建龙溪人，幼年在京师同文馆读书，精通英文。蔡锡勇在京师同文馆毕业以后，随陈荔秋出使美国、日本、秘鲁等国，担任参赞职务。他在美国华盛顿的四年中考察了当地的文化，发现有一种"快字"记录法即速记，每分钟能写 200 多字，可以详尽地记录人们的讲话内容。他十分感兴趣，于是进行了研究。他回国以后，参照美国凌士礼的速记法，结合我国的《音韵学》写成《传音快字》一书，于 1896 年在武昌出版。当时他创作《传音快字》的动机，并不是为了提高汉字书写速度，而是把它作为一种文字改革方案提出来的。《传音快字》是以北京话为标准，仿照英语速记创制的。它的基本符号是从正圆形和正米字形的线条中分解出来的，笔画分粗细线，直行书写。有 24 个声母符号，32 个韵母符号，一共有 56 个基本符号，用变换符号位置的方法来表示四声。这是我国最早的全面表现汉语语音的速记方案。

我国另一位速记创始人沈学是江苏人。他精通英语，学生时代就接触了英语速记。沈学 19 岁起开始研究速记，花了五年的时间用英语写成了《盛世元音》（又名《天下公字》）。这部书由梁启超作序，先后发表在 1895 年 8 月的《申报》和 1896 年 9 月 7 日的《时务报》上。沈学不但掌握了速记的理论，而且还是速记的积极传播者，为了推广《天下公字》，他在上海的茶馆向群众面授普及速记。

晚清时代著名翻译家林纾翻译了英国、俄国、希腊、西班牙、日本的文学作品

150 余种。他不懂外文，翻译的时候是用速记记录口译，然后整理而成。

在中国，早期使用速记记述写成的书，一部是孙中山的《三民主义》，另一部是《中西文化及其哲学》。

二、中国近代的速记

五四运动以后，许多学者发表了各种不同方案的速记，有百余种。在众多的速记方案中，比较有代表性的是 1917 年出版的张才的《张才速记》，1925 年出版的杨炳勋的《炳勋速记》，1931 年出版的张邦永的《邦永速记术》和汪怡的《国语速记学》，1935 年出版的张兆云的《兆云平线速记术》，1938 年出版的唐亚伟的《亚伟速记学》，1941 年出版的郭立华的《简易速记》，1944 年出版的范资深的《范式速记术》和金长风的《长风速记术》，1953 年出版的颜廷超的《人民速记》和唐亚伟的《工农速记》，1954 年出版的王金梁等的《汉语斜体速记》等。中国的早期速记受皮式速记和凌士礼式速记的影响，大都采用正圆体拼音式方案，如蔡锡勇的《传音快字》和沈学的《天下公字》等。流线型葛锐格速记对中国速记有很大影响。唐亚伟在 1938 年参照葛锐格速记的符号体系，结合中国语言的特点创写了《亚伟速记》。流线式速记在中国速记发展的中期占主导地位。

在中国近代革命史上，速记曾经做过重要的贡献。1941 年中共中央办公厅成立速记室，使用速记的范围逐步扩大。毛泽东的《在延安文艺座谈会上的讲话》《为人民服务》《愚公移山》《关于重庆谈判》等都是用速记记录下来后整理成文的。刘少奇、周恩来、朱德、陈云、邓小平的文集中有很多文章都是用速记记录下来的。在中央档案馆里保存了大批速记资料，成为珍贵的历史文件。速记在革命事业的发展过程中发挥了重要的作用。

三、中华人民共和国成立后速记的发展

1949 年中华人民共和国成立后，开会多、学习多，速记得到蓬勃发展。各机关、团体、企业派干部学习速记，学习后回到中央和地方机关、单位担任速记工作。

中华人民共和国成立后的第一所公办的北京市速记学校于 1955 年创建，为中央、地方的机关、团体、部队培训了不少专职和兼职速记工作者。北京出版社出版了《速记教材》一书。上海、北京、哈尔滨、温州、重庆、广州、沈阳等地的速记工作者纷纷在当地开办各种形式的速记学校和速记班，在广大群众中大力推广速记，为我国培养了大批速记人才，速记开始广为传播。

"文化大革命"期间，速记学校停办，只有外交部由于需要仍然使用速记，并在内部办班，继续传授速记。当时派驻世界各国的大使馆均有速记员的编制，每次外事谈

判，都必须有速记员参加。20 世纪 70 年代初，美国总统特使基辛格来我国进行了 20 小时的秘密谈判，双方都有速记员参加。1972 年尼克松总统访问我国，每次接见和会谈都有速记员记录。速记在我国外交工作中做出了很大的贡献。

党的十一届三中全会以后，我国文化教育、科学技术得到复兴，速记事业也出现了繁荣的新气象。1979 年 10 月，在语言学家周有光的倡议和主持下，全国政协教育组召开了在京速记工作者座谈会，就恢复和发展我国的速记学术展开了讨论，《光明日报》以《速记有用，应当重视》一文向全社会进行报道和呼吁。1980 年 5 月 12 日，《人民日报》发表的文章《速记学谈往》指出："速记是运用一些简便的符号和缩写方法，迅速记录人类语言或表达人类思想的快速、先进的书写工具。它既能节省时间，又能提高效率，用途极其宽广。在我国广泛传播和推广速记，将会使它在实现四化进程中起积极作用。"《中国青年报》等也相继发表有关速记的文章，引起了全社会的重视。

1981 年，北京市速记协会成立。接着，江西、辽宁、黑龙江、宁夏、云南、四川、河南、广东、海南陆续成立了速记学术团体，上海也成立了青年速记学会。1989 年成立了"中国中文信息学会速记学会"，这是中国中文信息学会的专业委员会之一，是中华人民共和国成立后第一个全国性的速记学术团体。

我国有 40 多所高等院校开过速记课程，其中包括北京大学、清华大学、中国人民大学、中国传媒大学、北京师范大学、天津大学、复旦大学、华东师范大学、上海大学、黑龙江大学、辽宁大学、安徽大学、武汉大学、四川大学、成都大学、广州大学、华南师范大学、汕头大学、深圳大学等（图 1-3-1）。

图 1-3-1　大学里的速记课

思考题

1. 我国近代速记创始人是谁？
2. 在中国近代史上，速记发挥过什么重要的作用？
3. 中华人民共和国成立后速记有什么发展？
4. 我国现在有哪些速记学术团体？
5. 我国有哪些高等院校开办过速记课程？

第四节
学习速记的方法

一、多练书写、听写与认读

速记是一种实用性很强的技术，同时也是一种脑与手并用的复杂技能。学习速记这门技能要讲究学习方法。首先，要掌握关于速记的基本理论、速记的基本符号、常用的简写方法，以及一些其他运用符号的基本规律。其次，要多写、多练。使所学的速记符号能随心所欲地应用。每学一种简写方法、一个符号，都要反复地练习书写，写的次数越多越好，要边写、边读、边记忆。

速记的关键是写得快、认得出。练书写与认读速符时要集中注意力，这样才能印象深刻。在将速符写准确的基础上，逐步提高书写速度。这需要经常练习，方能奏效。学习速记的秘诀就是练习、练习、再练习，这也是能否学好速记的关键。

除了多写、多练，还要多认读。要仔细认读速记稿上的速符，分析速符的写法、特点、区别和规律。要经常默读、朗读自己写的速符，注意自己写的速符是否符合要求，要随时加以修改，并要熟悉自己的笔迹，以提高阅读速符的能力。认读速符的过程也是熟练掌握速记的过程。

学习速记还要多练习听写。开始时，可以用学过的语词、句子来听写。基本符号与简化、省略方法掌握了以后，就可以用成段、成篇的文章来练习听写。听写的时候，可以请别人帮助念，也可以自己念并且录音后再放音。开始的时候应该念得慢一些，过一段时间以后，反应快了，速符记熟了，速度再逐步加快。刚开始做听写练习，会写得很慢，这是正常的，练写多了，熟能生巧，书写速度自然会逐步提高。

平时还要坚持随时随地练习速记。这种练习并不需要纸和笔，而是用手指默写。如开会时，听广播时，乘车时，看电影、电视、戏剧时，听到讲话和对话时，就用手指在空中书写，可以说是在不知不觉的情况下就练习了速记。尽管当时没有留下速符痕迹，可是脑子里反映的却是实实在在的速记符号。

速记虽然是一门简单易学的应用技术，但要达到应用自如需要长期的训练和实际运用。

二、持之以恒与掌握技巧

学习速记要持之以恒，不能盲目求快。速记并不难学。学习速记3个月左右就可以掌握全部速记符号、简写方法及应用；再用3个月时间加强练习，就可以比较熟练地实际应用。但要达到很快的记录速度，则必须持之以恒。只有长期坚持练习和应用才可以达到得心应手、运用自如的程度。学习速记必须从基本符号和基本方法开始，循序渐进，不能急于求成，否则，必然导致前边的似懂非懂，后边的也无法理解，这样就会越学越感到困难。

学习速记要学用结合，根据自己所从事行业的工作特点和性质创制常用词语的缩略符号。速记重在应用。初学者在记录时，可在开始使用字符和音符夹杂使用的方法，然后逐步过渡到大量使用缩略符号的境界。

要根据不同行业的工作特点和性质，随时注意收集自己工作中经常遇见的词和短语，依据语言的基本规律和速记符号构成的基本原理，创制一些缩略符号，以适应不同行业文字记录的需求。

记录的时候应该主要以句为单位。要习惯写一句的同时听下一句。为了快速记录，要减少起笔和落笔花费的时间。写速记符号的时候，要用弯曲适度的手指执笔（图 1-4-1）。在记录时，字要写得稍小些，笔与纸的角度要适当，尽量用手腕运动，避免高抬高落。记录用的纸最好有横格。记录用的笔要用钢笔和圆珠笔，以便于今后作为档案保存。

图 1-4-1 速记要有正确的握笔姿势

在速记时，为了提高书写进度，一些常用的词，只用一个符号来表示。这种以一个速记符号来表示一个词的方法，叫作缩写符号。应用缩写符号可以大大加快书写进度。有些速记符号可以连接在一起，但是符号的连接只可以在较容易和自然的情况下，不可任意将某些速记符号连在一起。

通过反复练习从而熟练地速记某些句子是初级速度训练的主要方式。其作用是进一步熟悉速记符号。速度训练首先应该从熟悉的材料开始练习。要注意连贯性的练习，只有连贯起来，才能找到真正速记的感觉，使速度提高。

要注意总结自己的情况。每练习一遍后，都要仔细检查，看看错在哪里，然后把错的地方单独练习。

记录时要注意符形的准确，只有这样，在阅读和整理时才能顺利。人名、地名、数字、时间等一般都很重要，这些重要的词语不能遗漏，否则就会影响内容的完整性。如果讲得太快，记不下来时，也要记下重要的音节或附上特殊记号，以便过后设法补充。在记录比较难的内容时，可适当地夹用汉字。

速记的时候，为了加快速度，要写得小点、轻点，要灵活运用速记符号，还要自己根据具体情况发展创造，不断提高。初学者也可以汉字与速记符号结合使用。在学习掌握熟练之后，自己还可根据实际需要，创制新的简化、省略方法。

优秀的速记人员能够连续两个小时保持每分钟 200 字的速度。速记人员要对涉及的会议和活动内容进行前期准备，熟记相关的专业名词。当一名合格的速记师不仅需要有灵巧的手和敏锐的耳，还要具备扎实的语言基础和广博的知识积累。

思考题

1. 学习速记为什么要讲究学习方法？

2. 为什么学习速记要循序渐进，持之以恒？

3. 为了取得好的效果，应该怎样练习速记听写？

第二章

汉语速记

平时人们说话的速度是每分钟 100 个字左右，广播、电视的播音速度是每分钟 180～200 个字，激烈辩论场合的速度有时超过每分钟 250 个字。中等文化程度的人每分钟只能记录 30～40 个字，记录得太快了就会很难辨认。用普通文字记录语言，只能记下大约五分之一的内容。会速记的人一分钟能写 80～120 个字，用这种速度记录讲话，就能够基本上满足需要。如果经过长时间的训练和应用，可以达到每分钟记录 200 个字的速度。

速记记得快是因为速记符号结构简单。汉字的平均笔画在 7 画以上，而速记的音节符号相当于一个汉字，平均只有一画。例如，"速记提高效率"这句话，用汉字写这 6 个字共 58 画，用速记写只需要 4 画，所以速度快得多。

速记是用符号记录语音的。汉字的音节只有 400 多个。汉语双音节词中同音词占 11％，同音不同调的词语占 38％。同音词的区别有的时候比较困难。但是在通常的情况下，我们可以凭借语言水平与逻辑知识，根据上下文推断出同音词在一定的语言环境里的含义。

汉语速记以汉语拼音为基础。熟悉汉语拼音的人，学起速记来就比较容易。汉语拼音声母有 21 个，韵母有 35 个。速记对相近的音进行了归并，如 in 和 ing 共用同一个符号，en 和 eng，z 和 zh，c 和 ch，s 和 sh 也分别如此。

为了提高速记的记录速度，对于最常用的词语，还设计使用了一定数量的缩略符。速记使用者也可以根据需要制定自己的缩略符。

以下口诀有助于读者掌握速记的特征与要点：

速记符号，简明扼要，记录语音，同音同符。

拼写连接，单符独用，简写缩略，灵活运用。

线条曲直，长短方向，上位下位，各有不同。

直线斜度，弧线弯度，从左到右，从上到下。

大圈小圈，正写反写，是否加点，需要注意。

小钩开口，上下左右，单独使用，表音不同。

上符下符，不可连写，偏上偏下，适度掌握。

一符多用，一符多义，前后联系，理解其义。

分写连写，机动灵活，牢记符号，熟悉规则。

学习速记，简单易懂，细心耐心，坚持不懈。

随时练习，经常使用，养成习惯，运用自如。

学会速记，用途广泛，日常生活，工作学习，

秘书记者，翻译口译，会议法庭，听课笔记。

写得迅速，看得明白，音到符出，省时省力。

第一节
基本符号和书写规则

一、基本符号

b　p　m　f　d　t　n　l

g　k　h　j　q　x

z（h）c（h）s（h）　r

a、ei　o、ou、uo　e、i、y　u、w、wu　ü、yu

ai　an　ang　ao

ia　ian　iang　iao　ie、ye

en（g）　in（g）　ong　iong　iu

ua　uai　uan　uang　ue，ui　un

二、书写规则

第一，速记符号书写和连接笔画的方向与顺序必须正确。

第二，速记符号一般都是从左到右、从上到下。

第三，t、d、iu的符号书写方向是由左下向右上，类似汉字笔画中的"提"。

第四，韵母"i"在拼写中，小圈通常省略，如"x"可以表示"xi"。在阅读时要注意加上韵母"i"。

第五，在"g、k、h"后，韵母"e"在拼写中，小圈通常省略，在阅读时要注意加上韵母"e"。

第六，在"m"和"n"后，通常顺向的大圈表示"a"，逆向的大圈表示"ei"。

第七，有时为了书写方便，大圈和小圈在不影响辨认的情况下可以反写，也可以省略。

第八，两条直线连写时，可以用一个小折表示分界点。小折在不影响辨认的情况下可以省略。

第九，连在一起的线条都是一笔完成的，上下符号和交叉符号除外。

三、连写与分写

速记符号的两个字可以分开写，也可以连接在一起，具体如下。

沙拉

连写与分写要根据具体的情况决定。双音节词的两个字通常连写，但是如果不方便连写，也可以分写具体如下。

鼓励　　　故意　　　出来　　　出去　　　固体　气体　液体

吉利　起立　犀利　记忆力　美术馆　紫禁城　博物馆　讲解员

需要注意的是有时候连写与分写表示不同的意思。

事物　书　植物　猪　　理由　　　柳　吸引　　心

英语　女　音乐　虐　鲤鱼　绿　　按摩　亲密　地铁　地图

四、声调的表示

速记一般不标声调。如果确实有必要，可以在速记符号上用汉语拼音的相同符号标注声调。

那里　　　哪里　　　　　　山西　　陕西　　梨子　李子　栗子　荔枝

买包子　　卖报纸

学习速记需要时间。　　学习速记需要实践。

五、单符使用规则

声母、韵母的符号单独使用时可以表示一个完整的音节。单音符号表示的音节如下。

a(上)＝hao	b＝bi	c(h)＝c(h)i
c(h)(上)＝chao	d＝di	d(上)＝dian
d(下)＝de	f(下)＝fei	g＝ge
h＝he	h(下)＝hui	i＝yi
iu＝you	j＝ji	k＝ke
l＝li	l(上)＝liao	l(下)＝le
m＝mi	n＝in	n(上)＝ni
ng＝ang	o＝wo	p＝pi
q＝qi	r＝ri	r(上)＝er
s(h)＝s(h)i	t＝ti	u＝wu
u(下)＝hua	ü＝yu	x＝xi
x(上)＝xiao	z(h)＝z(h)i	

六、连符拼写规则

连写有时候可以省略韵母，省略韵母的符号连写采用以下规则。

b+n=bin(g)   c(h)+n = c(h)en(g)   c(h)+ng= c(h)ang

d+n=din(g)   f+n=fen(g)   f+ng=fang

g+n =gen(g)   g+ng=gang   h+n =hen(g)

j+n=jin(g)   j+ng=jiang   k+n =ken(g)

k+ng=kang   l+n=lin(g)   m+n=min(g)

m+ng=mang   p+n=pin(g)   p+ng=pang

q+n=qin(g)   q+ng=qiang   s(h)+n = s(h)en(g)

s(h)+ng= s(h)ang   t+n=tin(g)   u+n=wen(g)

u+ng=wang   x+n=xin(g)   x+ng=xiang

yu+e=yue   yu+n=yun   z(h)+n = z(h)en(g)

z(h)+ng= z(h)ang

七、范例与练习

(一)范例

杂志　沙子　车子　测试　叉子　查实　　设施　折纸

日期　地址　数字　组织　事故　故事

速记　美丽　复习　已经　经济　估计　　完善　机遇　预约

一个　　可以　　毅力　实地　舍得　　森林　　四邻　感情

饥渴　客机　银杏　欣喜　职业　事业　大家

(二)练习

1. 读出以下基本速记符号

2. 用速记符号表示以下词语

①星期　情绪　由于　健康　加快　结果
②安全　比较　变化　传统　部分　大约
③地震　发生　方便　房屋　记者　继续
④结构　进步　经过　开始　困难　情况
⑤做法　培养　预先　只有　具备　口语
⑥背诵　语法　反复　高声　朗读　课文
⑦政府　中国　常用　句子　思维　阶段
⑧广告　杂志　报纸　网络　期刊　推广

3. 复习、练习

书写基本符号和学过的词语至少 5 遍，一边写，一边念，直到练熟为止。

第二节
简写形式和缩略符

一、音节的简写形式

有些大圈、小圈可以省略，这样能够加快速度，也不影响认读，具体如下。

s(h)en(g)　　　z(h)en(g)　　　z(h)ang　　　c(h)ang

(一)ang 的简写形式

jiang　　　　qiang　　　　xiang

bang　　　　pang　　　　mang

dang　　　　tang　　　　fang

(二)yan 和 yang 的简写形式

延安　　燕山　　燕子　　颜色　　安全　安心

(三)yao 的简写

把 ao 的符号旋转，可以表示 yao。注意这个符号的书写方向是逆时针，先画圈：
具体如下。

重要　　要求　　要点　　遥远　　摇摆

(四)hai 的简写

把 ai 的符号旋转，可以表示 hai。注意这个符号的书写方向是顺时针，由内向外画圈：，具体如下。

海　　还是　孩子　害虫　　海量

二、缩略符

为了加快速度，除了常规的写法外，还可以采用缩略符。

(一)简化缩略符

天　　为　　在

右边三个符号是圆圈的 1/4，都是从左到右书写，分别是左边三个字的简化缩略符。可以用它们代替原来比较复杂的符号写这几个常用字，也可以用来写它们的同音字，加快书写速度，具体如下。

吃斋　　甜味　　刺猬　　天灾

现在　　先天　　纤维　　伟大　　危险　　在家　天气

今天　　灾难　再见　实在　住宅

书斋　　斋饭　　山寨　　栽树　为什么

载歌载舞　　　　　满载而归

民以食为天。　　　我们在吃饭。

(二)交叉缩略符

交叉缩略符相当于首字母缩写,具体如下。

中国　　北京　　改革开放　　政协　　人大　　公务员　　联合国

大学　学院　传播　媒体　　　工作　先生　女士

广场　　　中心　集团　　　中国关心下一代工作委员会

(三)常用词语简写法

什么　　怎么　　我们　　我的　　没有　不要　越来越

三、重复字词的简写

(一)重复字的表示法

重复的字和同音字可以用附加在后的小圆点表示。

仅仅　天天　　买卖　　真正

(二)间隔重复的简写

多次间隔重复的字或者词语的简写可以采用以下方法。

天坛　　　地坛　　　日坛　　月坛

普及健康知识　　　　传播健康理念

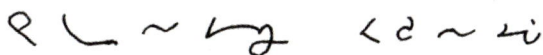

养成健康习惯　　　　享受健康生活

相同的单个动词中间用"一"字的词语可以采用以下速记方式。

想一想　看一看　尝一尝　摸一摸　说一说

(三)重叠词语表示法

重叠词语可以用"_"表示。

清清楚楚　恭恭敬敬　研究研究　练习练习

四、熟语简写

对于人们非常熟悉的语句，可以只写前半部分，省略后半部分，后半部分用长横线代替。

一而再，再而三。

一传十，十传百。

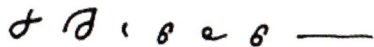

先天下之忧而忧，后天下之乐而乐。

(一)流行词语的省略表示法

对于在一段时间里非常流行的常用词语，可以用自己设计的特定的符号来表示，以增加速记的速度。

中国特色社会主义　　一带一路　　雄安新区

(二)全称的省略表示法

在略称的下面加双线"＝"表示全称，如只写"中国""新疆"，在下面加双线"＝"。

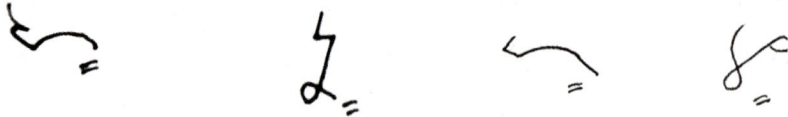

中华人民共和国　新疆维吾尔自治区　香港特别行政区　北京大学

请注意区分比较全称和略称的具体表示方法。

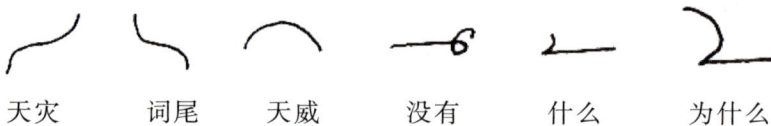

英国　　　大不列颠及北爱尔兰联合王国

五、范例与练习

(一)范例

天灾　　词尾　　天威　　没有　　什么　　为什么

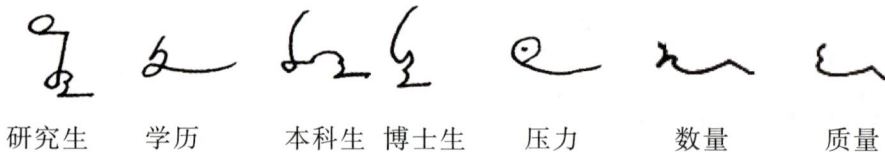

人民　　秘书　　记录　未来　世界　姑娘　多美　蘑菇

研究生　学历　　本科生　博士生　　压力　　　数量　　　质量

维持　秩序　尼日利亚　澳大利亚　新西兰　意大利　奥地利

野兽　椰子　夜市　爷爷　姥爷　　　工业　农业　学业　业余　企业

形体　错误　是否　　宏图　　哑巴　　游客　　孤独　　同　　重要

良辰美景　　　　　花好月圆

食堂　宿舍　睡　图书馆　　客厅　卧室　厨房　厕所

速记很有趣味，下面的速记符号的形状和它所表达的意思就具有一定的形象性。

骑马　　马尾　　成为　承载　附属　瀑布

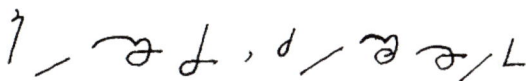

速记的关键是写得快，看得清。

天高任鸟飞，海阔凭鱼跃。

今日事，今日毕，不要拖延。

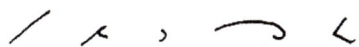

床前明月光，疑是地上霜。

举头望明月，低头思故乡。

(二)练习

1. 复习、练习

书写学过的词语和句子至少5遍，一边写，一边念，直到练熟为止。

2. 用速记符号表示以下词语

①儿童　孩子　房子　说明　联合　新闻

②保证　会议　谚语　报纸　影响　当天

③变化　保护　门口　离开　了解　纪念

④同时　统一　未来　物体　物质　纤维

⑤现代　现实　新鲜　形成　需要　选择

⑥车次　车辆　车票　车站　车厢　车间

⑦劳动　理念　即可　能力　努力　期间

⑧静悄悄　绿油油　慢悠悠　假惺惺

⑨风尘仆仆　来去匆匆　夸夸其谈　不妨试试

⑩远见卓识　不遗余力　凤毛麟角　丰富多彩

⑪煞费苦心　搜索枯肠　朝思暮想　触类旁通

⑫足智多谋　雄才大略　雷厉风行　自强不息

⑬真才实学　名副其实　恰如其分　恰到好处

⑭巧夺天工　画龙点睛　勇往直前　任重道远

⑮瑕不掩瑜　博古通今　出类拔萃　言简意赅

⑯爸爸　妈妈　叔叔　伯伯　姑姑　舅舅

⑰爷爷　奶奶　哥哥　姐姐　弟弟　妹妹

⑱上上下下　来来往往　客客气气　明明白白

⑲快快乐乐　兢兢业业　勤勤恳恳　辛辛苦苦

⑳点点滴滴　规规矩矩　寻寻觅觅　熙熙攘攘

㉑分析分析　教育教育　商量商量　讨论讨论

㉒成果累累　热气腾腾　滔滔不绝　息息相关

3. 用速记符号表示以下句子

①欲速则不达。

②种瓜得瓜，种豆得豆。

③己所不欲，勿施于人。

④天下兴亡，匹夫有责。

⑤工欲善其事，必先利其器。

⑥欲穷千里目，更上一层楼。

⑦学习要广然后深，博然后专。

⑧兴趣和好奇心是学习的重要动力。

⑨要想知识渊博，就要读万卷书，行万里路。

⑩要学好任何东西，需要用心、耐心、细心、决心、信心、恒心。

⑪好的教师能够引发学生的兴趣，指出学习的重点，让学生掌握学习的方法。

⑫基础的东西应该在学校里学习，应用的东西应该在工作实践中学习。

⑬语言不仅仅是工具，语言本身就承载了丰富的文化信息。

⑭语言是人类的标志民族的标志地区的标志，也是个人的标志。

第三节
上下符与符号辨异

一、上符与下符

有些常用字可以用更加简单的方式表示，即用上符与下符来表示。上符写得偏上，下符写得偏下。上符与下符都不与其他部分连写。上符与下符也可以单独使用，表示发音相同的字或词。

(一)a 作为上符表示 hao

好处　　好汉　好评　好事　是啊

阿英　　你好　　浩如烟海　　　豪迈

(二)c(h) 作为上符表示 chao

超市 超期 超级 超声波　超过　超龄

(三)d 作为上符表示 dian

电灯　电视　电影　电波　　电梯　电影院 电动机 电脑

(四) l 作为上符表示 liao

了解　　辽宁　　聊天　　料理　　嘹亮　　疗养　　瞭望

辽阔　　聊胜于无　　潦草　　预料　　材料　　寥寥无几　　聊以自慰

(五) x 作为上符表示 xiao

xiao 可以用上符"x"表示，位于偏上的位置。

消极 消息　小麦　　元宵　　销售　　效果

(六) f 作为下符表示 fei

学费 暖气费 交费　飞机　　费力　　非常　飞跃

(七) h 作为下符表示 hui

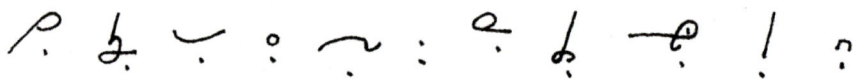

大会　全会　例会　议会　国会　和会 宴会 酒会　庙会　集会 舞会

班会　学会　协会　工会　商会　联合会

(八) u 作为下符表示 hua

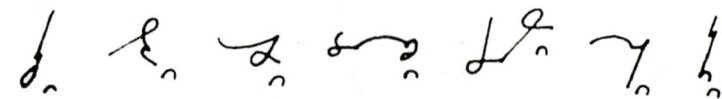

机械化　大众化　理想化　正规化　简单化　国际化　戏剧化

(九)简写符号 wei 作为下符表示 wěiyuánhuì

中央委员会　军事委员会　常务委员会

(十)iu 作为下符表示 yǒuxiàn gōngsī

国际有限公司　经贸有限公司　科技有限公司　文化传播有限公司

(十一)x 作为下符表示 xin(g)

相对性　优越性　建设性　自觉性　实用性　理论性

(十二)z 作为下符表示 zhǔyì

马克思主义　形式主义　集体主义　个人主义

二、近似符号辨异

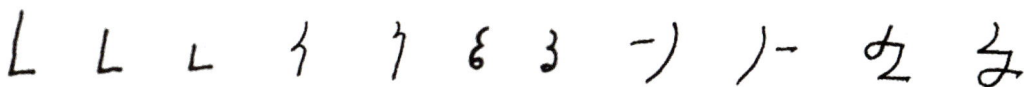

jin(g)　qin(g)　xin(g)　福气　书籍　职责　诗社　英语　语音　先锋　风险

利息　力气　立即　犀利　起立　激励

浪　亮　冷　林

风 方 生 真 成 词 车 茶

自习 志气 自己 实习 时期 实际 细致 旗帜 机智 喜事 启示 及时

广 矿 虐 女 云 敬仰 信仰 真正 真诚

(一)u、o辨异

注意以下小钩符号的差异。

e （u)o u ou

我 饿 无恶不作

要注意分辨：u是顺时针画半圈，o是逆时针画半圈。

gu mu ong wang gong guang

正反方向的圈表示不同的音，具体如下。

fa fei ma mei ga gei

nan ian man mian

(二)ui、ue、iu辨异

ui和ue的符号相同，先画弯钩，后接小圈。iu相反，先画小圈，后接弯钩。两者都是顺时针一笔写完。

水 嘴 学 缺 决 推 堆 桂 葵

秀 球 久 牛 谬

三、一符多义

同一个符号可以表示不同的意义，具体如下。

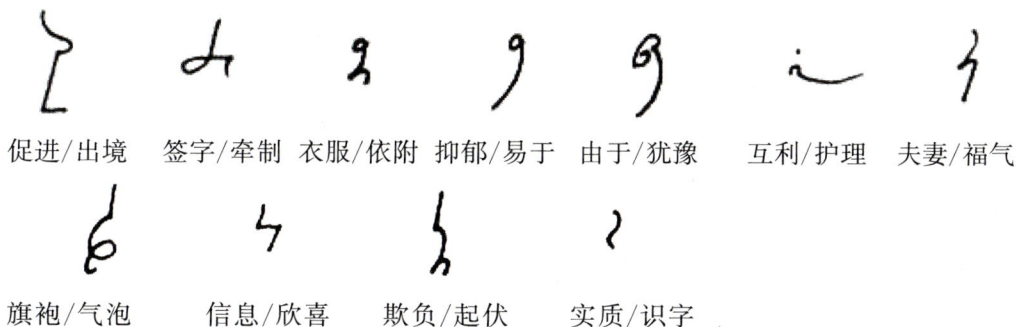

促进/出境　签字/牵制　衣服/依附　抑郁/易于　由于/犹豫　　互利/护理　夫妻/福气

旗袍/气泡　　信息/欣喜　　欺负/起伏　　实质/识字

(一)符号的不同写法

有的词语可能会有详写、略写、连写、分写、使用缩略符等不同的写法。

为了

为了方便与相邻的线条连接，同一符号 uang 可以有不同写法，但都是顺时针画半圈，因为 u 是顺时针画半圈。

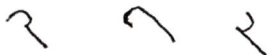

符号 guang 也可以有不同的写法。

还有以下例子也可以有不同的写法。

古　　　　木

(二)e 与 ei 的明确表示法

e 常常与 i 用同一个符号。为了明确表示，韵母 e 在单独使用或者在连写的符号开头，可以用左边开口的小钩来表示。

鹅鹅鹅，曲项向天歌。

饥饿　　恶习　　额头　　噩梦

俄罗斯　　鳄鱼　　穷凶极恶　　恶有恶报

ei 常常与 a 用同一个符号。有的时候为了明确，ei 的符号可以是大圈内再画一个小圈，一笔连续完成，如：

哈　海　黑　八　白　北　改　给

四、范例与练习

(一)范例

基地　　永远　　叶子　也是　　因为

低于　　免费　　奶酪　　好心　　光顾

年度　　目的地　　绘画　　花卉　　无论如何　　性格　　脾气　西式

医院　医生　护士　病人　　学校　　小学　老师　学生

知识分子　一往情深　　　为人民服务　　　辛勤耕耘

身体　提升　　地道　　到底　　立体　体力

商务印书馆　　　　淡泊明志　　宁静致远　　　命运交响曲

身份证　手机　钥匙　　银行卡　微信　邮件　照片　地图

冲撞　　　闯荡　　　村庄　　　错过　　　出路

现代汉语词典

新华字典　射手星座　　　花开花落　　　多此一举

生日快乐　　　青藏高原　　　资治通鉴　实事求是

兼收并蓄　互通有无　博采众长　　　习惯成自然

路遥知马力　　　　日久见人心

好雨知时节，当春乃发生。
随风潜入夜，润物细无声。

(二)练习

1. 复习、练习

书写学过的句子和短文至少 3 遍，一边写，一边念，直到练熟为止。

2. 用速记符号表示以下词语

①颐和园 圆明园 天坛公园 长城 故宫

②阳春白雪 一日千里 水落石出 一举两得

③古为今用 博学多才 车水马龙 五花八门

④日新月异 良师益友 琳琅满目 推陈出新

⑤栋梁之材 锦上添花 漫无边际 适可而止

⑥集思广益 精益求精 思维敏捷 家喻户晓

⑦电报 电车 电表 电镀 电焊 电子词典

⑧超速 超车 超群 超强 超级大国

⑨学术性 科学性 重要性 决定性 普遍性

⑩多样化 市场化 规范化 社会化 本土化

⑪封建主义 国际主义 古典主义 经验主义

⑫董事会 音乐会 报告会 座谈会

3. 用速记符号表示以下句子

①书籍是伟大的天才留给人类的遗产。

②我们喜欢做的事，总能找到时间去做。

③只要有了无限的热情，一个人几乎可以在任何事情上取得成功。

④在科学著作中，最好参考最新的书。在文学著作中，最好阅读最老的书。

⑤对于研究人员来说，最基本的两个品格是对科学的热爱和难以满足的好奇心。

⑥节省时间，也就是使一个人有限的生命，更加有效，也即等于延长了人的生命。

⑦教育不是注满一桶水，而是点燃一把火。

⑧结婚就意味着平分个人权利，承担双份义务。

⑨离得越远越动听的音乐，才是最美妙的音乐。

⑩要过一个世纪之后，人们才会知道什么是重要新闻。

⑪桂林市位于广西东北部，以山清、水秀、洞奇、石美而闻名于世。

⑫成名的艺术家往往被盛名所拘束，所以他们最早的作品往往是最好的。

4. 用速记符号表示以下内容

①谚语是人们生活中常用的现成的话。谚语类似成语，但口语性强，通俗易懂，而且一般都表达一个完整的意思，形式上差不多都是一两个短句。谚语内容极广，类别繁多，不胜枚举。谚语跟成语一样都是语言词汇整体中的一部分，可以增加语言的

鲜明性和生动性。

②营养要均衡，食物安排要多样化，最好以谷类为主；多吃蔬菜、水果、奶制品、豆制品；常吃适量的鱼、禽、蛋、瘦肉，少食肥肉和动物脂肪。豆类、海藻类、地下根茎类、新鲜蔬菜及时令水果等所含丰富的膳食纤维可促进肠道蠕动，缩短食物通过的时间，使食物中所含有害物质接触肠黏膜的机会减少，还可吸附、带走有害物质。

③世界速记两千年，罗马泰罗开先端；利用铁笔刻蜡版，楔形符号记语言。

罗马帝国衰亡后，只在僧侣间流传；幸在一五八八年，速记火炬又复燃。

普莱德氏揭序幕，近代速记换新颜；二百五十年之后，皮特曼氏谱新篇。

首创正圆分割式，直弧粗细加钩圈；传到日本和中国，速记交流过百年。

同时德国草书式，格贝伯格开先端；流行欧洲大陆后，德意法俄广流传。

一九五一传中国，丰富速记百花园；五十年来多演变，理论实践谱新篇。

一八八八这一年，椭圆速记开纪元；长短符号代粗细，三个方向更方便。

英人葛式创椭圆，带领弟子参世赛，连续三届夺冠军，震惊速坛美名传。

美国传播椭圆式，中国流行六十年，三大学派集中国，百花争艳展奇观。

进入信息新时代，机械速记又领先；更进一步电脑化，声音文字可并肩。

信息处理高速化，工作效率更可观；速记技术应推广，同心协力齐向前。

④宇宙大爆炸发生在 140 亿前的一瞬间。从那一瞬间起，宇宙诞生了，能量转变为物质，出现了恒星、万物乃至水和生命。让我们回到发现宇宙大爆炸以前的时刻。那时，天文学家一致认为我们的宇宙是一个不变的天体，地球是中心，金星、木星、水星、火星、土星，甚至太阳都围绕地球旋转，后来发现太阳不过是银河系的一员，银河系才是宇宙。宇宙大爆炸 90 亿年后，我们的太阳系形成了，同时形成的还有地球，现在已经 46 亿岁。太阳系中的八大行星是水星、金星、地球、火星、木星、土星、天王星和海王星。

⑤地球每 365 天 5 时 48 分 46 秒围绕太阳公转一周，24 小时自转一次。由于地球旋转的轨道保持一定的倾斜，所以一年四季太阳光直射到地球的位置是不同的。以北半球来说，太阳直射在北纬 23.5 度时，就称为夏至；太阳直射在南纬 23.5 度时称为冬至；夏至和冬至即指已经到了夏、冬两季的中间了。一年中太阳两次直射在赤道上时，就分别为春分和秋分，这也就到了春、秋两季的中间，这两天白昼和黑夜一样长。

⑥亚洲覆盖地球总面积的 8.7％（总陆地面积的 29.4％）。人口约为 40 亿，占世界总人口的约 60.5％（2010 年）。亚洲绝大部分地区位于北半球和东半球。亚洲与非洲的分界线为苏伊士运河。苏伊士运河以东为亚洲。亚洲与欧洲的分界线为乌拉尔山脉、乌拉尔河、里海、大高加索山脉、土耳其海峡和黑海。乌拉尔山脉以东及大高加索山脉、里海和黑海以南为亚洲。西部与欧洲相连，形成地球上最大的陆块欧亚大陆。东亚包括中国、朝鲜、韩国、蒙古和日本。东南亚包括越南、老挝、柬埔寨、缅甸、泰

国、马来西亚、新加坡、印度尼西亚、菲律宾、文莱、东帝汶等国家和地区。南亚包括斯里兰卡、马尔代夫、巴基斯坦、印度、孟加拉国、尼泊尔、不丹。西亚也叫西南亚，包括伊朗、土耳其、塞浦路斯、叙利亚、黎巴嫩、巴勒斯坦、以色列、约旦、伊拉克、科威特、沙特阿拉伯、也门、阿曼、阿拉伯联合酋长国、卡塔尔、巴林、格鲁吉亚、亚美尼亚和阿塞拜疆。中亚包括土库曼斯坦、乌兹别克斯坦、吉尔吉斯斯坦、塔吉克斯坦、哈萨克斯坦和阿富汗。北亚指俄罗斯亚洲部分的西伯利亚地区。

第四节
专项训练

一、分类训练

（一）同音字组词练习

童话　　　童谣　　　童年　　　童心　特别　分别　离别　惜别

新闻 亲吻 经文　一起 奇异 以为 唯一　以及 技艺 毅力　利益

职工　　工资　　力学 学历　普及　吉普　即可　科技

（二）倒序词语练习

情敌　敌情　地名　　鸣笛　纸币　鼻子

(三)反义词练习

强大　　弱小　　胜利　失败　　　困难　　容易

骄傲　谦虚　　干燥　　湿润

(四)分类词语练习：职业

工人　　　农民　　军人　　警察　公务员　法官　　律师

司机 会计 出纳　秘书 翻译　记者

二、重点、难点训练

(一)点的不同用法

点在不同的位置表示不同的含义。通常的中位表示 he，下位表示 hui，紧跟在一个符号之后表示重复这个音，位于阿拉伯数字之上表示"第"。

积极　几何　机会　第一　第二

弟弟　秘密　好好学习　天天向上

(二)圈的正反方向

马　梅　　嘎　给　　把　被　　言　安

(三)线的曲直长短与方向

不是 博士 机密　秘籍　　张　　常　　集体 体积 气体 底气 记得 基地

(四)d 上中下位的区别

有些同一符号，位置的相对高低可以表示不同的音，这一点需要注意。中位可以连写，上位、下位不可连写。

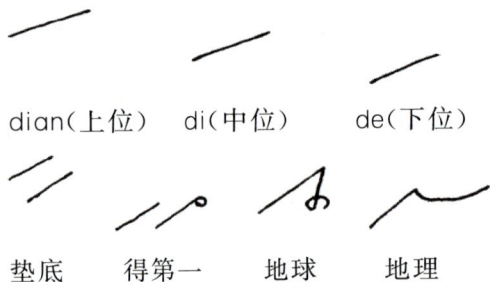

dian(上位)　di(中位)　de(下位)

垫底　　得第一　　地球　　地理

(五)u 与 o 的开口方向

u 与 o 的开口方向单独使用时分别是向下和向上，为了方便书写，接在横线后面分别是向左和向右。在任何情况下，u 总是顺时针书写，(u)o 总是逆时针书写，这是区分它们的关键。

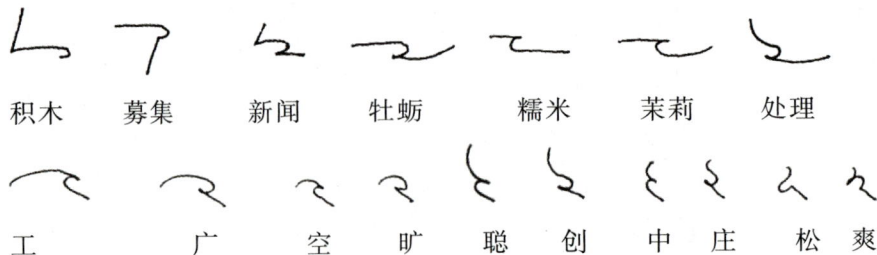

积木　募集　　新闻　牡蛎　　糯米　　茉莉　　处理

工　　　广　　空　旷　聪　创　中　庄　松　爽

（六）u、o 和 s(h)、z(h) 搭配

注意开口方向和弯弧的方向。

舒适　注释　柱子　数字

桌子　硕士　梭子　卓识

∪ + ∩ 可以写作 ᴠ。

模糊　　国务

（七）(y)in(g) 和 ni 辨异

短横线常位表示 (y)in(g)，可以连写。上位短横线为 ni，不可连写。

英雄　　　雄鹰　　　影响　　　我爱你　　　印泥

三、数字、日期、时间表示法

（一）数字表示法

五分之四　60%　7百　3千　9万

6百万　8亿　第一次　第5页　第4年　第8周

（二）日期表示法

2019年2月28日　　　　星期二　　星期六　　星期日　　　17号

(三)时间表示法

$\rangle$10.20 $'$2.40 $^{(}$12. $\cap$0.

上午 10 点 20 分   下午 2 点 40 分   中午 12 点   晚上 0 点

四、阅读与练习

(一)阅读

阅读短文一:

阅读短文二:

阅读短文答案见本节最后。

(二)练习

1. 复习、练习

书写学过的句子和短文至少 3 遍，一边写，一边念，直到练熟为止。

2. 用速记符号表示以下句子

①拉萨海拔 3650 米，是世界上海拔最高的城市。

②天安门城楼有 60 多根柱子，最粗的直径 1.2 米，最小的也有 0.6 米，每根 12 米长，重 7 吨以上。

③2019 年 1 月，国家统计局的数据显示“王、李、张、刘、陈、杨、黄、赵、吴、周、徐、孙、马、胡、朱、郭、何、罗、高、林”为全国前 20 大姓，其中王姓达到 1 亿人。

④1977 年恢复高考后，有 570 万人参加考试，争取成为当年的 27 万大学生中的一个。20 多年过去了，中国高等教育稳步发展，1998 年大学招生人数是 108 万。

⑤秘书是专门从事办公室程序工作，协助领导处理财务及日常事务，并为领导决策及实施服务的人员。目前我国秘书从业人员大约 2300 万人。

⑥全世界生活成本最高的城市是香港、新加坡和巴黎。

⑦汉语双声词由声母相同的联绵字组成，如琵琶、乒乓、尴尬、荆棘、蜘蛛、踌躇、仿佛、慷慨、叮当、玲珑、犹豫等。

⑧汉语叠韵词由韵母相同的联绵字组成，如匍匐、灿烂、蜿蜒、苍茫、朦胧、邋遢、啰唆、轰隆、当啷、缥缈、耷拉等。

3. 用速记符号表示以下短文

①地震的震级与地震所释放的能量有关。6.0 级地震释放的能量相当于美国投掷在日本广岛的原子弹具有的能量。震级相差 1.0 级，能量相差大约 30 倍；相差 2.0 级，能量相差约 900 倍。也就是说，6.0 级地震相当于 30 次 5.0 级地震，而 7.0 级地震则相当于 900 次 5.0 级地震。目前世界上最大的地震的震级为 8.9 级。

②故宫是明清两代的皇宫。始建于明永乐四年至十八年(1406—1420 年)，后经多次重修与改建，仍保持原有布局。占地 72 万多平方米，建筑面积约 15 万平方米，屋宇 9000 余间，周围宫墙高 10 余米，长约 3 公里，墙外有宽 52 米的护城河环绕。1987 年被列入世界文化遗产名录。

③《论语》是孔子弟子及后人记述孔子言行的语录体著作，写成于战国初期(公元前 475 年前后)。《论语》记述了孔子的社会政治思想、哲学思想、伦理思想、教育思想等，还记载了他的生活习惯和细节。全书是孔子弟子及其后人所记。

④《史记》是中国历史上第一部纪传体通史，作者是西汉时期的司马迁。此书记事始于传说中的黄帝，下限到汉武帝时期，前后跨越三千多年历史。全书共一百三十篇，五十二万六千五百字。

⑤黄山位于安徽省南部。风景名胜区面积 154 平方千米，是一座综合峰、石、松、云、泉等各种罕见景观的风景区，奇松、怪石、云海、温泉被称为黄山的"四绝"，驰名天下。这里春、夏、秋、冬四季景色各异，无愧"人间仙境"之美誉。

⑥2014 年 11 月 20 日，《国务院关于调整城市规模划分标准的通知》规定：城区常住人口 100 万以上 500 万以下的城市为大城市，其中城区常住人口 300 万以上 500 万以下的城市为Ⅰ型大城市，城区常住人口 100 万以上 300 万以下的城市为Ⅱ型大城市。2010 年 2 月，住房和城乡建设部提出五大国家中心城市北京、天津、上海、广州、重庆的规划和定位。2016 年 5 月至 2018 年 2 月，国家发展和改革委员会及住房和城乡建设部支持成都、武汉、郑州、西安建设国家中心城市。

⑦客家人是以客家方言为母语的一个汉族民系，是中国南方广东、福建、江西、台湾等省的本地人之一。作为南方古代汉族移民群体，客家人在世界上分布范围广阔、影响深远。全球约有 8000 万客家人。其中约 5000 万人分布在中国南方 19 个省的 180 多个市县，广东省本地客家人数达到 2500 万左右，占到广东本地族群的三分之一。约 600 万人分布在香港、澳门、台湾地区，约 1500 万人分布在印度尼西亚、马来西亚、泰国、新加坡、越南、美国、秘鲁、毛里求斯等 80 余个国家和地区。

⑧联合国世界粮食计划署发布报告称，2018 年非洲和亚洲等 53 个国家和地区，有约 1.13 亿人因纷争和干旱等引发的食物短缺处于饥饿状态。虽然人数比 2017 年的约 1.24 亿人略有减少，但连续 3 年超过 1 亿人，报告指出造成自然灾害的全球气候变暖也成为一个重要原因。

⑨古代就有旅行，中国是世界文明古国之一，旅行活动的兴起同样居世界前列，中国早在公元前 22 世纪就有了。当时最典型的旅行家大概要数大禹了，他为了疏浚九江十八河，游览了大好河山。之后是春秋战国时的老子、孔子。老子传道，骑青牛西去；孔子讲学周游列国；汉时张骞出使西域，远至波斯，即今天的伊朗和叙利亚；唐时玄奘取经到印度；明时郑和七下西洋，远至东非海岸。此外，还有大旅行家徐霞客，写了著名的游记。

⑩专家研究表明，近 85% 的肺癌由烟草烟雾所导致，近年来我国肺癌发生率年年攀升，占世界总肺癌发病率的 37.6%，而我国人口只占全球总人口的 19%，平均每位肺癌患者治疗费用超过 11.6 万元，给患者家庭及社会带来了巨额医疗负担。医学研究还证实，吸烟者患冠心病的概率是非吸烟者的 3～4 倍；患脑出血的概率是非吸烟者的 3.5 倍；患脑梗死是非吸烟者的 3.73 倍。数据显示，2015 年我国与烟草相关的疾病所造成的直接经济损失为 932.68 亿元，约占当年国内生产总值 0.138%；间接经济损失 4679.35 亿元，约占当年国内生产总值 0.796%。

46 页阅读短文答案：

阅读短文一：检验一个人是否具备某种职业的才能，就得看他能否热爱其中包含的枯燥的劳动。

阅读短文二：汉语存在着许多方言，这些汉语方言和普通话之间存在着明显的差异。但是当代所有汉语方言，都受到古中原汉语的影响，这正是语音迥异甚至互相不能通话的中国各种方言统一称为汉语的缘故。

第五节
综合练习

一、词语接龙

速记　记录　录用　用处　处理　　理由　　由来　　来历　　历史

史学　学习　习惯　　惯例　　例如　　如果　　果实　实现

二、绕口令

一只青蛙一张嘴，两只眼睛四条腿，扑通一声跳下水。

两只青蛙两张嘴，四只眼睛八条腿，扑通扑通两声跳下水。

三只青蛙三张嘴，六只眼睛十二条腿，扑通扑通扑通三声跳下水。

三、趣味练习

奇迹极其稀奇　稀奇即奇迹　和会　回合　普通　不懂

时刻　儿子　适可而止　消息　刺激　鸡翅　设施　折纸

狗　鸽子　格式　丑恶　驰骋　天堂

游戏　油漆　邮寄　后悔　尤其　后会有期　就是　富商　救死扶伤　速记　设计

小鸡　习气　小溪　嬉笑　机器　习题集

生　真　成　词　车　茶　浪　亮　冷　林

阿姨　好意　事实　制止　私自　姿势　稀有　游戏　休息　优秀　欧洲

国际　阔气　估计　募集　木器　逻辑

著述　诉说　著作　做主　锁住　无视　物资　自助　十足　制作　诗作

比例　霹雳　立刻　日历　木鼓　蘑菇　祝福

成为　清新　心情　镜子　近似

四、范例与练习

(一)范例

悠久　　有没有　　一个　　　可以　　一粒　　　渴望

青年　　生命　　　市委　　卫生　　卫兵

引人入胜　　因人而异　　户口　　火　　湖

补充 营养 红　黄　　注意交通安全

太阳　　月亮　　星星　　　春天来了

鸟语花香　　　　花红柳绿　　　　光明日报

笑一笑十年少，愁一愁白了头。

　　　　　心有灵犀一点通。　　　　　生命在于运动。

如果发生意外事故，一定要保持冷静，尽快想出妥善的应对措施。

(二)练习

1. 用速记符号表示以下词语

①方向 字典 成功 参观 地方 怒气

②博客 病毒 鼠标 键盘 网吧 上网

③手机 短信 平台 信息 咨询 胜利

④姑息 估计 故事 固执 银行 贷款

⑤利益 体验 红色 发挥 紧张 活泼

⑥篇章 周围 落实 逻辑 思维 推理

⑦人类 文明 目标 统计 数字 简明

⑧均衡 平等 应用 管理 发言 状态

2. 用速记符号表示以下专有名词

①朝鲜 蒙古 越南 菲律宾 巴基斯坦

②比利时 卢森堡 奥地利 意大利 西班牙

③加拿大 澳大利亚 新西兰 巴西

④广州 南京 武汉 天津 重庆 西藏 云南

⑤纽约 伦敦 巴黎 东京 莫斯科 开罗

⑥贝多芬 莎士比亚 爱迪生 爱因斯坦

3. 用速记符号表示以下反义词

①前—后 冷—热 高—低 进—退

②宽—窄 强—弱 轻—重 缓—急

③真—假 虚—实 有—无 雅—俗

④是—否 稀—密 粗—细 东—西

⑤纵—横 得—失 南—北 薄—厚

⑥平常—奇特 勤劳—懒惰 喜欢—讨厌

⑦密集—稀疏 胜利—失败 复杂—简单

⑧结束—开始 紧张—轻松 整齐—纷乱

⑨安全—危险 自在—拘束 犹豫—坚定

⑩全神贯注—心不在焉 熙熙攘攘—冷冷清清

⑪断断续续—连续不断 赏心悦目—触目惊心

4. 用速记符号表示以下句子

①知识是个积累的过程,智慧是个简约的过程。

②在科学上没有平坦的大道,只有不畏艰险沿着陡峭山路攀登的人,才有希望达到光辉的顶点。

③生活中有两个目标：首先得到你想要的东西，然后就是去尽情地享受它。只有最明智的人才能做到第二步。

④组织得好的石头能成为建筑，组织得好的词语能成为好的文章，组织得好的想象和激情能成为好的诗篇，组织得好的事实能成为科学。

⑤真正的智慧是知道什么是最值得知道的事情和什么是最值得做的事情。

⑥作家、作曲家、表演艺人等都知道这样一个尴尬的事实：取悦一万个陌生人比取悦一个熟人更容易。

⑦图书馆是搜集、整理、收藏图书资料以供人阅览、参考的机构。早在公元前3000年就出现了图书馆，图书馆有保存人类文化遗产、开发信息资源、参与社会教育等职能。

⑧博物馆是征集、典藏、陈列和研究代表自然和人类文化遗产的实物的场所，并对那些有科学性、历史性或者艺术价值的物品进行分类，为公众提供知识、教育和欣赏的文化教育的机构、建筑物、地点或者社会公共机构。

5. 用速记符号表示以下诗句

①春色满园关不住，一枝红杏出墙来。

②日出江花红胜火，春来江水绿如蓝。

③春风又绿江南岸，明月何时照我还。

④日照香炉生紫烟，遥看瀑布挂前川。飞流直下三千尺，疑是银河落九天。

⑤泉眼无声惜细流，树阴照水爱晴柔。小荷才露尖尖角，早有蜻蜓立上头。

6. 用速记符号表示以下歌词

一条大河波浪宽

风吹稻花香两岸

我家就在岸上住

听惯了艄公的号子

看惯了船上的白帆

姑娘好像花儿一样

小伙儿心胸多宽广

为了开辟新大地

唤醒了沉睡的高山

让那河流改变了模样

这是英雄的祖国

是我生长的地方

在这片古老的土地上

到处都有青春的力量

好山好水好地方

条条大路都宽畅

朋友来了有好酒

若是那豺狼来了

迎接它的有猎枪

这是强大的祖国

是我生长的地方

在这片温暖的土地上

到处都有明媚的风光

7. 用速记符号表示以下短文

①二十四节气是根据地球在黄道即地球绕太阳公转的轨道上的位置来划分的。依次为：立春、雨水、惊蛰、春分、清明、谷雨、立夏、小满、芒种、夏至、小暑、大暑、立秋、处暑、白露、秋分、寒露、霜降、立冬、小雪、大雪、冬至、小寒、大寒。

②空调病是近年都市流行的一种富贵病。由于空调房室内外温差较大，易引起咳嗽、头晕、咽喉疼痛、流鼻涕、关节酸痛、手脚麻木等症状。预防空调病要保持室内通风，室内外温差不要超过8℃，还应避免长时间待在冷气室内，应让皮肤有流汗的机会。凡是运动后一身大汗时，切勿立即进入空调间，以免使张开的毛孔骤然收缩，受凉致病。长时间在空调环境下工作的工作者，应多喝水，多吃新鲜水果蔬菜，补充维生素和蛋白质。

③人类非物质文化遗产是通过群体或个体口头表达的、来自传统而被同一文化社区所采用的、能够代表其文化与社会特性的形式；主要有口头传说、表演艺术、风俗礼仪、工艺技能等。以往我们所理解的人类文化遗产，实际上更多指的是物质遗产，如长城、金字塔、卢浮宫等，它们是人类既往文明的固化生成物。将物质形态与非物质形态一并囊括，人类文化遗产的范畴就更加完备了。中国因为文明程度和传统的原因，是非物质文化遗产的大国。

④演讲的开场白一般可以采用以下形式。第一，提纲式开场白。演讲开始前，可以先把自己要讲的问题扼要地介绍一下，使听众有个整体的认识，脉络清楚。第二，向听众提问式开场白。在演讲开头向听众提几个问题，让听众与你进入一个共同的思维空间进行思考。如果演讲人的问题提得好，听众自然会格外留神，等待有见解的答案。第三，即兴发挥式的开场白。演讲者可根据会场气氛拟一个即兴开头，这可以把演讲者与听众一开始就紧紧地联系起来，使听众在感情上产生共鸣。第四，引起听众好奇式的开场白。即把一些与演讲内容有关的罕见的问题先提出来，使听众产生一种非听下去不可的兴趣。如果有一个与演讲内容有关的有趣的故事，也可用它作为开头。

⑤秘书是掌管文书并协助机关或部门负责人处理日常工作的人员。秘书既要思维

敏捷、头脑灵活，善于及时准确地领会领导意图，又要严守本分、忠诚老实。秘书人员要很灵敏，对周围发生的事，必须能够见微知著，一叶知秋，善于在复杂的环境中把握住事物的本质特征。秘书既要忠实地按领导指示办事，又要敢于在某些问题上提出自己的不同意见。秘书与领导的关系是助手与首长的关系，这决定了处于被领导地位的秘书人员必须听从领导指挥，忠实地按领导指示行事，把自己的公务活动严格限定在领导指定的工作范围之内，不得自行其是。秘书既要能勤勤恳恳、吃苦耐劳，又要能忍受怨言、经得起委屈和挫折。办公室工作是非常辛苦的，几乎没有节假日，不分上下班，自己能够自由支配的时间很少，脑神经长处于紧张的备战状态。秘书既要尽心尽力、细致周到地做好领导的服务工作，又要注意不给领导帮倒忙，办公室必须从各方面做好领导的服务工作。秘书既要干好参与决策、组织协调等重要公务，又要细致扎实地干好每一件具体的琐事。

⑥烟草在燃烧中释放出一氧化碳、尼古丁、焦油、重金属、放射性同位素等多种有害物质进入肺部或其他器官后，刺激、腐蚀呼吸道黏膜和肺组织，杀伤细胞活性，免疫球蛋白减少，酶的活性受到抑制，严重毒害人体脏器功能，强烈致癌。在当今世界，除了核战争、饥饿和瘟疫外，对人类健康构成最大威胁的是烟草。每年因吸烟死亡的人数等于因酗酒、凶杀、自杀、吸毒、交通事故、工业事故和艾滋病死亡人数的总和。吸烟能损害人体的各种组织器官，引起癌症、高血压、冠心病、脑中风、溃疡、肺气肿等多种疾病，肺癌、胃癌、胰腺癌、膀胱癌、肝癌、口腔癌、鼻窦癌等到多种癌症与吸烟显著相关。

二手烟包含多种能够迅速刺激和伤害呼吸道黏膜的化合物，因此即使短暂的接触，也会导致上呼吸道损伤，激发哮喘频繁发作，损伤血管内膜，引起冠状动脉供血不足，增加心脏病发作的危险。与吸烟者同处一室的人被动吸入这些有害物质的含量要比主动吸烟者吸入的含量多得多，危害更大。吸烟后，烟草烟雾发散并且滞留在墙壁、沙发、地毯、家具的有害微粒包含重金属、致癌物、放射物质，吸烟者的衣服、皮肤、头发也都有残留。这些可吸入颗粒物可滞留数小时、数天甚至数月。即使到室外吸烟，残留物依然会附着在吸烟者的皮肤和衣物上，回到室内会蔓延到各处，使人体细胞基因突变，造成癌症和其他多种疾病。

⑦百科全书是概述人类一切知识门类或某一知识门类的工具书。百科全书的主要作用是供人们查检必要的知识和事实资料，其完备性在于它几乎包容了各种工具书的成分，囊括了各方面的知识，被誉为"没有围墙的大学"。

⑧要学好英语，首先要有足够的信心，坚信英语是可以学好的。有了信心，还必须有决心。要学好英语不容易，必须准备花大力气，下苦功夫。信心与恒心是学好英语的必要条件。只有相信自己能够成功的人，才会有无穷的动力。兴趣是最好的老师，爱上英语才能学好英语。

入门阶段宁可学得少些，但要学得好些，将基础打扎实。要勤用眼，勤用耳，勤用嘴，勤用手，勤用脑。入门阶段的词汇都是基本词，必须通过一两年的学习和练习才能真正掌握。入门阶段应该以语音和语法为重点。语法有指导和归纳作用，但语法理论在入门阶段也不能钻得过早、过细、过深，这样不但会不必要地耗费时间和精力，而且会产生不良后果。

入门阶段先要练语音，还要结合基本语法，基本词形变化，反复操练基本句型。入门阶段听说的能力首先是听懂别人问题以及向别人提问题的能力。能学会以不同问句形式（一般疑问句、特殊疑问句、反义疑问句、选择疑问句等），以不同人称，不同时态、语态，问清时间、地点、原因、后果等，并能流利作答，是入门阶段最大的成就。听说训练要由浅入深。先从日常生活开始，逐步扩大题材。

⑨在人类文明的几千年进程中，世界各国留下了许多闪烁着智慧光芒的名言和警句。无数影响世界的人物，无数叱咤风云的精英，无数学贯中西的智者，通过他们的话语，呈现了他们的广阔的视野和渊博的学识。名人名言总结了各界精英宝贵的人生经验，荟萃了智者、学人千锤百炼的智慧结晶。这笔宝贵的精神财富是历代仁人志士的思想精华，是人类文化的优秀遗产，一直为人们广为传诵。

每句名言都是醒世良言，都是真知灼见。听君一席话，胜读十年书。一句话可以震撼心灵，胜过千言万语；一句良言可以振聋发聩，令人顿悟人生；一席话可以在人困顿挫败时，指引前路；一句话或许可以影响甚至改变人的一生。名言确实是励志解惑、增长见识、陶冶情操的智慧宝库。徜徉其间，反复品味，常常能发人深省，令人有所启示和领悟。

名言大多出自古今中外著名的哲学家、思想家、政治家、科学家、文学家、艺术家以及其他方面的著名人物之口。这些语句有些是他们丰富经验的总结，有些是他们奋斗生活的写照，有些生动地反映了他们高尚的情操和卓越的见识，有些反映了事物的客观规律，有些是他们在当时历史条件下的见解。这些名言所涉及的内容覆盖面很广，包括人生哲理、为人处世、学习生活、思想方法、工作方法、健康之道、交友择偶、修养策略等各个领域。人们可以从这些充满智慧的名言中领略人生的真谛与价值，树立正确的处世态度，直面生活中的各种问题，汲取积极进取的力量，鞭策和激励自己的学习、工作和生活，使人明确目标，掌握方法，振奋精神，不断进取。

⑩养生保健，极其重要，饮食合理，定时定量。米面主食，五谷杂粮，粗细搭配，燕麦玉米，小米枸杞，红枣桂圆，核桃花生，蔬菜水果，鱼肉蛋奶，合理搭配，少食多餐，豆腐海带，木耳芝麻，豆类番茄，坚果酸奶，葱姜蒜醋，丰富多样，营养平衡，冬瓜苦瓜，绿豆香蕉，清热解毒，常吃果仁，滋养皮肤，常吃香蕉，提神醒脑。早餐吃好，不要忽略，中午吃饱，晚上吃少，减少盐糖，不吃剩菜，细嚼慢咽，吃八分饱。多喝开水，少喝饮料，喝杯牛奶，增强体质，健康骨骼，有益牙齿，饮温开水，多次

少量，不饮浓茶。食宜早些，食宜少些，食宜淡些，食宜缓些，食宜软些，食宜温热，不可寒凉。每日膳食，轮换安排，提供足量，优质蛋白，微量元素，膳食纤维，适量脂肪。作息规律，睡眠充足，早睡早起，习惯良好，日出而作，日落而息，防寒保暖，多晒太阳，避免暴晒，促进代谢，多闻花香，舒缓神经，关注温度，注意起居，适应气温，增减衣物，自我按摩，迅速入睡。每日坚持，长久见效，搓肾捏脊，血流加速，避免久坐，揉腹提肛，及时排便，朝暮叩齿，舌舔上腭，吞咽津液，揉搓捏耳，平衡阴阳，扶正祛邪，清肝明目，消疲安神，锻炼肌肉，疏通经络，促血循环，调节神经，腹式呼吸，扩胸提腿，踮脚深蹲，瑜伽太极，散步慢跑，活动身体，旅行读书，勤于动脑，思想专注，张弛有度，养身在动，养心在静，人际和谐，心态良好，不急不躁，从容不迫，跳舞唱歌，放松心情，洗晒衣被，通风洗手，梳头沐浴，冷水洗脸，温水刷牙，热水泡脚。少看电视，少看手机，避免辐射，保护眼睛，运转双目，常年坚持，矫正近视，治疗眼疾。训练沉思，集中注意，按摩头皮，防止脱发，动作轻柔，通经活络，激发活力，精力充沛，血液循环，多做运动，伸伸懒腰，肌肉收缩，消除疲劳，松弛紧张，常晒被褥，勤换内衣，通风换气，空气流通，经常洗手，早晚刷牙，饭后漱口，预防感冒，避免受凉，劳逸结合，心态积极，延缓衰老，心平气和，乐观开朗，笑口常开，知足常乐，忘掉忧愁，忘掉疾病，忘掉名利，忘掉年龄，充实自我，不断学习，手脑常用，适当运动，不可过劳，主动休息，远离烟酒，非常重要，拒二手烟，避三手烟，少用药物，防止雾霾，防范甲醛，远离油烟，少吹空调，清洁居室，除尘防潮，空气新鲜，环境优美，心情舒畅，讲究卫生，增强免疫，预防疾病，有病早医，幸福快乐，健身关键，在于实施，持之以恒，益寿延年。

⑪七巧板是一种古老的中国传统智力玩具，由七块板组成的。七巧板按不同的方法拼摆、组合可以拼排成各种各样的图形和形象，例如，三角形、平行四边形、不规则多边形，也可以把它拼成各种人物、动物、桥、房、塔等，也可以拼成数字、字母和汉字。七巧板又称七巧图、智慧板，其历史至少可以追溯到公元前1世纪。七巧板于明、清两代在中国民间广泛流传。七巧板是由宋代的宴几演变而来的，原为文人的一种室内游戏，后在民间演变为拼图板玩具。在18世纪，七巧板流传到了国外，立刻引起了人们极大的兴趣，外国人叫它"唐图"，意思是"来自中国的拼图"。1805年，欧洲的书目中已经收有介绍中国七巧板的书。许多名人如拿破仑、诺贝尔都是七巧板的爱好者。李约瑟说它是"东方最古老的消遣品"之一，至今英国剑桥大学的图书馆里还珍藏着一部《七巧新谱》。七巧板有助于培养形状概念、视觉分辨、认智技巧、视觉记忆、手眼协调、鼓励开放、扩散思考。从古至今，七巧板都被用以启发幼儿智力。操作七巧板是一种发散思维的活动，有利于培养人们的观察力、注意力、想象力和创造力。七巧板不仅具有娱乐的价值，还具有一定的教育价值，被人们用到教学当中，已引起哲学、心理学、美学等多领域的研究者的兴趣，还被作为制作广告的辅助手段。

⑫欧洲按地理位置通常分为西欧、北欧、中欧、东欧和南欧5个地区。西欧包括英国、爱尔兰、法国、荷兰、比利时、卢森堡、摩纳哥。北欧包括挪威、瑞典、芬兰、丹麦、冰岛，以及法罗群岛。中欧包括德国、波兰、捷克、斯洛伐克、匈牙利、奥地利、列支敦士登、瑞士。东欧包括俄罗斯、爱沙尼亚、拉脱维亚、立陶宛、白俄罗斯、乌克兰、摩尔多瓦。南欧位于阿尔卑斯山以南，包括三大半岛上的国家，有葡萄牙、西班牙、安道尔、意大利、圣马力诺、梵蒂冈、斯洛文尼亚、克罗地亚、塞尔维亚、马其顿、黑山、波斯尼亚、阿尔巴尼亚、保加利亚、罗马尼亚、希腊、马耳他、塞浦路斯。此外还包括土耳其的西北角。

⑬早睡早起身体好，应该保持健康的作息规律和生活状态，对身心是有好处的。早睡是指每晚9点至10点。因为我们大多数人一般在下午5点左右吃晚餐，晚餐后消化系统需要一定的时间进行消化，此时最好不要立刻睡觉，否则容易加重身体内脏的负担，每天晚上11点左右开始，是人的肝脏自我清理、排毒净化的时间，如果这时身体还处于亢奋或活动状态，影响肝脏的这一功能，也就是肝的排毒易受到影响。为每天保证8小时以上睡眠，早睡时间应该在晚上9点至10点。人体在经过8小时的睡眠后，各项身体机能就可保证良好的恢复。每天晚上10点睡觉，早上6点左右就会自然醒来。小孩长身体，最好在晚上8点半之前睡觉。

⑭灯光是人造光线，缺乏自然光线中所含的多种光线，光线强度也与自然光不同。白炽灯泡的光线与自然光线比，不但强度不足，而且只有自然光线中的红、黄、橙三色，还缺乏阳光中的紫外线。长期在这种灯光照明下工作或生活的人，生长和发育可能受到影响。日光灯发出的光线带有蓝色和看不见的紫外线。过量的紫外线照射，有可能使人发生皮肤癌。日光灯发出的强烈光波，还可能导致生物体内大量的细胞遗传变性，使不正常的细胞增加，正常细胞死亡。过强和太弱的光线对人眼的视网膜都有不同损害，长期在这样的照明下工作的人，视力有可能减弱。因此，应该白天多利用自然光，经常打开窗户，要有足够量的室外活动。

⑮积极主动的锻炼、均衡的营养、平和乐观的心境对人的免疫力至关重要。现代医学已经证明，适度锻炼可以使血液中白细胞介素增多，进而增强自然杀伤细胞的活性，消灭病毒和癌细胞，并促使身体释放使人兴奋的应力激素，从而达到提高人体免疫力的目的。运动时，出汗和血液循环加快可帮助身体将毒素尤其是皮肤上的毒素排出。均衡的营养不仅能满足人体的需要，而且对预防疾病、增强抵抗力有着重要作用。人们的日常饮食应包括蛋白质（豆蛋白、鸡、鱼、蛋和瘦肉等）、高纤维碳水化合物（全麦、面包、燕麦、糙米和其他高纤维制品）、绿叶蔬菜和含果胶较高的水果（菠菜、白菜、甘蓝、芥蓝、芹菜、苹果、梨子、橘子、香蕉等）和必要的脂肪（亚麻籽油、鱼油、豆油、红花油、核桃、芝麻、南瓜子等）。精神因素对人体的免疫功能状态有着很重要的调节作用。乐观、愉快及自信对预防疾病和抗老化有促进作用。确保日常生活方式

的健康与科学，是人们增强机体免疫力的最佳方式，而靠服用保健品来代替运动和科学防病的做法是不可取的。有关专家提出了以下有助于增强人体健康的建议：多喝水有助于人体早日康复。

⑯非洲位于东半球西部，欧洲以南，亚洲之西，东濒印度洋，西临大西洋，纵跨赤道南北，土地面积为 3020 万平方千米，占全球总陆地面积的 20.4％，是世界第二大洲，同时也是人口第二大洲。非洲是世界古人类和古文明的发祥地之一，在公元前 4000 年便有文字记载。非洲北部的埃及是世界文明发源地之一。

⑰地中海被北面的欧洲大陆、南面的非洲大陆和东面的亚洲大陆包围，东西长约 4000 千米，南北最宽处约 1800 千米，面积约 251.2 万平方千米，是世界最大的陆间海。地中海以亚平宁半岛、西西里岛和突尼斯之间的突尼斯海峡为界，分东、西两部分，平均深度 1450 米，最深处 5121 米。

⑱尼罗河下游散布着约 80 座金字塔遗迹，其中最高大的胡夫金字塔高 146.59 米，底长 230 米，共用 230 万块平均每块 2.5 吨的石块砌成，占地 52000 平方米。埃及迄今共发现金字塔 100 余座，最大的是开罗郊区的三座金字塔。

⑲文化是一个非常广泛的概念，笼统地说，文化是一种社会现象，是人们长期创造形成的产物，同时又是一种历史现象，是社会历史的积淀物。文化是凝结在物质之中又游离于物质之外的，能够被传承的国家或民族的历史、地理、风土人情、传统习俗、生活方式、文学艺术、行为规范、思维方式、价值观念等，是人类之间进行交流的普遍认可的一种能够传承的意识形态。

⑳小说是以刻画人物形象为中心，通过完整的故事情节和环境描写来反映社会生活的文学体裁。小说与诗歌、散文、戏剧，并称"四大文学体裁"。人物、情节、环境是小说的三要素。情节一般包括开端、发展、高潮、结局四部分，有的包括序幕、尾声。环境包括自然环境和社会环境。小说按照篇幅及容量可分为长篇、中篇、短篇和微型小说。按照表现的内容可分为神话、武侠、古代、当代等。按照体制可分为章回体小说、日记体小说、书信体小说、自传体小说。小说刻画人物的方法有：心理描写、动作描写、语言描写、外貌描写、神态描写。

㉑十二生肖是由十一种源于自然界的动物即鼠、牛、虎、兔、蛇、马、羊、猴、鸡、狗、猪以及传说中的龙所组成，用于记年，顺序排列为子鼠、丑牛、寅虎、卯兔、辰龙、巳蛇、午马、未羊、申猴、酉鸡、戌狗、亥猪。

㉒符号是人们共同约定用来指称一定对象的标志物，它可以包括以任何形式通过感觉来显示意义的全部现象。在这些现象中某种可以感觉的东西就是对象及其意义的体现者。符号形式简单，种类繁多，来源于规定或者约定成俗。符号与被反映物之间的这种联系是通过意义来实现的。符号总是具有意义的符号，意义也总是以一定符号形式来表现的。符号的建构作用就是在知觉符号与其意义之间建立联系，并把这种联

系呈现在我们的意识之中。

㉓国际象棋是一种二人对弈的棋类游戏。棋盘为正方形，由 64 个黑白相间的格子组成；棋子分黑白两方共 32 枚，每方各 16 枚。国际象棋实际上起源于亚洲，后由阿拉伯人传入欧洲，成为国际通行棋种，也是一项智力竞技运动，曾一度被列为奥林匹克运动会正式比赛项目。

㉔2019 年 12 月，湖北省武汉市部分医院陆续发现了多例有不明原因肺炎病例，后已证实为新型冠状病毒感染引起的急性呼吸道传染病。据美国约翰斯·霍普金斯大学数据实时数据显示，截至北京时间 2020 年 4 月 29 日 6 时 30 分，全球累计确诊达 3110219 例，累计死亡 216808 例。其中美国累计确诊 1010717 例，死亡 58365 例。截至 2020 年 4 月 29 日 20 时，中国累计确诊 84369 例，累计死亡 4643 例。

思考题

1. 什么是速记的关键？为什么？

2. 在速记的时候，怎样解决速度与准确的矛盾？

3. 在学习速记的过程中，你有什么成功的经验？

4. 你能否设计一些新的简写形式？

第三章
英语速记

英文速记起源于 1588 年，在那一年，英国人提摩塞·布赖特出版了一本速记书，第一次公布了用直线、弧线、半圆线构成的速记符号。

英文速记的方法有很多种，英国和美国最为流行的分别是皮特曼速记法（Pitman shorthand）和葛锐格速记法（Gregg shorthand）。皮特曼速记法是皮特曼在 1837 年发明的。皮特曼速记法的特点是用笔画的粗细、长短和位置的不同来区分相似的音。皮特曼速记法曾经被英国和美国的秘书、记者和作家广泛应用，并被改编成 15 种语言。

葛锐格速记法是约翰·罗伯特·葛锐格在 1888 年发明的。葛锐格英文速记和书写英文字母一样，用的线条都是直线、弯钩、曲线和圆弧。葛锐格速记法现在使用得很广泛，特别是在美国。本书的英文速记就是在葛锐格速记法的基础上发展而成的。

葛锐格在格拉斯哥的一个律师事务所做速记员。他于 1888 年出版了一本《轻线记音学》的速记教科书。由于当时的英国正在流行皮特曼的正圆体几何速记，葛锐格刚刚创制的速记体系尚有许多不完善之处，所以在英国受到排斥。经过几年的努力，葛锐格改进了自己的速记方案，于 1893 年在美国波士顿出版了《葛锐格速记》。经过几届世界性的速记比赛，葛锐格的速记选手多次获得了世界冠军。1921 年在美国的速记比赛中，葛锐格的速记选手创造了两项世界纪录，即每分钟 215 个词、200 个词、280 个词，准确率分别达到 98.3％、98.8％、96.8％。在 1923 年国际速记赛中，葛锐格速记选手又夺得冠军、亚军和季军，冠军在每分钟 200 个词、240 个词、280 个词的速度下，分别达到准确率 99.78％、98.49％ 和 99.36％。这些成绩证明了葛锐格速记具有很强的竞争力，并已达到世界的速记先进水平。

葛锐格速记属于椭圆几何体速记，速记符号是由两个椭圆形几何体和斜米词形体中切割和分解出来的，用不同长短的曲线、直线和大圈、小圈、大钩、小钩，分别代表不同的音。在写法上，采用轻型线条由左向右写出。速记的主要技巧是通过使用缩写符号的方法获得的。速记符号和缩写形式虽然数量不多，但是变化无穷。这些符号可以再现任何一个单词。葛锐格速记法简单、美观，而且能启发智慧、锻炼大脑。学习英语速记能促进英语听、读水平的提高。

以下歌诀可以帮助读者记忆英语速记的要点。

英语速记，快速记录，以音为主，兼顾拼写，线条流畅，一符多用。长短比例，圆圈大小，形状曲直，方向斜度，连接分离，简化词语。以上几点，必须注意。学会速记，省时省力，多练多用，终身受益。

第一节
基本符号与常用词

一、英语速记基本符号

(一)基本符号

[s], [z]	[f]	[v]	[n]	[m]	[m-n]
is, his	for	have	in, not	am, more	men

[t]	[d]	[t-d]	[r]	[l]
it, at	would	did, date	are, our	will, well

[s], [z]	[p]	[b]	[k]	[g]	[ʃ],[ʒ]
	put	be,by	can	go,good	shall

[ʧ]	[dʒ]	[θ],[ð]	[t-n], [d-n]	[t-m], [d-m]
which		the		

[θ],[ð]	[n-d],[n-t]	[m-d],[m-t]	[t,d-f,v]	[p-nt],[ɒə-nt]	[h]	[ŋ]	[ŋk]
their,there	and,end			gentlemen	a,an		

a	e	ī	o	oo	oi	ea	i+vowel	ū	ow

(二)基本规则

第一，速记符号书写和连接笔画的方向与顺序必须正确。

第二，"t""d""t-""d-""n-""m-""th""oi""u""ow"的符号书写方向是由下向上，其他的符号一般都是从左到右、从上到下。

第三，大圈和小圈为了书写方便，可以逆时针也可以顺时针书写。

第四，两条直线相连时，如"m-n""j-j"，可以用一个小折表示分界点。小折在不影响辨认的情况下可以省略。

第五，如果符号可以方便地连接，可以连写，不管是不是固定的短语。

二、常用词的简写形式

a，an　about after all always　am，more　among

and　　are　　at，it be，by　but　can　could　did

difficult ever　every　for　form，from　good　great

have　　he　is，his　how，out　I　immediate　important　in，not

individual it，at　necessary never　newspaper　of　over　opportunity

ordinary organize over　part　particular put　question

satisfy several shall should success such than, then that

the there, their them they think this those

time under use usual value very want

was will, well were what when where which

why with work would yesterday yet you, your

三、词语拼写举例

pay	praise	hope
pays	people	open
pair	plain	paid
spares	paper	pain
knee	mcan	same
me	seen	fame
may	seem	vain
main	sane	aim
tea	team	seat

eat	neat	stay
day	need	feed
aid	made	deed
has	had	track
half	man	crack
add	mass	fast
poetry	rayon	folio
poem	radio	snowy
new	avenue	reduce
due	amuse	issue
way	wash	sweet
wait	watch	swim
we	wood	swell
win	wool	swear
weave	worry	swallow
white	wheel	whip
whale	while	wheat
sing	wrong	long
rang	bring	strong
yarn	yield	yard
song	single	trial

help

telling

area

create

piano

appreciate

anyhow

anybody

worthwhile

head

check

initiate

variation

brilliant

reliance

notwithstanding

however

withstand

selling

settle

prior

science

diet

appliance

anywhere

within

someone

四、范例与练习

(一)词语范例

addition

notation

donation

occur

confess

medical

basic

marking

information

omission

session

check

continue

article

logic

far

station

hesitation

invitation

keep

contain

quiet

tragic

calm

parking		farm		arm	
large		car		harm	
unit		few		cute	
unite		view		fuel	
huge		review		pure	
complete		comfort			

(二)句子范例

Knowledge is power.

Learn to walk before you run.

It is impossible to clap with one hand.

Keep on learning as long as you live.

Let sleeping dogs lie.

Life can only be understood backward，but it must be lived forward.

Meet success like a gentleman and disaster like a man.

Perseverance is vital to success.

Time past cannot be called back again.

Out of sight, out of mind.

Better be safe than sorry.

An apple a day keeps the doctor away.

A snow year, a rich year.

Do not jump high under a low ceiling.

He laughs best who laughs last.

Hope for the best and prepare for the worst.

If a man will not seek knowledge, it will not seek him.

To arrange time reasonably is to save time.

To be without some of the things you want is an indispensable part of happiness.

There are two things to aim at in life：first，to get what you want，and after that，to enjoy it. Only the wisest person can achieve the second.

(三)练习

1. 快速读出以下符号

2. 写出以下语音的速记符号

m n t d sh ch j

p b s，z f v

k g r l h th

a e，i o u ai au ou

t，d＋n t，d＋m

n＋t，d m＋t，d

m＋m，n t，d＋t，d j＋j

d＋f，v p，b＋t，d

3. 用速记符号表示以下词语

from without like sailing compass until every health soul happiness

come　what　wise　have　incline　modest　conscious　health　until　ill　behind
pain　mind　worse　year　than　body　win　grateful　successful　early　rise
healthy　wealthy　lose　time　rest　need　tragedy　life　that　almost

4. 用速记符号表示以下句子

① More haste，less speed.

② The key to everything is patience.

③ Health is more important than wealth.

④ Good order is the foundation of all things.

⑤ You never know what you can do till you try.

⑥ You will not be conscious of health until you are ill.

⑦ Childhood shows the man，as morning shows the day.

⑧ Living without an aim is like sailing without a compass.

⑨ Education is not the filling of a pail but the lighting of a fire.

⑩ The more a man knows，the more he is inclined to be modest.

⑪ The secret of happiness is to admire without desiring.

⑫ The highest use of capital is not to make more money but to make money do more for the betterment of life.

5. 阅读并且写成文字

6. 复习、练习

书写基本符号和学过的词语至少 5 遍，一边写，一边念，直到练熟为止。

第二节
上下附离符号

一、上附离符号

附离符号与符号的其他部分分离，位于上方或者下方，表示独特的意义，可以进一步加快书写速度。

inter-，intro-，enter-

interfere	interrupt	introduce
interfered	interruption	introduces
international	internal	introduces
interfere	interrupt	introduce
interfered	interruption	introduces
international	internal	introduction
enter	entered	entrance
entering	enterprise	entrances

short-，ship-

shortsighted	shorten	shipload
shortly	shortened	shipwreck
shorter	shortage	shipyard

incl-

incline ⟋　　　include ⟋　　　inclusion ⟋

inclined ⟋　　　included ⟋　　　inclusive ⟋

post-

postage ⟋　　　postpone ⟋　　　postcard ⟋

postal ⟋　　　postponed ⟋　　　postman ⟋

trans-

transfer ⟋　　　transaction ⟋　　　transmit ⟋

transferred ⟋　　　transcribe ⟋　　　translate ⟋

transact ⟋　　　transport ⟋　　　translation ⟋

self-，circum-，super-

self-addressed ⟋　　　self-satisfied ⟋

circumstances ⟋　　　circumstantial ⟋

superior ⟋　　　supermarket ⟋

二、下附离符号

-est

happiest ⟋　　　lowest ⟋　　　shortest ⟋

easiest ⟋　　　slowest ⟋　　　highest ⟋

earliest ⟋　　　newest ⟋　　　individualist ⟋

-fication

classification   justification   specifications

modification   verification   qualifications

-gram

telegram   radiogram   monogram

cablegram   program   diagram

-hood，-ward

neighborhood   childhood

forward   reward   backward

-ical，-icle

physical   practical   critical

technical   radical   article

-ings

feelings   reading   furnishings

clippings   hearings   things

-ingly

feelingly   exceedingly   surprisingly

longingly   increasingly   unknowingly

-lity

utility   locality   possibility

personality   ability   quality

facility   liability   reliability

-rity

majority   security   prosperity

authority   sincerity   minority

charity   maturity   familiarity

-ship

friendship   apprenticeship   ownership

township   steamships   membership

三、国名举例

Egypt   Israel   Korea   DPRK   Indonesia   Pakistan   Brazil   Chile

Iraq   Afghanistan   the Philippines   Vietnam   New Zealand   Turkey

Italy   Greece   Switzerland   Yugoslavia   Mongolia   Portugal

Thailand   Nepal   Spain

四、范例与练习

(一)词语范例

en-，de-，per-，-cial，-tial

enjoy   encounter   engine

delay　　permanent　　special

deposit　　perhaps　　essential

decide　　financial

-ture，-gram，-ility，fur-

picture　　future　　nature

program　　diagram

possibility　　facilities

furnish　　furniture　　further

-tion，-ble，-ment，re-

action　　occasion　　station

trouble　　possible　　table

adjustment　　moment

report　　receipt　　repeat

after-

afternoon　　afterthought　　aftermath

-ble

available　　suitable　　cable

reliable　　payable　　desirable

sensible　　terrible　　possible

-ious，-eous，-eory

serious　　tedious　　theory

various   courteous

-ment，-mental

excitement   payment   experimented

moment   agreement   experimental

-mount

mount   amount   dismount

-nounce

announce   announces   renounce

per-，pur-，pro-

permit   purple   promote

person   pursue   provision

perfume   pursued   proper

-tual，post-

mutual   actual

postage   postman   postpone

(二)句子范例

People are judged to a large degree by his ability to work with other people.

An attractive，neatly typed letter signifies more than a responsible secretary；it becomes a symbol of taste and character of the company.

(三)短文范例

Do not be afraid to ask questions. No one expects you to know everything. Asking pertinent questions is a sign of intelligence.

Shorthand is useful because it can record language much faster than longhand. You can use it in dictation，interpretation and listening test and many other occasions where you need to take quick notes；therefore，it is very useful for journalists，interpreters，secretaries，students，etc. A skillful person can write 200 words in a minute. Of course it takes time to have a lot of practice to achieve that goal.

What is your definition of an educated man? We suggest that an educated man is one who can answer"yes" to the following questions：①Can I entertain an idea? ②Can I entertain another person? ③Can I entertain myself? Can you answer "yes" to these questions?

Morale in the individual is his zest for living and working. The person with high morale believes in himself，in his future and in others. He thinks his work is worth doing and that he is doing a good job at it. High morale helps him to work under pressure when necessary，to get along with people who want to take more than they give. High morale makes a person unbeatable.

（四）练习

1. 用速记符号表示以下句子

①There is nothing permanent except change.

②Change is not made without inconveniences，even from worse to better.

③Reading without reflecting is like eating without digesting.

④Your right is not what someone gives you；it is what no one can take from you.

⑤Books are the most constant of friends，the most accessible of counselors，and the most patient of teachers.

⑥Cheerfulness is the best promoter of health.

⑦The best way to escape from a problem is to solve it.

⑧If you smile when no one is around，you really mean it.

⑨No one can make you feel inferior without your consent.

⑩Luck is the corner where preparation meets opportunity.

⑪He that is good for making excuses is seldom good for anything else.

⑫Housework is something you do that nobody notices unless you don't do it.

⑬Clothes are something invented to conceal the body，but often reveal the soul.

2. 用速记符号表示以下短文

①It is almost known to all that smoking is bad for people's health. Scientific researches show that smoking can lead to heart disease, cancer and other problems. The World Health Organization says diseases linked to smoking kill at least two million five-hundred-thousand persons each year.

②Writing is to express your thought through language. Here we have two key elements：language and thought. For a successful writing activity to happen，both are necessary. When writing in our mother tongue，we spend almost no time in considering language，so our attention is mainly on contents. But when writing in a foreign language，we have to pay attention to both language and thought.

③Opportunities don't come often. They come every once in a while. Very often，they come quietly and go by without being noticed. Therefore，it is advisable that you should value and treat them with care. When an opportunity comes，it brings a promise but never realizes it on its own. If you want to achieve something or intend to fulfill your ambition，you must work hard，make efforts and get prepared.

Shorthand is an essential skill for reporters. In order to become qualified，journalists must hold a speed certificate of 100 wpm. For beginners，it is essential that they approach the shorthand course enthusiastically and methodically，prepared to devote some time each day to shorthand practice.

④Exercise your fingers and wrists regularly and especially before taking shorthand，rub hands together to ensure warmth and circulation，then wriggle your fingers and rotate the wrists. Remember，an athlete always warms up before a race and you have a lot of small muscles in your fingers which are entitled to the same consideration.

3. 阅读并且写成普通文字

①

②

第三节
短语符号与简写缩略

一、短语符号

(一)短语连写

有些常用短语可以一笔连写，具体如下。

as you will	be glad to know
as you will be	be glad to see
as you will find	be sure
as you will have	been able
as you will not	before it is
as you will not be	before many
as you will see	before that
as you would	before that time
as you would be	before the
as you would be able	before they

as you would have

before us

as you would not

before you

as your

before you are

ask the

with his

you can give

with our

you can have

with such

you can make

with that

you cannot

with the

you cannot have

with them

you cannot pay

with these

you cannot see

with this

you could

with us

you could be

with which

you could have

with whom

you could have been

with you

you could see

within the

you could not

would be

you could have

would be able

you couldn't

didn't　　　　　　wouldn't　　　　　　couldn't

isn't

aren't

don't

I didn't

he wouldn't

you want

they want

who want

if you want

he wants

I want

I wanted

you wanted

who wanted

as you know

I realize

to do

by them

I shall be glad

of course

will be

help us

has been

they may have

we should be able

we have not

we have not been

we are not

we will

we should

we can

if we are

have we

to this

some of this

at this

that this

in addition to this

this is

this will

that month

ai this time

this may

(二)短语简写形式

more or less

in the world

I should like to have

will you please

one of the most

one of the best

ago

several days ago   years ago

weeks ago   long ago

some time ago   hours ago

二、简写缩略

(一)to ＋动词

to be   to feel   to pay

to have   to plan   to change

to say   to buy   to show

(二)词语简写形式

con-

conclude   conclusion   confident，confidence

-ject

object   subject

-sume

assume   presume   consumer

resume   consume   consumed

-own，-ound，-ount

town   round   count

down   around   sound

-quire，-titude，-titute，-quently

acquire   require   inquire

esquire   inquiry   requirement

attitude   aptitude   constitute

consequently   subsequently

self-

self-addressed   self-satisfied

percent

7 percent   80 percent   100 percent

-ntic

authentic   gigantic   romantic

frantic   Atlantic

-ology

apology   geology   apologize

psychology   zoology   technological

-tribute

tribute   attribute   distributor

contribute   distribute   distribution

-ture

picture   future   nature

-gram

program   diagram

fur-

furnish   furniture   further

-time

sometime   meantime

daytime   nighttime

-erer

whatever   whenever   however

-ish

finish   furnish   stylish

important, importance   ordinary   situation

company   thing, think   about

suggest   under   how, out

use   soon   one, won

very   ever   every

matter   those

Mrs.   send   value

immediately   importance, important   under

experience   question   regard

enclose   envelope   purpose

acknowledge   order   circular

regular   particular   advantage

idea   difficult

correspond，correspondence

quantity   opinion   during

(三)缩略语举例

a. m.   p. m.   vice，versa   CCTV

e. g   etc.   i. e.   cf.

(四)反身代词简写

yourself   herself   themselves

myself   itself   ourselves

himself   oneself   yourselves

(五)数字简写表达

500   5 bushels

5,000,000   5 feet

$ 500   a dollar

$ 5,000,000   few hundred

500,000,000   several hundred dollars

5,000,000,000   a million

5 pounds	a hundred
5 gallons	5 percent
5 barrels	5 percent annum
400	$700,000
4,000	four o'clock
400,000	$4.50
$4	4 percent

(六)星期与月份简写

Sunday	Wednesday	friday
Monday	Thursday	Saturday
Tuesday		
January	May	September
February	June	October
March	July	November
April	August	December

三、范例与练习

(一)词语范例

-cate

indicate　　　　duplicate　　　　educate

locate · · · vindicate · · · educator · · ·

confiscate · · · certificate · · · education · · ·

reciprocate · · · complicate · · · adequate · · ·

-gate

delegate · · · irrigate · · · interrogate · · ·

investigate · · · navigate · · · interrogation · · ·

-use

excuse · · · abuse · · · refusing · · ·

refuse · · · confuse · · · refused · · ·

accuse · · · profuse · · · refusal · · ·

-titude

attitude · · · gratitude · · · altitude · · ·

latitude · · · aptitude · · · multitude · · ·

-cate

indicate · · · duplicate · · · educate · · ·

locate · · · vindicate · · · educator · · ·

confiscate · · · certificate · · · education · · ·

electric-

electric · · · electric wire · · ·

electrical · · · electric motor · · ·

electr-

electronic · · · electrician · · ·

-hood

neighborhood	manhood
childhood	brotherhood
motherhood	likelihood

-ward

afterward	reward
outward	backward
onward	forward

-titute

substitute	substitution
institute	institution
constitute	constitution

-titude

aptitude	gratitude
latitude	attitude

-quent

consequent	subsequently
frequent	consequently
subsequent	eloquent

-tribute

tribute	contribution
distribute	attribute
contributed	distributor
ahead	await

awoke   away

awake   aware

destroy   destination

telegram   program

possibility   facility

integrity   sincerity

packed   passed   saved

direct   deport   depress

transfer   transit   transmit

forward   outward   inward

a dollar $3 $5,000

(二)短文范例

Writing in shorthand you should pay attention to the following points: whether the line is a straight one or a curve, whether the line is short or long, whether the stroke is written upward or downward, whether the circle is big or small. You should also pay attention to the fact that one sign can represent different words or phrases and you must learn how to use many of the brief forms which can increase your writing speed.

(三)练习

1. 写出以下词语的速记符号

association society environment language linguistics quality reality important difficult different opportunity newspaper particular necessary experience future beautiful dependent cooperation development communication university

2. 用速记符号表示以下句子

①To win you have to risk loss.

②Time is a bird for ever on the wing.

③Life is long if you know how to use it.

④Age is a matter of feeling，not of years.

⑤The golden age is before us，not behind us.

⑥Politeness costs nothing and gains everything.

⑦The smaller the mind，the greater the conceit.

⑧Some people live to eat，while others eat to live.

⑨All things are accomplished by diligence and labor.

⑩Find excuses for others but never for yourself.

⑪Carve your name on hearts and not on marbles.

⑫A good wife and health is a man's best wealth.

⑬Power tends to corrupt and absolute power corrupts absolutely.

⑭If you want your children to keep their feet on the ground，put some responsibility on their shoulders.

⑮Life is like a play：It is not the length，but the excellence of the acting that matters.

3. 用速记符号表示以下短文

①One of the Renaissance's greatest artists and thinkers，Leonardo da Vinci was born on April 15，1452，in Florence，Italy. Besides painting the "Mona Lisa" and "The Last Supper," da Vinci also designed the first parachute.

②Shorthand is a method of writing rapidly，using symbols or letters to represent the sounds of words. Other short cuts include using a symbol or a combination of symbols or letters to represent whole words or entire phrases of several words. The world record for writing shorthand is held by an American reporter using the Gregg method. He took down notes at a rate of 282 words a minute for five minutes.

③As a popular saying goes，"Time is money."In fact，time is more precious than money. When money is spent，you can earn it back if you want to. However，when time is gone，it will never come back. As the pace of modern life continues to accelerate，the time at our disposal is limited. But there are a lot of things to be done. We should make full use of our time to do what is useful to us. For instance，as students we should devote most of our time to our studies. In this way we can acquire knowledge and skill necessary for our future career. Wasting time means wasting our valuable life. Hence，we should never put off what can be done today until tomorrow.

4. 阅读并且写成文字

①

②

5. 复习、练习

书写学过的内容至少 3 遍，一边写，一边念，直到练熟为止。

第四节
符号对比辨异

一、一符多义

you can，work character，cake it，at more，must

are，our，hour were，year he can，week open，opinion

mass，maze feet，fit write，right，rite too，two，to today，data

二、符号对比

(一)符号辨异

对比以下词语近似的速记符号。

yes silly say see goodwill great correct

method message any analyze past best

special speech follow flow mountain month more than

remember   memory   minute   meat

need   team   dean   save   safe   face   vase

of   over   under   you，your   short   should

quality   reality   fat/fate   feet   fight   foot   fought

line   lion   signs   science   cake   quake

man，main   men，mean   mine   moon

use   we   way   they   that   with

manage   gentleman   much   judgment

still   style   stall   pipe   purple

determine   machine   as   if

might   night   right   fight   guide

person　prison　poison　paper　people

bought　boot　beat　bat　but

press　pray　prim　plan　plate　place

brim　　brief　　bread　　blame　　blast

(二)s 和 x 比较

miss

mix

fees

fix

三、范例与练习

(一)短文范例

Cheerfulness is contagious! Even over the telephone a pleasant disposition and a friendly tone of voice are easily communicated to the invisible person at the other end of the wire.

(二)练习

1. 用速记符号表示以下词语

①kite kick quick cake fate faith father

②system victim item mountain

③institute attitude relationship

④great correct terrible trouble

⑤knowledge neighbor center picture future culture

2. 用速记符号表示以下句子

①Music is the universal language of mankind.

②Great ideas need landing gear as well as wings.

③Life is measured by thought and action，not by time.

④No one knows what is news of importance until a century later.

⑤There are two things to aim at in life：First，to get what you want；and after that，to enjoy it. Only the wisest of mankind achieve the second.

⑥College is a fountain of knowledge where some students come to drink，some to sip，but most come just to gargle.

⑦The reasonable man adapts himself to the world；the unreasonable man persists in trying to adapt the world to himself.

⑧You can fool all the people some of the time，and some of the people all the time，but you cannot fool all the people all the time.

⑨Some books are to the tasted，others to be swallowed，and some few to be chewed and digested；that is，some books are to be read only in parts；others to be read but not curiously；and some few to be read wholly，and with diligence and attention.

3. 用速记符号表示以下短文

①Good personality is one of the decisive factors in English study. Persistence，patience，self-confidence and determination are needed. Don't just memorize single English words. Learn by heart the whole sentences and the phrases that contain the new words so we may know how to use the words.

②We have to pay more attention to practical communicating ability instead of only laying emphasis on the grammatical correctness. We may make some simple notes while listening，for examples，the names of people and places，time，age，distance，occupation，figures and so on to get a better understanding of the content.

4. 阅读并且写成文字

第五节
词缀与音节组合的表达

一、前缀与后缀

(一)前缀表达举例

com-

compare complain compete

complete complaint competent

committee ⟋ commerce ⟋

con-

confer 𝒵 confirm 𝒵 continue ⟋

contain ⟋ construct ⟋ consist ⟋

connect ⟋ connection ⟋

in-

Insist ⟋ invest ⟋ indeed ⟋

Intense ⟋ infer 𝒵 inspect ⟋

un-

unfair 𝒵 unwritten ⟋ unlucky ⟋

unfinished ⟋ unfold 𝒵 uncommon ⟋

self-

selfish   self-made

under-

understand   undertake

trans-

translate   translation   transform   transmit

over-

overcome overdo overbold

(二)en 的表达

enjoy ⟋   endeavor ⟋   envy ⟋

encourage ⟋　engine ⟍　enrich ⟋

(三)ful 的表达

useful　careful　hopefully

thoughtful　helpful　hopefulness

(四)fy 的表达

simplify　notify　dignified

qualify　ratify　modifier

simplify　notify　dignified

qualify　ratify　modifier

二、音节组合的表达

(一)ia 的表达

piano　appreciate　create

mania　initiate　area

(二)ow 的表达

now　power　loud

cow　shower　proud

doubt　crowd　ounce

(三)ses，sis 等的表达

chances　arises　leases

addresses	passes	cases
classes	basis	vases
closes	versus	sister

(四)p-d 和 p-t 的表达

depend	opened	spent
expend	happened	carpenter

(五)t-n 的表达

tend	written	tonight
attend	threaten	distance
extent	gotten	cotton
retain	captain	obtain
detain	sustain	obtained
maintain	attain	obtainable

(六)d-f，d-v 和 tive 的表达

native	creative	relative
captive	positive	scientific
defy	definite	differ

define   defeat   different

divide   divorce   develop

division   devote   devise

三、范例与练习

(一)范例

Each writer must set his own size for his shorthand writing. Whatever size seems right to you is probably the best size for you. One skillful shorthand reporter writes 500 words shorthand on an ordinary notebook page; another writes only 50 words on a similar page. Neither extreme is recommended. If you naturally find yourself writing very large notes or very small notes，you needn't concerned about size of your notes. Size of your notes will have little or no affect on your speed.

(二)练习

1. 用速记符号表示以下词语

①old cold told sold fold build child mild tired fired

②kind line lion quite quiet apparently imagination

③experience opportunity difficult different particular

④individual home him toy boy joy oil earth other

⑤ordinary into reporter improvement

2. 用速记符号表示以下句子

①Along the wall stand several bookshelves, on which are all kinds of books.

②This factory produces jet engines, with which the most modern aircraft are e-quipped.

③There are 6,800 known languages spoken in the 191 countries of the world. 2,261 have writing systems, the others are only spoken.

④To care for wisdom and truth and the improvement of the soul is far better than to seek money and honor and reputation.

⑤Reading can enlighten one's soul, strengthen one's personality, stimulate one's good ambition, increase one's ability and wisdom and mould one's spirit.

⑥It is better to deserve honors and not have them than to have them and not deserve them.

⑦It's good to have money to buy things that money can buy, but it's better not to lose things money cannot buy.

⑧Saving time makes one's limited life more effective and means prolonging one's life.

3. 用速记符号表示以下内容

①Married life is very frustrating. In the first year of marriage, the man speaks and the woman listens. In the second year, the woman speaks and the man listens. In the third year, they both speak and the neighbors listen.

②When a man opens the door of his car for his wife, you can be sure of one thing: either the car is new or his wife is new.

③A woman was telling her friend: "It is I who made my husband a millionaire." "And what was he before you married him?" the friend asked. The woman replied, "A multimillionaire."

④Life is all about the little decisions you make every day. You can't change the decisions of the past, but every new day is another opportunity to make the right ones.

⑤An individual human existence should be like a river— small at first, narrowly contained within its banks, and rushing passionately past boulders and over waterfalls. Gradually the river grows wider, the banks recede, the waters flow more quietly, and in the end, without any visible break, they become merged in the sea, and painlessly lose their individual being. The man who, in old age, can see his life in this way, will not suffer from the fear of death.

⑥Water flows free and wild, not aware of any boundaries or rules or traditions. Not bothered about anything gone or left behind, she eagerly rushes to new dimensions in her life knowing the best is yet to come. Learn to be like the soul of water; clean, compassionate, loving yet strong enough to endure anything.

⑦Success comes in a lot of ways, but it doesn't come with money and it doesn't come with fame. It comes from having a meaning in your life, doing what you love and being passionate about what you do. That's having a life of success. When you have the ability to do what you love, love what you do and have the ability to impact people. That's having a life of success.

⑧May love and laughter light your days, and warm your heart and home. May good and faithful friends be yours, wherever you may roam. May peace and plenty bless your world with joy that long endures. May all life's passing seasons bring the best to you and yours!

⑨Some people could be given an entire field of roses and only see the thorns in it. Others could be given a single weed and only see the wildflower in it. Perception is a key component to gratitude. And gratitude is a key component to joy.

⑩Children have this amazing way of becoming exactly who we tell them they are. If we tell them they are strong, they become strong. If we tell them they are kind, they become kind. If we tell them they are capable, they become capable. Speak life into your kids, so they will have what it takes to tackle their own life one day.

第六节
综合练习

一、符号阅读

读出下列句子。

二、速记练习

(一)词语练习

用速记符号表示以下词语。

appreciate knowledge neighborhood forward school college identify animal global phoenix negotiation conversation consultation hegemony shortage determine deem turn dean shorthand shorten shorter shortly quality possibility prosperity

(二)句段练习

1. 用速记符号表示以下句子

①The best preparation for good work tomorrow is to do good work today.

②Nothing great in the world has been accomplished without passion.

③A man who fears suffering is already suffering from what he fears.

④Life can only be understood backwards，but it must be lived forwards.

⑤Experience proves that most time is wasted not in hours，but in minutes.

⑥When love pats you on the shoulder，you will become a poet in no time.

⑦It takes two to make a marriage a success and only one a failure.

⑧The art of marriage is not looking for perfection in each other. It is cultivating-flexibility, patience, understanding and a sense of humor.

⑨Marriage may be compared to a cage: the birds outside try desperately to get in and those within try desperately to get out.

⑩It is difficult to say which is impossible; for the dream of yesterday is the hope today and reality of tomorrow.

⑪The pessimist complains the wind; the optimist expects it to change; the realist adjusts the sail.

⑫A man can succeed at almost anything for which he has unlimited enthusiasm.

⑬If you wish to succeed, take perseverance as your friend, experience as your adviser, prudence as your brother, and hope as your guiding star.

⑭A great teacher has always been measured by the number of his students who have surpassed him.

⑮Fame usually comes to those who are thinking something else.

⑯Painting is silent poetry, and poetry is a speaking picture.

⑰Beauty of style and harmony and grace and good rhythm depend on simplicity.

⑱True wisdom is to know what is best worth knowing, and to do what is best worth doing.

⑲The primary purpose of education is not to teach you to earn your bread, but to make every mouthful sweeter.

⑳Education makes a people easy to lead, but difficult to drive; easy to govern, but impossible to enslave.

㉑Nothing in the world is more dangerous than sincere ignorance and conscientious stupidity.

㉒Knowledge is like the spring water underground; the deeper you dig, the clearer is the water.

㉓Maturity is the ability to do a job well when you are not supervised, and to carry money without spending it.

㉔Good temper is like a sunny day; it sheds its brightness everywhere.

㉕Advice is like snow, the softer it falls, the longer it dwells upon, and the deeper it sinks into the mind.

㉖There is a great difference between the eager man who wants to read a book and the tired man who wants a book to read.

㉗Well-ordered stones make architecture; well-ordered social regulations make a constitution and a policy; well-ordered ideas make good logic; well-ordered words make good writing; well-ordered imaginations and emotions make good poetry; well-ordered facts make science.

㉘One hour's sleep before midnight is worth three after.

㉙A book is the writer's listener and the reader's narrator.

㉚For every minute you are angry you lose sixty seconds of happiness.

㉛The purpose of education is that everyone can continue his own education.

㉜Wisdom is knowing what to do, skill is knowing how to do it, and virtue is to do it.

㉝Everything ought to be beautiful in a human being: face, and dress, and soul, and ideas.

㉞Manners are a sensitive awareness of the feelings of others. If you have that awareness, you have good manners.

㉟Time should be distributed accurately so as to make every year, every month, every day and every hour have its special task.

㊱Everyone should have self-esteem, self-confidence and independence. But self-esteem is not contempt, self-confidence not complacency, independence not isolation.

㊲The difference between perseverance and obstinacy is that one often comes from a strong will, and the other from a strong won't.

㊳Reading good books is like having a conversation with the highly worthy persons of the past who wrote them. It is like having a prepared conversation in which those persons disclose to us only their best thinking.

㊴The secret of happiness, you see, is not found in seeking more, but in developing the capacity to enjoy less.

㊵What you do makes a difference, and you have to decide what kind of difference you want to make.

㊶To accomplish great things, we must not only act, but also dream; not only plan, but also believe.

㊷You can do what I cannot do. I can do what you cannot do. Together, we can do great things.

㊸Knowledge is stronger than memory, and we should not trust the weaker.

㊹Perseverance is not a long race; it is many short races one after the other.

㊺You are the CEO of your life. Hire, fire, and promote accordingly.

㊻Staying positive doesn't mean you have to be happy all the time. It means that even on hard days you know that there are better ones coming.

㊼Do your little bit of good where you are; it is those little bits of good put all together that overwhelm the world.

㊽Men are like steel. When they lose their temper, they lose their worth.

㊾He who blames others has a long way to go on his journey. He who blames himself is halfway there. He who blames no one has arrived.

㊿The simplest toy, one which even the youngest child can operate, is called a grandparent.

51Ships don't sink because of the water around them; ships sink because of the water that gets in them. Don't let what's happening around you get inside you and weigh you down.

52There are things that happen in life that we can't control. But we can control the way we respond to them.

53Sometimes life touches one person with a bouquet and another with a thorn bush, but the first may find a wasp in the flowers, and the second may discover roses among the thorns.

54If you have nothing, then you have everything, because you have the freedom to do anything, without the fear of losing something.

55Don't count the days. Make the days count.

56The sky is the ultimate art gallery just above us.

57Plant the seeds of beautiful ideas in your mind and water them with belief.

58A diamond is merely a lump of coal that did well under pressure.

59The best car safety device is a rear-view mirror with a cop in it.

60You can be discouraged by failure or you can learn from it, so go ahead and make mistakes. Make all you can. Because remember that's where you will find success.

61What you're supposed to do when you don't like a thing is change it. If you can't change it, change the way you think about it.

62Life is full of beauty. Notice it. Notice the bumble bee, the small child, and the smiling faces. Smell the rain and feel the wind. Live your life to the fullest potential, and fight for your dreams.

63Kindness is one of the greatest gifts you can bestow upon another. If someone is in need, lend them a helping hand. Do not wait for a thank you. True kindness lies within the act of giving without the expectation of something in return.

㉔It is good to love many things，for therein lies the true strength，and whosoever loves much performs much，and can accomplish much，and what is done in love is well done.

㉕Associate yourself with men of good quality if you esteem your own reputation；for it is better to be alone than in bad company.

㉖If it can't be reduced，reused，repaired，rebuilt，refurbished，refinished，re-sold，recycled or composted，then it should be restricted，redesigned or removed from production.

㉗The influence of teachers extends beyond the classroom，well into the future. It is they who shape and enrich the minds of the young，who touch their hearts and souls. It is they who shape a nation's future.

2. 用速记符号表示以下英文绕口令

①I think it is a fine thing to sing in spring.

②Please，Paul，pause for applause.

③In winter the weather in Wales is wild.

④I'd buy my ties before the price begins to rise.

⑤Mike likes to write by the nice bright light at night.

⑥The small ball did fall from the top of the tall wall.

⑦Canners can can what they can can but cannot can things can't be canned.

⑧Bill's big brother is building a beautiful building between two big brick blocks.

⑨Do you agree，if you are free to come to tea with me by the sea?

⑩Paul called from the hall that he had slipped on the floor and couldn't get to the door.

⑪A snow-white swan swam swiftly to catch a slowly swimming snake in a lake.

⑫I am amazed it is a craze these days to dance to music of Jazz.

⑬I wish to wish the wish you wish to wish，but if you wish the wish the witch wishes.

⑭If two witches watched two watches，which witch would watch which watch?

⑮I know. You know. I know that you know. I know that you know that I know.

⑯She sales seashell by the seashore，the shells she sales are surely seashells，so if she sales shells on the seashore，I'm sure she sales seashore shells.

3. 用速记符号表示以下短文

①The Qinghai-Tibet Railway boasts a number of the world's "mosts"：Firstly，it is the world's highest railway. Some 960 kilometers of its tracks are located 4,000 meters above sea level and the highest point is 5,072 meters. It is the world's longest plateau railroad，extending 1,956 kilometers from Xining to Lhasa. About 550 kilometers of the tracks run on frozen earth, the longest of any of the world's plateau railways. Kunlun Mountain Tunnel is the world's longest plateau tunnel built on frozen earth, running 1,686 meters.

The maximum train speed is designed to reach 100 kilometers per hour, the world highest speed on frozen earth.

②It is quite natural for tourists to get altitude sickness while in Tibet, but only a few people have it so badly that they need to go to the hospital. The truth is, one's mental state is a very important factor in relieving symptoms. Feeling relaxed and getting a good rest on the first day there are essential.

It is very important not to bathe on the first day there, as the dampness could increase one's chance of getting a cold. Drink plenty of water and eat lots of fruits and other food with high caloric content, such as chocolate. Do not drink alcohol or smoke tobacco. Do not overeat. And unless it's really necessary, do not simply rely on oxygen supplementation. Bring some painkillers and sleeping pills to help relieve symptoms of altitude sickness. Medicine for colds is a must and should be taken immediately upon getting any symptoms. Medicines for diarrhea, nausea and fever are necessary.

③Management is planning, implementation, and control of industrial production processes to ensure smooth and efficient operation. Production techniques are used in both manufacturing and service industries. Production management responsibilities include the traditional "five M's": men and women, machines, methods, materials, and money.

Managers are expected to maintain an efficient production process with a workforce that can readily adapt to new equipment and schedules. They may use industrial engineering methods, such as time-and-motion studies, to design efficient work methods.

The production cycle requires that sales, financial, engineering, and planning departments exchange information—such as sales forecasts, inventory levels, and budgets—until detailed production orders are dispatched by a production-control division. Managers must also monitor operations to ensure that planned output levels, cost levels, and quality objectives are met.

④I was born on January 4, 1954, in Guangzhou, the largest city in South China. My ancestral home was in Ningbo City, Zhejiang Province. In 1956, my family moved to Hengyang City, Hunan Province. I went to primary school in 1960, when I was 6 years old. The school I attended was the No. 2 Primary School for Children of Railway Workers in Hengyang. It was about ten minutes' walk from home. There were

6 people in my family at that time: Grandmother, Father, Mother, two younger sisters and I. Father worked at Hengyang Railway Engineering School and Mother worked at Hengyang Railway Hospital. When I was 9, Father started to teach me English. In the summer holidays of 1963, Father took me to travel to Hangzhou, Jiaxing, Shanghai, Suzhou, Wuxi, Zhenjiang and Nanjing. I did very well at school and was the student in charge of study in my class.

When I graduated from primary school, the "cultural revolution" started. Because of the "cultural revolution", I stopped going to school for a couple of years. After a period of time, I returned to the school. We often went on foot to the countryside to do physical labour. Life was very hard there. We had nothing to eat but sweet potatoes; we slept on the straw spread on the floor and there was no electricity. I finished my junior high school in 1970, but actually learned very little at school.

Afterward, I worked at some small factories in the community as a worker and later as an accountant. I also worked temporarily at the district government and community office for some time. I learned some knowledge about medicine, machinery and electric engineering. I assembled my own radios. I studied English off and on over the years. As English books were hard to find at that time, I had to copy the books borrowed from the library so that I could read them after returning the books. That method turned out to be a good way of learning English.

I started my teaching career in September 1975, teaching mathematics at the No. 5 Middle School of Hengyang City. I taught many classes and many students. Altogether I had taught over 3000 students during those years. Many students in the school are army officers' children. Sometimes I went to the military area for a visit. Besides giving lectures, we had to do physical labour from time to time, such as doing farm work in the countryside and dug air-raid shelters. In 1977 I started to teach English.

⑤I took the College Entrance Examinations in December 1977, the first after the "cultural revolution". Only in October of that year did the government decide to restore the College Entrance Examinations, which had been suspended for 10 years. There were 5.7 million people took the examinations at that time, and 270,000 people entered colleges in the spring of 1978. I was admitted into Hengyang Teachers College in March 1978. Among the 18 students in my class, there was one of 18 years old as well as one of 30 years old. I was 24 that year. I majored in English and learned it quite well. The teacher had my writing printed and handed out as a model for all students in our department to study. Before graduation, I had teaching practice at Yueyun High School, one of the best in the province. After graduation, I taught English successively at Hengyang Linghu Middle School, Yejin Middle School and Yejin Workers' College. An article of mine was published in *English Language Learning* in January 1983. The magazine is the most widely circulated journal at that time in the field of English in China. In 1985, I taught myself Esperanto and wrote the manuscript of a book about its grammar and vocabulary. Later, I took examinations in Esperanto for the application of postgraduate and for the promotion to be associate professor and got high scores.

⑥I became a postgraduate in 1986 after examinations. I majored in Linguistics and Applied Linguistics, a program sponsored by Hunan University in co-operation with City University of New York. According to the CUNY teaching system, I studied 6 terms in two years in Changsha and Shanghai. We used American textbooks. All courses except semantics and French were taught by American teachers. My listening skill in English improved considerably during this period. I like to read English encyclopedias and other books and magazines in the library. I spoke English all the time with a classmate and enhanced my speaking skill greatly. At Hunan University, I taught English to a class of teaching assistants from different universities across the country. In the summer of 1988, I studied in Shanghai Science and Engineering University for one term, which was the last part of my postgraduate program. Two American teachers taught us. When I graduated, I got the diploma from Hunan University and a certificate from City University of New York.

In August 1988, I started to teach English at Yanshan University in Qinhuangdao. For a period of time, I was invited to teach part time at the Environment Protection College, which is not far from our university. Qinhuangdao is a beautiful seaside city and a summer resort. In holidays we often went to Beidaihe or Shanhaiguan, both famous places in China. In my spare time, I play badminton or chess. At Yanshan University I taught main courses to students majoring in business English. I had also taught English to PhD candidates. We got along very well with foreign teachers and became good friends with them. Every Christmas they would invite us to the party in their apartment and have a good time. An American teacher thought I had a large vocabulary and called me the "Word King". Years later, he made a point of visiting me when he was in Beijing. When I was in Yanshan University, I co-authored a dictionary of English synonyms, on which I spent much time and energy. It was published in March 1994. In May 1994, I published a book of my own. it was reprinted in February 1995. When I was in Yanshan University, almost every summer I went to other province to recruit new students，mostly in Hunan and Jiangxi. I was honored as the "most respected teacher" by graduating students' poll，which was organized by foreign teachers. In 1996 I became the head of English Major teaching program. I was promoted to associate professor in 1997.

思考题

1. 英语速记与汉语速记有哪些相同和不同之处？
2. 学习英语速记与汉语速记给你带来了什么好处？

第四章

中文速录

在学习本课程之前，首先进行学前测试。

学前测试题

独一无二的记忆 独一无二的青春

人生有一首诗，当我们拥有它的时候，往往并没有读懂它；而当我们能够读懂它的时候，它却早已远去，这首诗的名字就叫青春。青春是那么美好，在这段不可复制的旅途当中，我们拥有独一无二的记忆，不管它是迷茫的、孤独的、不安的，还是欢腾的、炽热的、理想的，它都是最闪亮的日子。雨果曾经说："谁虚度了年华，青春就将褪色。"是的，青春是用来奋斗的，不是用来挥霍的。只有这样，当有一天我们回首来时路，和那个站在最绚烂的骄阳下曾经青春的自己告别的时候，我们才可能说："谢谢你！再见！"

测试完毕后，请记录速度和正确率。

中文速录按照所采用的输入设备分类，可分为以下两大类：计算机速录（直接在计算机键盘上进行并击录入）和速录机速录（在计算机上外接速录机进行并击录入）。按照实现并击录入功能所采用的速录软件或者速录机分别命名，可分为很多种。

本教材所学习的中文速录，是直接在计算机键盘上进行并击录入的计算机速录。实现并击录入功能所采用的速录软件是双飞速录软件，因此称为双飞速录。

双飞速录软件的免费下载地址是：http：//www.suluyun.com，可自行下载使用。

中文速录与普通输入法的主要区别是录入方式和录入方法不同。普通输入法采用的录入方式是单指交替击键、单键交替录入的单击录入方式。而中文速录采用的录入方式是双手同时击键、多键同时录入的并击录入方式。

使用普通输入法时，每只手只能录入本区的汉语拼音字母或者声母、韵母，因此必须双手操作或者单手跨区操作；而使用中文速录法时，每只手都可以在本区内录入所有的声母和韵母，因此，不但可以双手操作，而且还可单手操作，腾出另一只手来从事其他工作，例如，翻资料、接电话等。

普通输入法采用的录入方法是全拼或双拼单击录入。全拼输入法击键一次只能录入一个汉语拼音字母，因此，一个汉字的汉语拼音是由几个字母构成，则需击键几次；双拼输入法击键一次只能录入一个声母或者韵母，因此，一个汉字需要击键两次。而中文速录采用的录入方法是双拼并击录入，击键一次可同时录入声母和韵母，因此，一个汉字只需击键一次。

例如，"双"的汉语拼音 shuāng 是由 s、h、u、a、n、g，共 6 个汉语拼音字母构成，是由声母 sh 与韵母 uang 拼合而成[①]。

全拼输入法需要击键 6 次，逐个录入 s、h、u、a、n、g，共 6 个汉语拼音字母。

双拼输入法需要击键 2 次，首先录入声母 sh，然后录入韵母 uang。

而中文速录只需击键 1 次，左手录入声母 sh，右手同时录入韵母 uang。

因此，"双"的中文速录录入速度是全拼输入法的 6 倍，是双拼输入法的 2 倍。

由此可见，中文速录的文字录入速度非常快，能够大幅度地提高工作效率、学习效率及网络交流效率，相应地提高自身价值及职业发展能力。

普通输入法中的全拼输入是按照汉语拼音字母的读音逐个录入的，双拼输入法是按照声母和韵母的读音逐个录入的，因此，必然会打断思维；而中文速录是按照每个字的读音录入的，因此，熟练掌握后可以达到文字录入与思维同步。

速录时还要注意正确坐姿和指法。由于坐姿和指法正确与否，会在一定程度上影响录入速度及正确率，因此下文特别强调了正确的坐姿和指法，希望同学们予以重视。

[①] 在计算机上采用汉语拼音字母输入汉字时，多数输入法均通过声母加韵母相拼实现，再根据声调选词。本书在介绍中文速录时，不再详述声调。

正确的坐姿如图 4-0-1、图 4-0-2 所示。

第一，身体端正，下颌内收，百会上领，后背挺直，双脚与肩等宽平放在地面上（图 4-0-1）。

图 4-0-1　正确坐姿 1

第二，小臂、手腕、手背呈一直线，手掌与键盘之间要有空隙，不要压在键盘或桌面上（图 4-0-2）。

图 4-0-2　正确坐姿 2

正确的指法如图 4-0-3、图 4-0-4 所示。

第一，手指一定要按照所分工的键位击键，不能越位（图 4-0-3）。

计算机键盘字母键左手区中排的 F、D、S、A 键，右手区中排的 J、K、L 键和分号键为基准键，将双手食指分别放在键面有一个凸起的短条或者圆点的 F 键和 J 键上，中指、无名指和小指依次排开，分别放在 D、S、A、K、L 键和分号键上，双手拇指放在空格键上。

每当录入过程停顿时，双手食指、中指、无名指及小指一定要立即回到基准键。

左手食指负责 F 列和 G 列，左手中指负责 D 列，左手无名指负责 S 列，左手小指负责 A 列及 A 列以外的其他键，右手各手指的分工与左手相对称，此处不再赘述。

图 4-0-3　正确指法 1

第二，一定要以指尖击键——手指与键盘的接触面越小越好（图 4-0-4）。

图 4-0-4　正确指法 2

第三，指尖触击键盘即迅速离开——击键的时间越短越好。

第四，指尖稍离开键盘即可——指尖离开键盘的距离越小越好。

第五，击键力度要适中——击键声音以清脆悦耳为佳。

第一节
并击方案

一、并击方案

中文速录为双拼并击录入。并击录入的方法称为并击方案，不同的速录软件所设计的并击方案各不相同，本教材所采用的双飞速录软件的并击方案如下。

第一，双手同时击键，左手录入声母，右手同时录入韵母。

第二，当录入本区的声母或韵母时，单指单击原键位；当录入另一区的声母或韵母时，则双指并击组合键。

第三，组合键是由双手食指、中指、无名指击键的八列键中，位于同一排的主、副两个键组成，小指不参与组合键并击。简称：八列同排非小指两键组合。

第四，右手区上、中、下排和左手区上、中、下排共计六组键，每组键的组合键并击录入方法都有规律可循，而且规律相同。组合键规律如下。

当录入另一区以食指或中指击键的声母或韵母时，则主键与原键位相对称，副键的击键手指与主键的击键手指外侧相邻。简称：主键相对称，副键外相邻。

当录入另一区以无名指或小指击键的声母或韵母时，则主键击键手指为无名指，副键击键手指为内侧相隔的食指。

原键位以无名指击键的，则食指击基准键；原键位以小指击键的，则食指内移一个键。简称：主键无名指，副键内相隔。

综上所述，当录入另一区的声母或韵母时，速录方法如下。

当录入另一区以食指击键的声母或韵母时，则以食指与中指同时击键。

当录入另一区以中指击键的声母或韵母时，则以中指与无名指同时击键。

当录入另一区以无名指击键的声母或韵母时，则以无名指与食指同时击键。

当录入另一区以小指击键的声母或韵母时，则以无名指与食指内移一个键同时击键。

左手录入右手区的声母时，详见表 4-1-1；右手录入左手区的韵母时，详见表 4-1-2。

表 4-1-1　左手录入右手区的声母

左手的击键手指及组合键				所录入的右手区的声母				
无名指	中指	食指	食指内移	食指内移	食指	中指	无名指	小指
	D		G	h				
	D	F			j			
S	D					k		
S		F					l	
W			T					p
	C		B	n				
	C	V			m			

表 4-1-2　右手录入左手区的韵母

所录入的左手区的韵母					右手的击键手指及组合键			
小指	无名指	中指	食指	食指内移	食指内移	食指	中指	无名指
				iang	H		K	
				uang				
			ian			J	K	
			ua					
		ing					K	L
		uai						
	in					J		L
	uei							
a					H			L
				iou	Y		I	
			iao			U	I	
		e					I	O
		iong						
		ie				U		O
ia					Y			O
				ei	N		,	
				ü	M		,	

121

续表

所录入的左手区的韵母					右手的击键手指及组合键			
小指	无名指	中指	食指	食指内移	食指内移	食指	中指	无名指
		üan					,	.
		uan						
		ün				M		.
		uen						
üe					N			.

二、并击方案详述

(一)双手按区同时击键录入

双手同时击键，左手录入声母，右手同时录入韵母(图 4-1-1)。

图 4-1-1　并击方案

例如：如此

汉语拼音：rú cǐ

"如此"的速录方法如下。

第一次击键：双手同时击 R 键和 U 键，录入 rú 的声母 r 和韵母 u(图 4-1-2)。

图 4-1-2　"如"的速录方法①

第二次击键：双手同时击 C 键和 I 键，录入 cǐ 的声母 c 和韵母 i(图 4-1-3)。

图 4-1-3　"此"的速录方法

课堂练习　双手并击词语练习

请跟着老师或者课件的朗读录入以下二字词，音对了即可，不必选项。

如此	不足	日子	速度	体系	比如	西部	日期	土地	妻子	不必	其次
彼此	仔细	夫妇	夫妻	不顾	肚子	企图	媳妇	弟弟	鼻子	脖子	气息
地图	督促	气体	昔日	幅度	孤独	速递	起诉	起步	步入	父子	土司
赌博	复苏	不惜	地步	次日	子弟	起伏	不服	祖父	此地	固体	弟子
如期	习俗	题词	吸毒	辜负	提速	兔子	启迪	自古	步子	腹地	自私

(二)双指并击组合键实现另一区内容录入

当录入本区的声母或韵母时，单指单击原键位；当入另一区的声母或韵母时，则双指并击组合键。如当左手录入左手区的声母 f 时，仍然以左手食指击 F 键(图 4-1-4)。

---

① 图 4-1-2 中，浅色键为左手区，深色键为右手区(空格键除外)。加框的键为文字录入时，手指所击的键。
图 4-1-2 表示"如"的速录方法是左手击 R 键录入声母 r，右手同时击 U 键录入韵母 u。

图 4-1-4　左手录入左手区的声母 f

当左手录入右手区的声母 j 时，以左手食指与中指同时击 F 键和 D 键（图 4-1-5）。

图 4-1-5　左手录入右手区的声母 j

组合键由双手食指、中指、无名指击键的八列键中，位于同一排的主、副两个键组成，小指不参与组合键并击。简称：八列同排非小指两键组合（图 4-1-6）。

图 4-1-6　组成组合键的八列键

右手区上、中、下排和左手区上、中、下排共计六组键，每组键的组合键并击录入方法都有规律可循，而且规律相同。组合键规律如下。

1. 组合键规律 1

当录入另一区以食指或中指击键的声母或韵母时，则主键与原键位相对称，副键的击键手指与主键的击键手指外侧相邻。简称：主键相对称，副键外相邻。

（1）j

j 位于右手区中排，以右手食指击 J 键。

根据组合键规律 1："主键相对称，副键外相邻"，j 的速录方法如下。

以左手食指与中指同时击 F 键和 D 键（图 4-1-7）。

图 4-1-7　j 的速录方法

例如：积极

汉语拼音：jī jí

"积极"两个字的声母都是 j。

"积极"的速录方法如下。

第一次击键：双手同时击 F 键、D 键和 I 键，录入 jī 的声母 j 和韵母 i（图 4-1-8）。

图 4-1-8　"积"的速录方法

第二次击键：双手再次同时击 F 键、D 键和 I 键，录入 jí 声母 j 和韵母 i（图 4-1-9）。

图 4-1-9　"极"的速录方法

课堂练习 j组成音节的字组词练习

请跟着老师或者课件的朗读录入以下二字词，音对了即可，不必选项。

积极　集体　基地　极其　季度　机组　集资　即日　急促　激素　祭祀　肌肤

击毙　缉捕　即席

（2）k

k位于右手区中排，以右手中指击K键。

根据组合键规律1："主键相对称，副键外相邻"，k的速录方法如下。

以左手中指与无名指同时击D键和S键（图4-1-10）。

图4-1-10　k的速录方法

例如：裤子

汉语拼音：kù zi

其中，"裤"的声母是k。

"裤子"的速录方法如下。

第一次击键：双手同时击D键、S键和U键，录入kù的声母k和韵母u（图4-1-11）。

图4-1-11　"裤"的速录方法

第二次击键：双手同时击 Z 键和 I 键，录入 zi 的声母 z 和韵母 i(图 4-1-12)。

图 4-1-12 "子"的速录方法

课堂练习 k 组成音节的字组词练习

请跟着老师或者课件的朗读录入以下二字词，音对了即可，不必选项。

裤子 哭泣 苦苦 酷似 哭诉 苦读 枯寂

2. 组合键规律 2

当录入另一区以无名指或小指击键的声母或韵母时，则主键击键手指为无名指，副键击键手指为内侧相隔的食指。

原键位以无名指击键的，则食指击基准键；原键位以小指击键的，则食指内移一个键。简称：主键无名指，副键内相隔。

(1) l

l 位于右手区中排，以右手无名指击 L 键。

根据组合键规律 2："主键无名指，副键内相隔"，l 的速录方法如下。

以左手无名指与食指同时击 S 键和 F 键(图 4-1-13)。

图 4-1-13 l 的速录方法

例如：立即

汉语拼音：lì jí

其中，"立"的声母是l。

"立即"的速录方法如下。

第一次击键：双手同时击 S 键、F 键和 I 键，录入 lì 的声母 l 和韵母 i（图 4-1-14）。

图 4-1-14　"立"的速录方法

第二次击键：双手同时击 F 键、D 键和 I 键，录入 jí 的声母 j 和韵母 i（图 4-1-15）。

图 4-1-15　"即"的速录方法

课堂练习　l 组成音节的字组词练习

请跟着老师或者课件的朗读录入以下二字词，音对了即可，不必选项。

立即　例如　力度　立足　路子　力气　例子　利息　陆地　立体　力图　历次
路基　路途　陆路　利弊　礼服　录入　露骨　立地　露宿　力促　丽日　利禄

（2）p

p 位于右手区上排，以右手小指击 P 键。

根据组合键规律 2："主键无名指，副键内相隔""原键位以小指击键的，则食指内移一个键"，p 的速录方法如下。

以左手无名指与食指内移一个键同时击 W 键和 T 键(图 4-1-16)。

图 4-1-16　p 的速录方法

例如：普及

汉语拼音：pǔ jí

其中，"普"的声母是 p。

"普及"的速录方法如下。

第一次击键：双手同时击 W 键、T 键和 U 键，录入 pǔ 的声母 p 和韵母 u(图 4-1-17)。

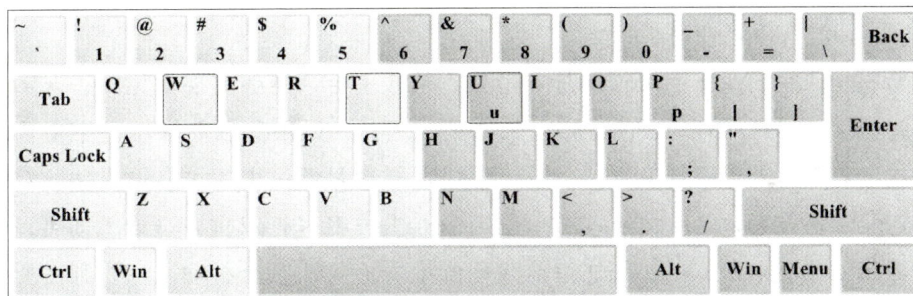

图 4-1-17　"普"的速录方法

第二次击键：双手同时击 F 键、D 键和 I 键，录入 jí 的声母 j 和韵母 i(图 4-1-18)。

图 4-1-18　"及"的速录方法

课堂练习 p组成音节的字组词练习

请跟着老师或者课件的朗读录入以下二字词，音对了即可，不必选项。

普及 皮肤 脾气 婆婆 譬如 披露 朴素 瀑布 铺子 魄力 坡地 坡度

铺路 葡匐 扑鼻 批捕 批驳 婆媳 霹雳 菩提 皮子 批次 破土 匹敌

课堂练习 j、k、l、p组成音节的字组词练习

请跟着老师或者课件的朗读录入以下二字词，音对了即可，不必选项。

立即 积极 集体 基地 例如 力度 普及 极其 激励 季度 皮肤 立足

路子 脾气 力气 婆婆 例子 利息 机组 譬如 披露 裤子 陆地 集资

立体 朴素 即日 疾苦 瀑布 苦苦 力图 激素 祭祀 历次 魄力 肌肤

击毙 路途 陆路 利弊 急迫 坡地 坡度 铺路 酷似 扑鼻 哭诉 批捕

课堂练习 左手录入j、k、l、p的键位练习

jklp jklp jklp jklp jklp

jpjk klpj kplj jkpl pklj

jklp jklp jklp jklp jklp

jpkl pklj lpjk jlpk kpjl

jklp jklp jklp jklp jklp

　　本教材所采用的双飞速录软件是一个并击录入平台，能够实现常见的拼音输入法的双手同时击键、多键同时录入的并击录入方式。因此，如果您以前采用的中文输入法是双拼输入法，则启动双飞速录软件以后，可仍选择您习惯使用的拼音输入法的双拼方案或者自定义双拼方案，然后按照本节所学习的并击方案进行双拼并击录入即可，不需要继续学习第二节至第六节；如果您以前采用的中文输入法是全拼输入法，则需要继续学习第二节至第六节的双拼并击速录方法，由全拼单击录入升级为双拼并击录入。

🎯 课后练习题

习题1　双手并击词语练习(1道)(词语02-01①)

目标：录入速度50字/分钟，正确率100%。

习题2　左手录入j、k、l、p的键位练习(键位02-01～02-05)(5道)

目标：录入速度100字符/分钟，正确率100%。

习题3　j、k、l、p组成音节的字组词练习(5道)(词语02-02～02-06)

目标：录入速度50字/分钟，正确率100%。

---

　　① 学习速录需要加强练习，形成条件反射。为了使初学者迅速掌握速录方法，编者编写了大量的课后练习题。由于课堂的授课时间有限，本书的篇幅也有限，因此，不能在书中呈现全部练习题。初学者可根据课堂练习题有针对性地练习；在校生可根据本书提供的相关序号，课后在课件中找到相应的内容练习。课后练习题中的相关序号与实际教学课件对应，本书仅着重挑选了重点部分标出。

第二节
双拼方案及声母的速录方法

一、双拼方案

在第一节中已经学习过中文速录为双拼并击录入，凡是双拼输入法，每个声母和韵母都有一个键位，声母和韵母的键位设计方案称为双拼方案。

每一种双拼输入法都有各自的双拼方案，本教材所学习的中文速录既可采用双飞速录双拼方案，也可采用其他拼音输入法的双拼方案，还可自定义双拼方案。由于双飞速录双拼方案是专为并击录入设计的，因此，本教材采用的双拼方案是双飞速录双拼方案。

双飞速录双拼方案如图 4-2-1 所示。

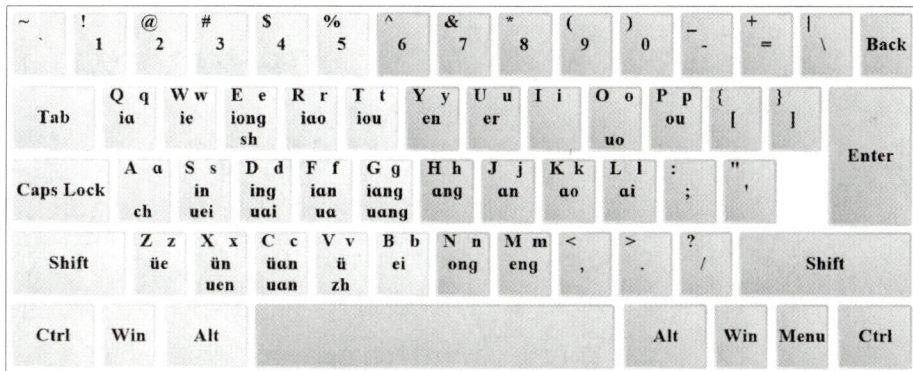

图 4-2-1 双飞速录双拼方案

该双拼方案中，单字母的声母和韵母的键位与普通输入法相同。

为了便于学习，特将键位分解为声母的键位、零声母韵母的键位、i 行的韵母的键位、ü 行的韵母的键位及 u 行的韵母的键位五部分，如图 4-2-2、图 4-2-3、图 4-2-4、图 4-2-5、图 4-2-6 所示。

图 4-2-2　声母的键位

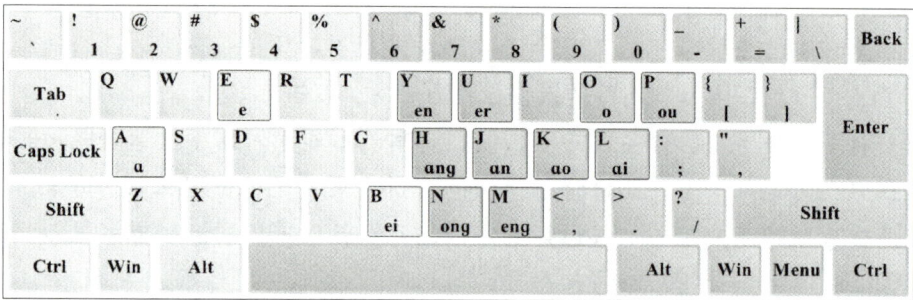

图 4-2-3　零声母韵母的键位

图 4-2-4　i 行的韵母的键位

图 4-2-5　ü 行的韵母的键位

图 4-2-6 u 行的韵母的键位

本章将以上五部分每部分分为一节，分别介绍每个声母和韵母的键位及其双拼并击速录方法，并且编写了相应的键位和词语的看打练习题及听打练习课件。通过反复练习可以加深记忆，逐渐形成条件反射，便可牢牢掌握，因此，希望同学们一定要加强练习。

二、速录键位

声母共有 21 个，单声母的键位与普通输入法相同，例如：b 位于 B 键，p 位于 P 键，因此不需要重新学习。

复声母 zh、ch、sh 的键位，是鉴于双拼并击录入时，以左手录入声母，而将其全部设计在左手区。

zh 位于 V 键，ch 位于 A 键，sh 位于 E 键，如图 4-2-7 所示。

图 4-2-7 复声母的键位

三、速录方法

在第一节中已经学习过如下并击方案："双手同时击键，左手录入声母，右手同时录入韵母。"因此，声母是以左手录入的。但是，计算机键盘的左手区和右手区都有声母，那么怎样用左手录入左手区的声母呢？怎样用左手录入右手区的声母呢？由于两个区的声母的速录方法不同，因此，我们将声母的速录方法分为左手区和右手区两部分进行学习。

(一)左手区声母的速录方法

左手区声母共有 14 个，其键位如图 4-2-8 所示。

图 4-2-8　左手区声母的键位

声母是以左手录入的，并击方案是："当录入本区的声母或韵母时，单指单击原键位。"左手区声母的速录方法如下。

以左手单指单击原键位。

其中，单声母的键位和录入方法与普通输入法相同，此处不再赘述，本节重点学习复声母 zh、ch、sh 的键位及其速录方法，详述如下。

1. zh

zh 位于左手区下排，以左手食指击 V 键。

zh 的速录方法是：以左手食指击 V 键(图 4-2-9)。

图 4-2-9　zh 的速录方法

例如：主席

汉语拼音：zhǔ xí

其中，"主"的声母是 zh。

"主席"的速录方法如下。

第一次击键：双手同时击 V 键和 U 键，录入 zhǔ 的声母 zh 和韵母 u（图 4-2-10）。

图 4-2-10　"主"的速录方法

第二次击键：双手同时击 X 键和 I 键，录入 xí 的声母 x 和韵母 i（图 4-2-11）。

图 4-2-11　"席"的速录方法

课堂练习　zh 组成音节的字组词练习

请跟着老师或者课件的朗读录入以下二字词，音对了即可，不必选项。

主席	制度	逐步	主体	治理	之际	支付	至此	制止	支柱	注入	助理
支部	驻地	祝福	柱子	只顾	直播	住宿	窒息	质朴	致死	志气	驻足
主旨	肢体	逐级	质地	植入	纸币	侄子	筑路	知足	制图	主顾	逐日

2. ch

ch 位于左手区中排，以左手小指击 A 键。

ch 的速录方法是：以左手小指击 A 键（图 4-2-12）。

图 4-2-12   ch 的速录方法

例如：处理

汉语拼音：chǔ lǐ

其中，"处"的声母是 ch。

"处理"的速录方法如下。

第一次击键：双手同时击 A 键和 U 键，录入 chǔ 的声母 ch 和韵母 u（图 4-2-13）。

图 4-2-13   "处"的速录方法

第二次击键：双手同时击 S 键、F 键和 I 键，录入 lǐ 的声母 l 和韵母 i（图 4-2-14）。

图 4-2-14   "理"的速录方法

课堂练习　ch 组成音节的字组词练习

请跟着老师或者课件的朗读录入以下二字词，音对了即可，不必选项。

处理　出席　初步　处置　初期　处处　出路　初级　出资　尺度　出租　出入

赤字　吃苦　出土　初次　迟迟　吃力　耻辱　处死　吃醋　赤膊　吃素　出题

3. sh

sh 位于左手区上排，以左手中指击 E 键。

sh 的速录方法是：以左手中指击 E 键（图 4-2-15）。

图 4-2-15　sh 的速录方法

例如：书记

汉语拼音：shū jì

其中，"书"的声母是 sh。

"书记"的速录方法如下。

第一次击键：双手同时击 E 键和 U 键，录入 shū 的声母 sh 和韵母 u（图 4-2-16）。

图 4-2-16　"书"的速录方法

第二次击键：双手同时击 F 键、D 键和 I 键，录入 jì 的声母 j 和韵母 i（图 4-2-17）。

图 4-2-17 "记"的速录方法

课堂练习 sh 组成音节的字组词练习

请跟着老师或者课件的朗读录入以下二字词，音对了即可，不必选项。

书记　世纪　时期　事实　势力　熟悉　数字　事故　树立　师傅
实质　舒服　湿地　输出　试图　叔叔　输入　尸体　舒适　势必
十足　适度　狮子　树枝　诗词　世俗　实习　暑期　石窟　时日
实属　树皮　实处　识破　实录　属地

课堂练习 左手区声母组成音节的字组词练习

请跟着老师或者课件的朗读录入以下二字词，音对了即可，不必选项。

自己　组织　书记　世纪　如此　只是　时期　支持　处理　主席
其实　不是　制度　事实　指出　不足　日子　不知　独立　突出
速度　体系　体制　比如　鼓励　故事　素质　读书　西部　势力
主体　此时　博士　主持　日期　突破　出席　熟悉　比例　数字
事故　土地　妻子　实力　树立　治理　不必　初步　部署　其次
彼此　仔细　思路　司机　玻璃　刺激　估计　之际　袭击　自主

🎯 **课后练习题**

习题 1　左手区声母键位（4 道）（键位 03-01～03-04）

目标：录入速度 100 字符/分钟，正确率 100%。

习题 2　左手区声母组成音节的字组词练习（5 道）（词语 03-01～03-05）

目标：录入速度 50 字/分钟，正确率 100%。

(二)右手区声母的速录方法

右手区声母共有 7 个，其键位如图 4-2-18 所示。

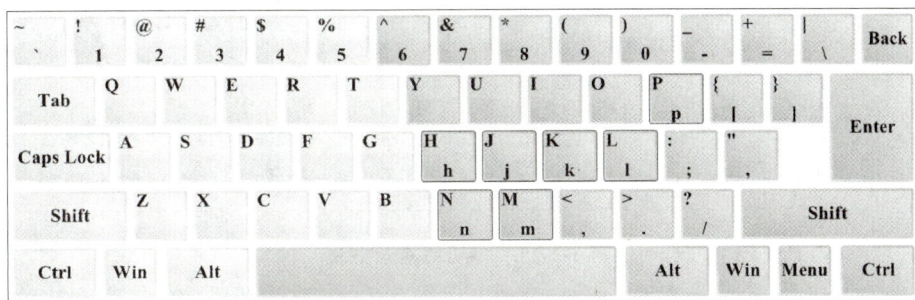

图 4-2-18 右手区声母的键位

声母是以左手录入的，并击方案是："当录入另一区的声母或韵母时，则双指并击组合键。"右手区声母的速录方法是：以左手双指并击组合键。

在第一节的组合键规律举例中，已经学习了右手区的声母 j、k、l、p 的速录方法，因此，本节只需学习 h、n、m 的速录方法即可，详述如下。

1. h

h 位于右手区中排，以右手食指内移一个键击键的 H 键。

根据组合键规律 1："主键相对称，副键外相邻"，h 的速录方法如下。

以左手食指内移一个键与中指同时击 G 键和 D 键(图 4-2-19)。

图 4-2-19 h 的速录方法

例如：呼吸

汉语拼音：hū xī

其中，"呼"的声母是 h。

"呼吸"的速录方法如下。

第一次击键：双手同时击 G 键、D 键和 U 键，录入 hū 的声母 h 和韵母 u（图 4-2-20）。

图 4-2-20 "呼"的速录方法

第二次击键：双手同时击 X 键和 I 键，录入 xī 的声母 x 和韵母 i（图 4-2-21）。

图 4-2-21 "吸"的速录方法

课堂练习 h 组成音节的字组词练习

请跟着老师或者课件的朗读录入以下二字词，音对了即可，不必选项。

呼吸　忽视　互利　胡子　糊涂　互助　互补　湖泊　葫芦　户籍　糊糊　呼哧

2. n

n 位于右手区下排，以右手食指内移一个键击键的 N 键。

根据组合键规律 1："主键相对称，副键外相邻"，n 的速录方法如下。

以左手食指内移一个键与中指同时击 B 键和 C 键（图 4-2-22）。

例如： 努力

汉语拼音：nǔ lì

其中，"努"的声母是 n。

"努力"的速录方法如下。

第一次击键：双手同时击 B 键、C 键和 U 键，录入 nǔ 的声母 n 和韵母 u（图 4-2-23）。

图 4-2-22　n 的速录方法

图 4-2-23　"努"的速录方法

第二次击键：双手同时击 S 键、F 键和 I 键，录入 lǐ 的声母 l 和韵母 i(图 4-2-24)。

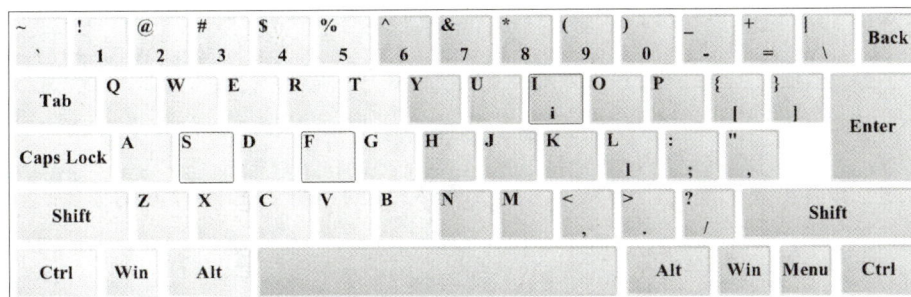

图 4-2-24　"力"的速录方法

课堂练习　n 组成音节的字组词练习

请跟着老师或者课件的朗读录入以下二字词，音对了即可，不必选项。

努力　泥土　怒气　尼姑　奴婢　奴仆　泥塑　溺死　妮子　怒斥　怒视

3. m

m 位于右手区下排，以右手食指击键的 M 键。

根据组合键规律 1："主键相对称，副键外相邻"，m 的速录方法如下。

以左手食指与中指同时击 V 键和 C 键(图 4-2-25)。

图 4-2-25　m 的速录方法

例如：目的

汉语拼音：mù dì

其中，"目"的声母是 m。

"目的"的速录方法如下。

第一次击键：双手同时击 V 键、C 键和 U 键，录入 mù 的声母 m 和韵母 u（图 4-2-26）。

图 4-2-26　"目"的速录方法

第二次击键：双手同时击 D 键和 I 键，录入 dì 的声母 d 和韵母 i（图 4-2-27）。

图 4-2-27　"的"的速录方法

课堂练习　m 组成音节的字组词练习

请跟着老师或者课件的朗读录入以下二字词，音对了即可，不必选项。

目的　模式　秘密　秘书　默默　模糊　模拟　密度　弥补　目录　密集　目睹

母子　牧师　募集　默契　迷失　蘑菇　摸底　莫不　魔术　魔力　母体　拇指

课堂练习　左手录入右手区声母

hjklpnm　hjklpnm　hjklpnm　hjklpnm　hjklpnm

lpjkmhn　klpnjmh　nkhpljm　hmjknpl　pknlhmj

hjklnpm　hjklpnm　hjklpnm　hjklpnm　hjklpnm

jhmpknl　pknhlmj　hnlpjmk　jnlpmhk　lhmkpjn

hjklpnm　hjklpnm　hjklpnm　hjklpnm　hjklpnm

课堂练习　右手区声母组成音节的字组词练习

请跟着老师或者课件的朗读录入以下二字词，音对了即可，不必选项。

历史　努力　技术　几乎　目的　基础　立即　积极　即使　集体　机制　基地

模式　例如　记录　力度　秘密　普及　极其　秘书　激励　呼吸　默默　季度

忽视　皮肤　立足　寂寞　模糊　路子　互利　脾气　记住　力气　例子　厘米

模拟　胡子　婆婆　糊涂　利息　密度　机组　弥补　譬如　互助　披露　批示

目录　裤子　理智　互补　密集　陆地　集资　立体　泥土　迫使　湖泊　朴素

课堂练习　词语综合练习

请跟着老师或者课件的朗读录入以下二字词，音对了即可，不必选项。

自己　历史　组织　书记　努力　世纪　如此　技术　只是　时期　支持　几乎

处理　主席　其实　不是　目的　制度　似乎　基础　立即　事实　积极　指出

不足　日子　不知　即使　父母　独立　突出　速度　集体　体系　体制　比如

鼓励　故事　素质　机制　逐步　读书　西部　基地　势力　主体　此时　主持

日期　突破　出席　熟悉　比例　数字　事故　土地　例如　妻子　树立　治理

课后练习题

习题 1　左手录入右手区声母练习（5 道）（键位 04-01～04-05）

目标：录入速度 100 字符/分钟，正确率 100%。

习题 2　右手区声母组成音节的字组词练习（4 道）（词语 04-01～04-04）

目标：录入速度 50 字/分钟，正确率 100%。

习题 3　词语综合练习（2 道）（词语 04-05～04-06）

目标：录入速度 50 字/分钟，正确率 100%。

第三节
零声母韵母的速录方法

一、速录键位

《汉语拼音方案》韵母表第 1 列的韵母 a、o、e、ai、ei、ao、ou、an、en、ang、eng、ong 共计 12 个，加上韵母 er 共计 13 个，见表 4-3-1。

表 4-3-1　《汉语拼音方案》韵母表

	i ㄧ　衣	u ㄨ　乌	ü ㄩ　迂
a ㄚ　啊	ia ㄧㄚ　呀	ua ㄨㄚ　蛙	
o ㄛ　喔		uo ㄨㄛ　窝	
e ㄜ　鹅	ie ㄧㄝ　耶		üe ㄩㄝ　约
ai ㄞ　哀		uai ㄨㄞ　歪	
ei ㄟ　欸		ui ㄨㄟ　威	
ao ㄠ　熬	iao ㄧㄠ　腰		
ou ㄡ　欧	iou ㄧㄡ　忧		
an ㄢ　安	ian ㄧㄢ　烟	uan ㄨㄢ　弯	üan ㄩㄢ　冤
en ㄣ　恩	in ㄧㄣ　因	uen ㄨㄣ　温	ün ㄩㄣ　晕
ang ㄤ　昂	iang ㄧㄤ　央	uang ㄨㄤ　汪	
eng ㄥ　亨的韵母	ing ㄧㄥ　英	ueng ㄨㄥ　翁	
ong (ㄨㄥ)轰的韵母	iong ㄩㄥ　雍		

上述 13 个韵母中，除了 ong 不能自成音节以外，其他韵母都能自成音节，并能独

立地为其自成音节的字注音。例如，"啊"的汉语拼音是 ā、á、ǎ、à、a，"喔"的汉语拼音是 ō，"鹅"的汉语拼音是 é，这些韵母为自成音节的字注音时，前面无声母，因此称为零声母韵母。

其键位如图 4-3-1 所示。

图 4-3-1　零声母韵母的键位

其中，单字母的零声母韵母 a、o、e 的键位与普通输入法的相同，分别位于 A 键、O 键和 E 键；2～3 个字母的复零声母韵母，因其使用频率较高，而韵母是以右手录入的，并且，零声母韵母的数量与右手区字母键的数量接近，因此，将除了 ei 以外的复零声母韵母的键位全部设计在右手区；ei 因其使用频率较低，并且不能与 i 位于同一键位，因此，将其设计在左手区的 B 键。

二、速录方法

韵母是以右手录入的，并击方案是："当录入本区的声母或韵母时，单指单击原键位；当录入另一区的声母或韵母时，则双指并击组合键。"右手区的零声母韵母是以右手单指单击原键位，而左手区的零声母韵母则以右手双指并击组合键。

(一)右手区零声母韵母的速录方法

右手区零声母韵母共有 10 个，其键位如图 4-3-2 所示。

图 4-3-2　右手区零声母韵母的键位

右手区零声母韵母的速录方法详述如下。

1. ang

ang 位于右手区中排，以右手食指内移一个键击 H 键。

ang 的速录方法是：以右手食指内移一个键击 H 键（图 4-3-3）。

图 4-3-3 ang 的速录方法

例如：方式

汉语拼音：fāng shì

其中，"方"的韵母是 ang。

"方式"的速录方法如下。

第一次击键：双手同时击 F 键和 H 键，录入 fāng 的声母 f 和韵母 ang（图 4-3-4）。

图 4-3-4 "方"的速录方法

第二次击键：双手同时击 E 键和 I 键，录入 shì 的声母 sh 和韵母 i（图 4-3-5）。

图 4-3-5 "式"的速录方法

课堂练习　ang 组成音节的字组词练习

请跟着老师或者课件的朗读录入以下二字词，音对了即可，不必选项。

方式	帮助	常常	长期	刚刚	当地	房子	仿佛	上述	防止	放弃	当时
上市	丈夫	当初	上帝	盲目	丧失	上涨	商场	当即	尝试	抗日	当日
帮忙	抗击	当场	帮扶	场地	上岗	账户	上访	嗓子	防护	厂商	康复
藏族	忙碌	仓库	上诉	厂房	档次	长度	长足	茫茫	上当	榔子	胖子
常驻	党章	长途	沧桑	上路	长子	长处	荡漾	长廊	场次	唱戏	上司

2. an

an 位于右手区中排，以右手食指击 J 键。

an 的速录方法是：以右手食指击 J 键（图 4-3-6）。

图 4-3-6　an 的速录方法

例如：但是

汉语拼音：dàn shì

其中，"但"的韵母是 an。

"但是"的速录方法如下。

第一次击键：双手同时击 D 键和 J 键，录入 dàn 的声母 d 和韵母 an（图 4-3-7）。

图 4-3-7　"但"的速录方法

第二次击键：双手同时击 E 键和 I 键，录入 shì 的声母 sh 和韵母 i（图 4-3-8）。

图 4-3-8 "是"的速录方法

课堂练习 an 组成的音节的字组词练习

请跟着老师或者课件的朗读录入以下二字词，音对了即可，不必选项。

但是　干部　战士　男子　办事　办理　反复　慢慢　南方　谈判　暂时　山西
展览　难题　感染　凡是　南部　颁布　赞赏　战场　产值　甘肃　感激　单独
干旱　灿烂　干事　擅自　担负　赶上　反抗　判处　汉子　漫长　占地　叹息
南昌　淡淡　繁殖　残酷　反思　满堂　曼谷　赞助　站住　感叹　参展　残疾
勘探　站立　南极　蓝图　山地　泛滥　担子　山路　站长　赶忙　反感　看似

3. ao

ao 位于右手区中排，以右手中指击 K 键。

ao 的速录方法是：以右手中指击 K 键（图 4-3-9）。

图 4-3-9 ao 的速录方法

例如：报告

汉语拼音：bào gào

"报告"两个字的韵母都是 ao。

"报告"的速录方法如下。

第一次击键：双手同时击 B 键和 K 键，录入 bào 的声母 b 和韵母 ao（图 4-3-10）。

图 4-3-10　"报"的速录方法

第二次击键：双手同时击 G 键和 K 键，录入 gào 的声母 g 和韵母 ao（图 4-3-11）。

图 4-3-11　"告"的速录方法

课堂练习　ao 组成音节的字组词练习

请跟着老师或者课件的朗读录入以下二字词，音对了即可，不必选项。

报告	保护	老师	保持	道路	报道	高度	报纸	到底	保障	导致	道理
高级	老板	考试	少数	到处	好处	好几	遭到	照顾	倒是	导弹	老婆
好好	号召	报刊	暴力	高潮	早日	高速	包含	暴露	好不	早上	好事
脑子	高尚	牢固	早期	招呼	着急	帽子	草地	高考	老子	超市	报复
考古	劳模	嫂子	老鼠	造福	牢记	老虎	盗版	高山	好奇	逃避	抛弃

4. ai

ai 位于右手区中排，以右手无名指击 L 键。

ai 的速录方法是：以右手无名指击 L 键（图 4-3-12）。

图 4-3-12　ai 的速录方法

例如： 开始

汉语拼音：kāi shǐ

其中，"开"的韵母是 ai。

"开始"的速录方法如下。

第一次击键：双手同时击 D 键、S 键和 L 键，录入 kāi 的声母 k 和韵母 ai(图 4-3-13)。

图 4-3-13 "开"的速录方法

第二次击键：双手同时击 E 键和 I 键，录入 shǐ 的声母 sh 和韵母 i(图 4-3-14)。

图 4-3-14 "始"的速录方法

课堂练习 ai 组成音节的字组词练习

请跟着老师或者课件的朗读录入以下二字词，音对了即可，不必选项。

开始	孩子	还是	来到	来自	改造	开展	开放	改善	财产	财富	太太
乃至	奶奶	开幕	开辟	大夫	海上	灾害	来访	海南	赛事	在党	代理
灾难	开办	排除	开支	太子	载体	买卖	态势	台上	乃是	拍卖	赛场
开采	财力	再度	裁判	在场	牌子	采集	开除	麦子	再三	歹徒	改组
海底	排斥	泰山	白白	开启	再造	开赛	海滩	该死	脉搏	楷模	海岛

5. ong

ong 位于右手区下排，以右手食指内移一个键击 N 键。

ong 的速录方法是：以右手食指内移一个键击 N 键(图 4-3-15)。

图 4-3-15　ong 的速录方法

例如：同时

汉语拼音：tóng shí

其中，"同"的韵母是 ong。

"同时"的速录方法如下。

第一次击键：双手同时击 T 键和 N 键，录入 tóng 的声母 t 和韵母 ong(图 4-3-16)。

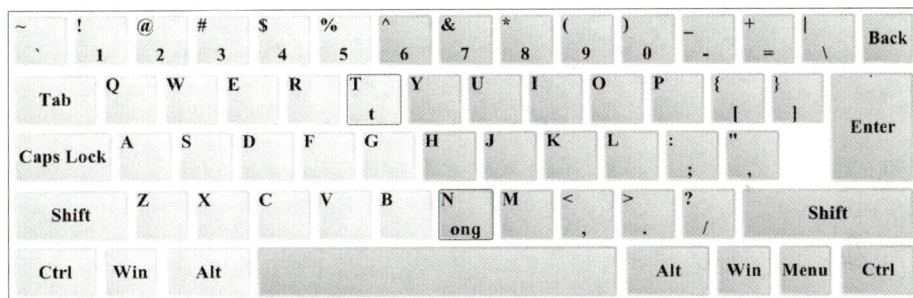

图 4-3-16　"同"的速录方法

第二次击键：双手同时击 E 键和 I 键，录入 shí 的声母 sh 和韵母 i(图 4-3-17)。

图 4-3-17　"时"的速录方法

课堂练习 ong 组成音节的字组词练习

请跟着老师或者课件的朗读录入以下二字词，音对了即可，不必选项。

同时	同志	公司	共同	总是	总统	控制	充满	重视	总理	工资	从事
公开	空气	冲突	统计	东西	公共	痛苦	从来	巩固	工厂	动力	公布
总体	种种	种植	恐怖	种子	东方	中共	重复	东部	同期	空中	攻击
农户	通常	冲击	公众	中东	总之	崇高	共识	总数	通道	动态	工地
通报	从中	重组	冬季	隆重	匆匆	功夫	充实	中部	总裁	农场	公主

6. eng

eng 位于右手区下排，以右手食指击 M 键。

eng 的速录方法是：以右手食指击 M 键（图 4-3-18）。

图 4-3-18　eng 的速录方法

例如：政府

汉语拼音：zhèng fǔ

其中，"政"的韵母是 eng。

"政府"的速录方法如下。

第一次击键：双手同时击 V 键和 M 键，录入 zhèng 的声母 zh 和韵母 eng（图 4-3-19）。

图 4-3-19　"政"的速录方法

第二次击键：双手同时击 F 键和 U 键，录入 fǔ 的声母 f 和韵母 u（图 4-3-20）。

图 4-3-20 "府"的速录方法

课堂练习 eng 组成音节的字组词练习

请跟着老师或者课件的朗读录入以下二字词，音对了即可，不必选项。

政府　政治　正在　城市　成功　能力　正是　生产　仍然　程度　成立　等等
胜利　成绩　增长　正常　生态　整体　成熟　成长　生动　生长　等待　整理
耕地　承包　正如　政党　生气　称号　正好　证书　蒙古　升级　风力　称赞
生日　整整　整改　等级　承办　增产　风气　增幅　生成　膨胀　牲畜　征地
风暴　讽刺　增值　惩治　猛然　成才　朦胧　风俗　绳子　生殖　风筝　等到

课堂练习 右手区中下排零声母韵母的键位

ang　an　ao　ai　ong　eng

ao　ong　ang　eng　an　ai

ang　an　ao　ai　ong　eng

ai　an　eng　ang　ao　ong

ang　an　ao　ai　ong　eng

课堂练习 右手区中下排零声母韵母组成音节的字组词练习

请跟着老师或者课件的朗读录入以下二字词，音对了即可，不必选项。

开始　同时　但是　孩子　同志　政府　还是　政治　公司　干部　正在　城市
上海　感到　产生　成功　当然　方式　报告　能力　帮助　正是　来到　生产
劳动　保护　仍然　老师　战争　态度　共同　保持　造成　总是　总统　程度
成立　工程　控制　保证　充满　等等　道路　胜利　重视　来自　丰富　满足
总理　常常　战士　长期　改造　成绩　报道　开展　高度　增长　刚刚　正常

7. en

en 位于右手区上排，以右手食指内移一个键击 Y 键。

en 的速录方法是：以右手食指内移一个键击 Y 键（图 4-3-21）。

图 4-3-21　en 的速录方法

例如：人们

汉语拼音：rén men

"人们"两个字的韵母都是 en。

"人们"的速录方法如下。

第一次击键：双手同时击 R 键和 Y 键，录入 rén 的声母 r 和韵母 en（图 4-3-22）。

图 4-3-22　"人"的速录方法

第二次击键：双手同时击 V 键、C 键和 Y 键，录入 men 的声母 m 和韵母 en（图 4-3-23）。

图 4-3-23　"们"的速录方法

课堂练习　en 组成音节的字组词练习

请跟着老师或者课件的朗读录入以下二字词，音对了即可，不必选项。

人们	认识	根本	真正	认真	身体	深入	分钟	分子	真实	纷纷	本来
本身	深深	本质	人数	身份	沉重	人人	本人	分布	真理	审判	人次
人工	人体	分离	人力	真诚	神秘	审计	深处	认证	沉默	本事	阵地
分散	神圣	申报	审理	分歧	分工	跟踪	深度	珍惜	人身	怎能	申办
认同	神气	任期	狠狠	痕迹	分行	身材	振奋	门槛	分成	震动	本能

8.er

er 位于右手区上排，以右手食指击 U 键。

er 的速录方法是：以右手食指击 U 键（图 4-3-24）。

图 4-3-24　er 的速录方法

由于 er 只能自成音节，而不能与声母拼合，因此，这里只学习 er 的键位，关于 er 的速录方法将在零声母韵母自成音节的字的速录方法中学习。

9.o

o 位于右手区上排，以右手无名指击 O 键。

o 的速录方法是：以右手无名指击 O 键（图 4-3-25）。

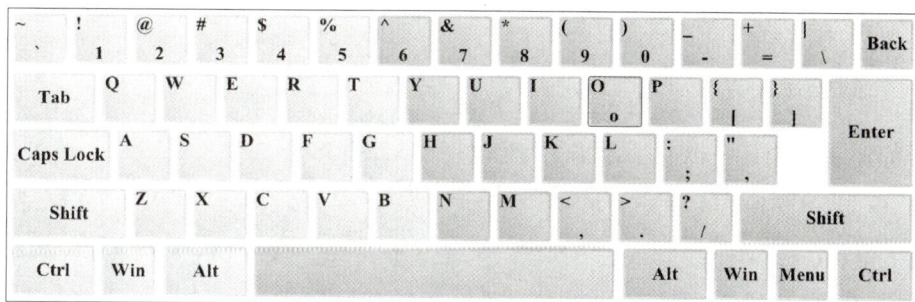

图 4-3-25　o 的速录方法

例如：模式

汉语拼音：mó shì

其中，"模"的韵母是 o。

"模式"的速录方法如下。

第一次击键：双手同时击 V 键、C 键和 O 键，录入 mó 的声母 m 和韵母 o(图 4-3-26)。

图 4-3-26 "模"的速录方法

第二次击键：双手同时击 E 键和 I 键，录入 shì 的声母 sh 和韵母 i(图 4-3-27)。

图 4-3-27 "式"的速录方法

课堂练习 o 组成音节的字组词练习

请跟着老师或者课件的朗读录入以下二字词，音对了即可，不必选项。

模式　博士　玻璃　模范　默默　脖子　破产　模拟　播出　波动　渤海　默然
波浪　破烂　伯伯　拨付　波涛　伯母　摸底　莫不　魄力　拨通　波及　驳斥

10. ou

ou 位于右手区上排，以右手小指击 P 键。

ou 的速录方法是：以右手小指击 P 键(图 4-3-28)。

图 4-3-28 ou 的速录方法

例如：受到

汉语拼音：shòu dào

其中，"受"的韵母是 ou。

"受到"的速录方法如下。

第一次击键：双手同时击 E 键和 P 键，录入 shòu 的声母 sh 和韵母 ou（图 4-3-29）。

图 4-3-29　"受"的速录方法

第二次击键：双手同时击 D 键和 K 键，录入 dào 的声母 d 和韵母 ao（图 4-3-30）。

图 4-3-30　"到"的速录方法

课堂练习　ou 组成音节的字组词练习

请跟着老师或者课件的朗读录入以下二字词，音对了即可，不必选项。

受到　后来　斗争　尤其　收入　投资　投入　构成　首都　周刊　手机　收购

沟通　透露　口气　受理　投诉　周期　收拾　周末　否认　口袋　走访　投产

偷偷　走廊　首席　楼房　投身　受灾　首长　后期　漏洞　楼梯　手臂　构造

课堂练习　右手区零声母韵母的键位（5 道）

ang　an　ao　ai　ong　eng　en　er　o　ou

an　ai　er　ong　on　ao　eng　o　ang　en

ang　an　ao　ai　ong　eng　en　er　o　on

ou　ong　er　o　an　eng　ao　ang　en　ai

ang　an　ao　ai　ong　eng　en　er　o　on

课堂练习 右手区上排零声母韵母组成音节的字组词练习

请跟着老师或者课件的朗读录入以下二字词，音对了即可，不必选项。

人们	认识	甚至	根本	真正	认真	后来	斗争	身体	人才	分析	身上
收入	人生	深入	投资	分钟	人口	分子	深刻	投入	真实	纷纷	本来
本身	构成	奋斗	深深	首都	本质	人数	门口	收到	购买	身份	沉重
人人	玻璃	本人	手术	分布	周刊	身子	真理	审批	手机	头脑	收购
模范	审判	人次	人工	人体	分离	沟通	受伤	本地	人力	真诚	神秘

课堂练习 右手区零声母韵母组成音节的字组词练习

请跟着老师或者课件的朗读录入以下二字词，音对了即可，不必选项。

人们	同时	但是	孩子	同志	政府	还是	政治	公司	干部	认识	正在
城市	能够	上海	甚至	根本	感到	产生	真正	成功	当然	方式	报告
能力	帮助	正是	受到	来到	生产	认真	后来	劳动	保护	仍然	老帅
然后	战争	态度	共同	保持	斗争	造成	总是	工人	老人	身体	那里
人才	总统	程度	分析	身上	成立	充分	工程	控制	保证	收入	人生

🎯 课后练习题

习题 1　右手区零声母韵母的键位（10 道）（键位 05-01～05-10）

目标：录入速度 200 字符/分钟，正确率 100%。

习题 2　右手区零声母韵母组成音节的字组词练习（13 道）（词语 05-01～05-13）

目标：录入速度 50 字/分钟，正确率 100%。

(二)左手区零声母韵母的速录方法

左手区零声母韵母共有 3 个，其键位如图 4-3-31 所示。

图 4-3-31　左手区零声母韵母的键位

　　韵母是以右手录入的，并击方案是："当录入另一区的声母或韵母时，则双指并击组合键。"左手区零声母韵母的速录方法是：以右手双指并击组合键。详述如下。

　　1. a

　　a 位于左手区中排，以左手小指击 A 键。

　　根据组合键规律 2："主键无名指，副键内相隔。""原键位以小指击键的，则食指内移一个键。"因此，a 的速录方法是：以右手无名指与食指内移一个键同时击 L 键和 H 键（图 4-3-32）。

图 4-3-32　a 的速录方法

　　例如： 他们

　　汉语拼音：tā men

　　其中，"他"的韵母是 a。

　　"他们"的速录方法如下。

　　第一次击键：双手同时击 T 键、L 键和 H 键，录入 tā 的声母 t 和韵母 a（图 4-3-33）。

图 4-3-33　"他"的速录方法

第二次击键：双手同时击 V 键、C 键和 Y 键，录入 men 的声母 m 和韵母 en（图 4-3-34）。

图 4-3-34 "们"的速录方法

课堂练习 ɑ 组成音节的字组词练习

请跟着老师或者课件的朗读录入以下二字词，音对了即可，不必选项。

他们	发生	发展	达到	那里	妈妈	打击	大力	那时	大陆	大事	爸爸
法制	大地	发达	大门	大批	杂志	发布	达成	巴黎	大胆	拉开	垃圾
纳入	查处	发放	大人	大臣	大都	马路	大赛	发起	大海	扎实	打工
码头	法人	沙发	大幅	大楼	大户	沙龙	大厦	哪怕	大致	打扮	哈哈
拉萨	法子	大豆	大嫂	发送	大好	大道	大部	大妈	大棚	怕是	查办

2. e

e 位于左手区上排，以左手中指击 E 键。

根据组合键规律 1："主键相对称，副键外相邻"，e 的速录方法如下。

以右手中指与无名指同时击 I 键和 O 键（图 4-3-35）。

图 4-3-35 e 的速录方法

例如：这个

汉语拼音：zhè gè

"这个"两字的韵母都是 e。

"这个"的速录方法如下。

第一次击键：双手同时击 V 键、I 键和 O 键，录入 zhè 的声母 zh 和韵母 e（图 4-3-36）。

图 4-3-36　"这"的速录方法

第二次击键：双手同时击 G 键、I 键和 O 键，录入 gè 的声母 g 和韵母 e（图 4-3-37）。

图 4-3-37　"个"的速录方法

课堂练习　e 组成音节的字组词练习

请跟着老师或者课件的朗读录入以下二字词，音对了即可，不必选项。

这个	这里	可能	得到	各种	个人	这么	可是	责任	设计	科技	各地
合理	各个	特色	彻底	得了	客人	各自	设施	河南	设立	特征	克服
色彩	个体	课题	合格	各方	可惜	可靠	可怕	得知	特大	车站	荷兰
课堂	胳膊	科普	隔离	测试	歌声	合资	何必	核查	客气	车子	和谈
折磨	热潮	歌唱	刻苦	咳嗽	特刊	克隆	各处	热带	客商	舌头	可知

3. ei

ei 位于左手区下排，以左手食指内移一个键击 B 键。

根据组合键规律 1："主键相对称，副键外相邻"，ei 的速录方法如下。

以右手食指内移一个键与中指同时击 N 键和逗号键(图 4-3-38)。

图 4-3-38　ei 的速录方法

例如： 非常

汉语拼音：fēi cháng

其中，"非"的韵母是 ei。

"非常"的速录方法如下。

第一次击键：双手同时击 F 键、N 键和逗号键，录入 fēi 的声母 f 和韵母 ei(图 4-3-39)。

图 4-3-39　"非"的速录方法

第二次击键：双手同时击 A 键和 H 键，录入 cháng 的声母 ch 和韵母 ang(图 4-3-40)。

图 4-3-40　"常"的速录方法

课堂练习　ei 组成音节的字组词练习

请跟着老师或者课件的朗读录入以下二字词，音对了即可，不必选项。

非常	内容	内部	美好	北方	媒体	背后	非法	类似	内地	内涵	赔偿
累计	配置	煤炭	内在	黑色	陪同	每当	配备	被动	谁知	内政	每逢

课堂练习　左手区零声母韵母组成音节的字组词练习

请跟着老师或者课件的朗读录入以下二字词，音对了即可，不必选项。

他们	这个	这里	可能	发生	得到	发展	非常	那么	各种	个人	内容
这么	可是	责任	达到	那里	发出	设计	特殊	科技	那个	妈妈	各地
合理	设备	飞机	打击	大力	马上	合同	各个	打开	特色	内部	彻底
得了	美丽	客人	那时	各自	大陆	大事	设施	爸爸	配合	河南	法制
设立	大地	美好	非洲	特征	北方	发达	媒体	大概	大众	合法	大门

课后练习题

左手区零声母韵母组成音节的字组词练习（4 道）（词语 06-01～06-04）

目标：录入速度 50 字/分钟，正确率 100%。

(三)零声母韵母自成音节的字的速录方法

在第一节中已经学习过，并击方案如下："双手同时击键，左手录入声母，右手同时录入韵母。"但是，零声母韵母自成音节的字的汉语拼音无声母。例如："啊"的汉语拼音是 ā、á、ǎ、à、a，"喔"的汉语拼音是 ō，"鹅"的汉语拼音是 é。因此，当录入零声母韵母自成音节的字时，需要以一个字母代替零声母韵母的声母，该字母称为"零声母"。

本课程所采用的双飞速录软件是以与数字 0 相似的韵母 o 作为零声母，因此，零声母韵母自成音节的字的速录方法是：双手同时击键，左手并击 W 键和 R 键录入零声母 o，右手同时录入零声母韵母。详述如下。

1. ang

ang 自成音节的字的速录方法是：以零声母 o 代替声母，双手同时击 W 键、R 键和 H 键，录入零声母 o 和零声母韵母 ang（图 4-3-41）。

图 4-3-41　ang 自成音节的字的速录方法

例如：肮脏

汉语拼音：āng zāng

其中，"肮"是零声母韵母 ang 自成音节的字。

"肮脏"的速录方法如下。

第一次击键：双手同时击 W 键、R 键和 H 键，录入零声母 o 和零声母韵母 ang（图 4-3-42）。

图 4-3-42 "肮"的速录方法

第二次击键：双手同时击 Z 键和 H 键，录入 zāng 的声母 z 和韵母 ang（图 4-3-43）。

图 4-3-43 "脏"的速录方法

课堂练习 ang 自成音节的字组词练习

请跟着老师或者课件的朗读录入以下二字词，音对了即可，不必选项。

肮脏　盎然　昂首　盎司

2. an

an 自成音节的字的速录方法是：以零声母 o 代替声母，双手同时击 W 键、R 键和 J 键，录入零声母 o 和零声母韵母 an（图 4-3-44）。

图 4-3-44　an 自成音节的字的速录方法

例如：安排

汉语拼音：ān pái

其中，"安"是零声母韵母 an 自成音节的字。

"安排"的速录方法如下。

第一次击键：双手同时击 W 键、R 键和 J 键，录入零声母 o 和零声母韵母 an（图 4-3-45）。

图 4-3-45　"安"的速录方法

第二次击键：双手同时击 W 键、T 键和 L 键，录入 pái 的声母 p 和韵母 ai（图 4-3-46）。

图 4-3-46　"排"的速录方法

课堂练习 an自成音节的字组词练习

请跟着老师或者课件的朗读录入以下二字词，音对了即可，不必选项。

安排　按照　安置　按时　暗暗　暗中　案子　案例　按摩　暗地　暗杀　安然

安康　按期　案发　暗淡　暗访　安抚　安葬　案头　安息　安分　安乐　暗处

案犯　安生　安培　暗号　暗藏　按捺　鞍马　安身　安插　安度　案板　桉树

暗红　安谧　暗道　暗含　暗合　安泰　暗探　安设　暗害　暗堡　庵堂　暗记

3. ao

ao自成音节的字的速录方法是：以零声母 o 代替声母，双手同时击 W 键、R 键和 K 键，录入零声母 o 和零声母韵母 ao（图 4-3-47）。

图 4-3-47　ao自成音节的字的速录方法

例如：澳门

汉语拼音：ào mén

其中，"澳"是零声母韵母 ao 自成音节的字。

"澳门"的速录方法如下。

第一次击键：双手同时击 W 键、R 键和 K 键，录入零声母 o 和零声母韵母 ao（图 4-3-48）。

图 4-3-48　"澳"的速录方法

第二次击键：双手同时击 V 键、C 键和 Y 键，录入 mén 的声母 m 和韵母 en(图 4-3-49)。

图 4-3-49 "门"的速录方法

课堂练习 ao 自成音节的字组词练习

请跟着老师或者课件的朗读录入以下二字词，音对了即可，不必选项。

澳门 奥秘 澳洲 傲慢 懊恼 鏖战 懊丧 傲然 傲气 嗷嗷 傲视 傲骨

凹凸 拗口 敖包 鳌子 傲岸 凹版

4. ai

ai 自成音节的字的速录方法是：以零声母 o 代替声母，双手同时击 W 键、R 键和 L 键，录入零声母 o 和零声母韵母 ai(图 4-3-50)。

图 4-3-50 ai 自成音节的字的速录方法

例如：埃及

汉语拼音：āi jí

其中，"埃"是零声母韵母 ai 自成音节的字。

"埃及"的速录方法如下。

第一次击键：双手同时击 W 键、R 键和 L 键，录入零声母 o 和零声母韵母 ai(图 4-3-51)。

图 4-3-51 "埃"的速录方法

第二次击键：双手同时击 F 键、D 键和 I 键，录入 jí 的声母 j 和韵母 i（图 4-3-52）。

图 4-3-52 "及"的速录方法

课堂练习 ɑi 自成音节的字组词练习

请跟着老师或者课件的朗读录入以下二字词，音对了即可，不必选项。

埃及　爱好　爱人　爱护　癌症　哀悼　爱戴　爱惜　爱慕　爱抚　哀伤　爱美
矮子　哀思　爱憎　碍事　哀愁　哀叹　哀痛　矮胖　皑皑　爱神　挨批　哀告
挨揍　爱河　隘口　哀歌　挨次　哀苦　哀泣　爱称

5. eng

eng 自成音节的字的速录方法是：以零声母 o 代替声母，双手同时击 W 键、R 键和 M 键，录入零声母 o 和零声母韵母 eng（图 4-3-53）。

图 4-3-53 eng 自成音节的字的速录方法

例如：鞥

汉语拼音：ēng

"鞥"是零声母韵母 eng 自成音节的字。

"鞥"的速录方法是：双手同时击 W 键、R 键和 M 键，录入零声母 o 和零声母韵母 eng（图 4-3-54）。

图 4-3-54　"鞥"的速录方法

由于没有首字是 eng 自成音节的字的二字词，因此不能进行二字词课堂练习。

6. en

en 自成音节的字的速录方法是：以零声母 o 代替声母，双手同时击 W 键、R 键和 Y 键，录入零声母 o 和零声母韵母 en（图 4-3-55）。

图 4-3-55　en 自成音节的字的速录方法

例如：恩人

汉语拼音：ēn rén

其中，"恩"是零声母韵母 en 自成音节的字。

"恩人"的速录方法如下。

第一次击键：双手同时击 W 键、R 键和 Y 键，录入零声母 o 和零声母韵母 en（图 4-3-56）。

图 4-3-56 "恩"的速录方法

第二次击键：双手同时击 R 键和 Y 键，录入 rén 的声母 r 和韵母 en（图 4-3-57）。

图 4-3-57 "人"的速录方法

课堂练习 en 自成音节的字组词练习

请跟着老师或者课件的朗读录入以下二字词，音对了即可，不必选项。

恩人　恩爱　恩赐　恩师　恩宠　恩德　恩仇　恩泽

7. er

er 自成音节的字的速录方法是：以零声母 o 代替声母，双手同时击 W 键、R 键和 U 键，录入零声母 o 和零声母韵母 er（图 4-3-58）。

图 4-3-58　er 自成音节的字的速录方法

例如： 儿子

汉语拼音：ér zi

其中，"儿"是零声母韵母 er 自成音节的字。

"儿子"的速录方法如下。

第一次击键：双手同时击 W 键、R 键和 U 键，录入零声母 o 和零声母韵母 er（图 4-3-59）。

图 4-3-59 "儿"的速录方法

第二次击键：双手同时击 Z 键和 I 键，录入 zi 的声母 z 和韵母 i（图 4-3-60）。

图 4-3-60 "子"的速录方法

课堂练习 er 自成音节的字组词练习

请跟着老师或者课件的朗读录入以下二字词，音对了即可，不必选项。

儿子　儿童　二者　而后　二战　儿媳　耳目　儿时　二胡　二老　而立　耳机
二手　儿歌　儿科　尔等　耳根　耳膜　耳鼓　耳热　耳熟　耳房　贰臣　儿马
二茬　二胎　儿郎　耳福　耳背　耳孔　耳生　耳屎　耳针　儿男　耳垢

8.o

o 自成音节的字的速录方法是：以零声母 o 代替声母，双手同时击 W 键、R 键和 O 键，录入零声母 o 和零声母韵母 o（图 4-3-61）。

图 4-3-61　o 自成音节的字的速录方法

例如：喔

汉语拼音：ō

"喔"是零声母韵母 o 自成音节的字。

"喔"的速录方法如下。

双手同时击 W 键、R 键和 O 键，录入零声母 o 和零声母韵母 o（图 4-3-62）。

图 4-3-62　"喔"的速录方法

由于没有首字是 o 自成音节的字的二字词，因此不能进行二字词课堂练习。

9. ou

ou 自成音节的字的速录方法是：以零声母 o 代替声母，双手同时击 W 键、R 键和 P 键，录入零声母 o 和零声母韵母 ou（图 4-3-63）。

图 4-3-63　ou 自成音节的字的速录方法

例如：欧洲

汉语拼音：ōu zhōu

其中，"欧"是零声母韵母 ou 自成音节的字。

"欧洲"的速录方法如下。

第一次击键：双手同时击 W 键、R 键和 P 键，录入零声母 o 和零声母韵母 ou（图 4-3-64）。

图 4-3-64　"欧"的速录方法

第二次击键：双手同时击 V 键和 P 键，录入 zhōu 的声母 zh 和韵母 ou（图 4-3-65）。

图 4-3-65　"洲"的速录方法

课堂练习　ou 自成音节的字组词练习

请跟着老师或者课件的朗读录入以下二字词，音对了即可，不必选项。

欧洲　欧盟　偶然　偶尔　欧美　讴歌　呕吐　殴打　耦合　欧姆　怄气　偶发
偶数　殴斗　偶感　藕粉　藕色　沤肥

10. a

a 自成音节的字的速录方法是：以零声母 o 代替声母，双手同时击 W 键、R 键和 L 键、H 键，录入零声母 o 和零声母韵母 a（图 4-3-66）。

图 4-3-66　a 自成音节的字的速录方法

例如： 阿妈

汉语拼音：ā mā

其中，"阿"是零声母韵母 a 自成音节的字。

"阿妈"的速录方法如下。

第一次击键：双手同时击 W 键、R 键、L 键和 H 键，录入零声母 o 和零声母韵母 a（图 4-3-67）。

图 4-3-67　"阿"的速录方法

第二次击键：双手同时击 V 键、C 键、L 键和 H 键，录入 mā 的声母 m 和韵母 a（图 4-3-68）。

图 4-3-68　"妈"的速录方法

课堂练习　ɑ自成音节的字组词练习

请跟着老师或者课件的朗读录入以下二字词，音对了即可，不必选项。

阿妈　阿爸　阿訇　阿斗　阿门　阿飞　阿嚏

11. e

e自成音节的字的速录方法是：以零声母 o 代替声母，双手同时击 W 键、R 键、I 键和 O 键，录入零声母 o 和零声母韵母 e（图4-3-69）。

图 4-3-69　e 自成音节的字的速录方法

例如： 遏制

汉语拼音：è zhì

其中，"遏"是零声母韵母 e 自成音节的字。

"遏制"的速录方法如下。

第一次击键：双手同时击 W 键、R 键、I 键和 O 键，录入零声母 o 和零声母韵母 e（图4-3-70）。

图 4-3-70　"遏"的速录方法

第二次击键：双手同时击 V 键和 I 键，录入 zhì 的声母 zh 和韵母 i(图 4-3-71)。

图 4-3-71 "制"的速录方法

课堂练习 e 自成音节的字组词练习

请跟着老师或者课件的朗读录入以下二字词，音对了即可，不必选项。

遏制　额头　额度　愕然　扼杀　噩梦　恶魔　恶习　恶人　恶霸　噩耗　恶臭

恶战　扼守　恶气　俄而　讹诈　恶报　恶感　恶浪　恶俗　蛾子　鹅蛋　鹅毛

恶仗　恶少　额数　恶斗　恶狗　屙屎　饿虎　鹅绒　扼死　蛾眉　恶疾　额骨

12. ei

ei 自成音节的字的速录方法是：以零声母 o 代替声母，双手同时击 W 键、R 键、N 键和逗号键，录入零声母 o 和零声母韵母 ei(图 4-3-72)。

图 4-3-72 ei 自成音节的字的速录方法

例如：欸

汉语拼音：ēi、éi、ěi、èi

"欸"是零声母韵母 ei 自成音节的字。

"欸"的速录方法是：双手同时击 W 键、R 键、N 键和逗号键，录入零声母 o 和零声母韵母 ei(图 4-3-73)。

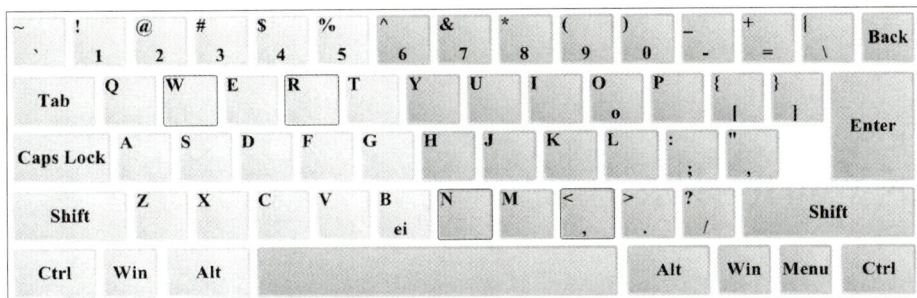

图 4-3-73　"欸"的速录方法

由于没有首字是 ei 自成音节的字的二字词，因此不能进行二字词课堂练习。

课堂练习　零声母韵母自成音节的字组词练习

请跟着老师或者课件的朗读录入以下二字词，音对了即可，不必选项。

安排　按照　儿子　欧洲　儿童　澳门　欧盟　安置　埃及　偶然　遏制　爱好
爱人　偶尔　按时　爱护　二者　而后　暗暗　暗中　案子　癌症　案例　二战
哀悼　额头　欧美　按摩　肮脏　暗地　额度　讴歌　奥秘　呕吐　暗杀　儿媳
安然　爱戴　殴打　安康　按期　澳洲　傲慢　而后　案发　耳目　暗淡　暗访
儿时　爱惜　愕然　盎然　扼杀　二胡　噩梦　阿妈　安抚　挨饿　懊恼　安葬

课堂练习　词语练习

请跟着老师或者课件的朗读录入以下二字词，音对了即可，不必选项。

他们　这个　什么　开始　人们　同时　这里　但是　孩子　可能　发生　得到
同志　发展　政府　还是　政治　公司　干部　认识　正在　城市　能够　上海
非常　甚至　那么　办法　各种　根本　感到　怎么　任何　然而　个人　产生
真正　成功　当然　方式　人类　报告　方法　能力　内容　帮助　正是　受到
来到　这么　生产　认真　政策　可是　责任　后来　劳动　保护　仍然　老师

🎯 **课后练习题**

习题 1　零声母韵母自成音节的字组词练习（10 道）（词语 07-01～07-10）
目标：录入速度 50 字/分钟，正确率 100%。

习题 2　词语练习（2 道）（词语 07-11～07-12）
目标：录入速度 50 字/分钟，正确率 100%。

第四节
i 行的韵母的速录方法

一、速录键位

《汉语拼音方案》韵母表第 2 列第 1 行的韵母 i 及其与第 1 列的零声母韵母拼合而成的韵母 ia、ie、iao、iou、ian、in、iang、ing、iong 共计 10 个，《汉语拼音方案》称其为 i 行的韵母。

表 4-4-1　《汉语拼音方案》韵母表——i 行的韵母

	i 丨　衣	u ㄨ　乌	ü ㄩ　迂
a ㄚ　啊	ia 丨ㄚ　呀	ua ㄨㄚ　蛙	
o ㄛ　喔		uo ㄨㄛ　窝	
e ㄜ　鹅	ie 丨ㄝ　耶		üe ㄩㄝ　约
ai ㄞ　哀		uai ㄨㄞ　歪	
ei ㄟ　欸		uei ㄨㄟ　威	
ao ㄠ　熬	iao 丨ㄠ　腰		
ou ㄡ　欧	iou 丨ㄡ　忧		
an ㄢ　安	ian 丨ㄢ　烟	uan ㄨㄢ　弯	üan ㄩㄢ　冤
en ㄣ　恩	in 丨ㄣ　因	uen ㄨㄣ　温	ün ㄩㄣ　晕
ang ㄤ　昂	iang 丨ㄤ　央	uang ㄨㄤ　汪	
eng ㄥ　亨的韵母	ing 丨ㄥ　英	ueng ㄨㄥ　翁	
ong （ㄨㄥ）轰的韵母	iong ㄩㄥ　雍		

上述 10 个韵母中，单韵母 i 的键位与普通输入法相同，位于右手区的 I 键；其他 9 个 2～4 个字母的复韵母的键位，则位于左手区的中排和上排。

其键位如图 4-4-1 所示。

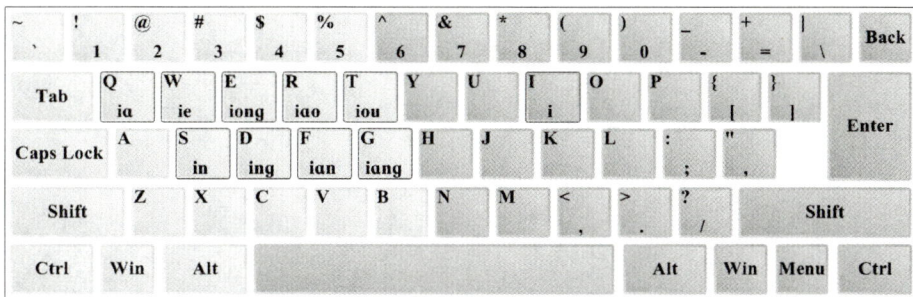

图 4-4-1　i 行的韵母的键位

二、速录方法

(一)i 行的韵母组成音节的字的速录方法

由于韵母是以右手录入，并击方案是："当录入本区的声母或韵母时，单指单击原键位；当录入另一区的声母或韵母时，则双指并击组合键。"因此，右手区的 i 行的韵母是以右手单指单击原键位，而左手区的 i 行的韵母则以右手双指并击组合键。

由于右手区的单韵母 i 的键位及录入方法与普通输入法相同，因此不再赘述，下面重点学习左手区 i 行的韵母速录方法。

左手区 i 行的韵母共有 9 个，其键位如图 4-4-2 所示。

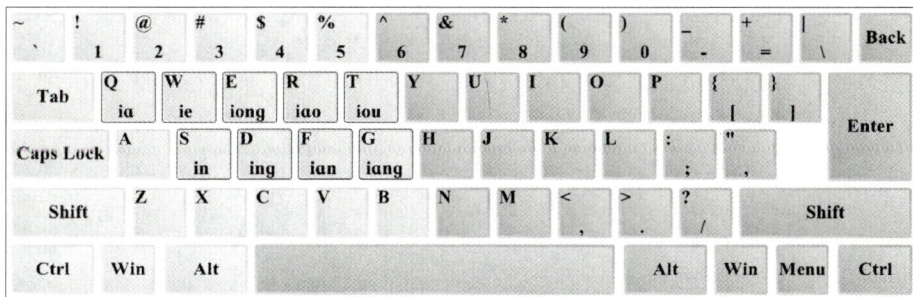

图 4-4-2　左手区 i 行的韵母的键位

左手区 i 行的韵母的速录方法详述如下。

1. iang

iang 位于左手区中排，以左手食指内移一个键击 G 键。

根据组合键规律 1："主键相对称，副键外相邻"，iang 的速录方法如下。

以右手食指内移一个键与中指同时击 H 键和 K 键（图 4-4-3）。

图 4-4-3 iang 的速录方法

例如：香港

汉语拼音：xiāng gǎng

其中，"香"的韵母是 iang。

"香港"的速录方法如下。

第一次击键：双手同时击 X 键、H 键和 K 键，录入 xiāng 的声母 x 和韵母 iang（图 4-4-4）。

图 4-4-4 "香"的速录方法

第二次击键：双手同时击 G 键和 H 键，录入 gǎng 的声母 g 和韵母 ang（图 4-4-5）。

图 4-4-5 "港"的速录方法

课堂练习　iang 组成音节的字组词练习

请跟着老师或者课件的朗读录入以下二字词，音对了即可，不必选项。

香港	相当	粮食	项目	相互	良好	享受	相同	将来	降低	想象	相比
强大	江苏	乡镇	详细	想法	相继	相反	江西	江南	奖励	象征	相似
向上	强制	强度	讲述	将士	向着	两手	良种	两侧	箱子	相处	向来
亮相	两旁	江山	相声	两地	乡里	乡长	响亮	相差	象棋	相识	江河
奖章	相等	讲课	奖牌	祥和	枪声	相机	娘子	奖项	讲台	江湖	强盗

2. ian

ian 位于左手区中排，以左手食指击 F 键。

根据组合键规律 1："主键相对称，副键外相邻"，ian 的速录方法如下。

以右手食指与中指同时击 J 键和 K 键（图 4-4-6）。

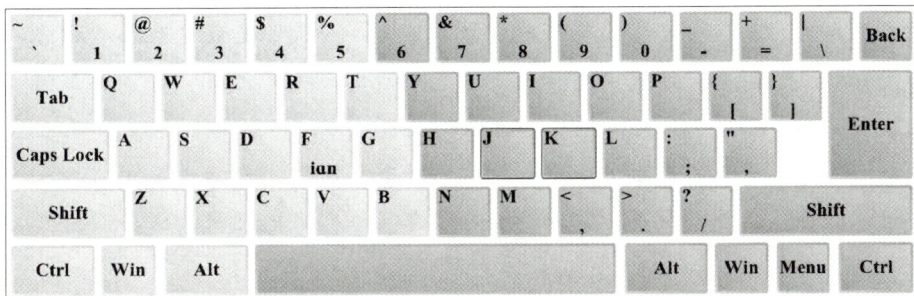

图 4-4-6　ian 的速录方法

例如：现在

汉语拼音：xiàn zài

其中，"现"的韵母是 ian 。

"现在"的速录方法如下。

第一次击键：双手同时击 X 键、J 键、K 键，录入 xiàn 的声母 x 和韵母 ian（图 4-4-7）。

图 4-4-7　"现"的速录方法

第二次击键：双手同时击 Z 键和 L 键，录入 zài 的声母 z 和韵母 ai(图 4-4-8)。

图 4-4-8　"在"的速录方法

课堂练习　ian 组成音节的字组词练习

请跟着老师或者课件的朗读录入以下二字词，音对了即可，不必选项。

现在	先生	现代	建设	坚持	建立	现实	年代	变成	联系	面前	现象
检查	健康	简单	建筑	电视	减少	先后	天气	显得	监督	面积	电子
电脑	显然	限制	现场	前面	宪法	显著	前来	渐渐	天地	面向	编辑
前提	见面	简直	前后	艰难	电力	艰苦	潜力	检测	年度	陷入	天空
面貌	联赛	免费	变革	前途	县城	年底	天天	坚强	联盟	健身	廉政

3. ing

ing 位于左手区中排，以左手中指击 D 键。

根据组合键规律 1："主键相对称，副键外相邻"，ing 的速录方法如下。

以右手中指与无名指同时击 K 键和 L 键(图 4-4-9)。

图 4-4-9　ing 的速录方法

例如：领导

汉语拼音：lǐng dǎo

其中，"领"的韵母是 ing。

"领导"的速录方法如下。

第一次击键：双手同时击 S 键、F 键、K 键和 L 键，录入 lǐng 的声母 l 和韵母 ing（图 4-4-10）。

图 4-4-10 "领"的速录方法

第二次击键：双手同时击 D 键和 K 键，录入 dǎo 的声母 d 和韵母 ao（图 4-4-11）。

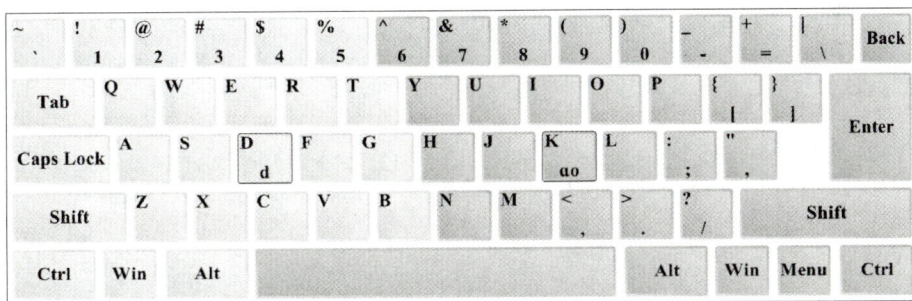

图 4-4-11 "导"的速录方法

课堂练习 ing 组成音节的字组词练习

请跟着老师或者课件的朗读录入以下二字词，音对了即可，不必选项。

领导	经济	青年	形式	行动	形成	精神	清楚	明显	形象	经常	明白
行政	经历	病人	竞争	明天	名字	幸福	停止	性质	警察	并非	情感
平衡	平等	命令	情形	兴奋	性格	平时	明年	经费	轻松	清理	听见
病毒	境内	竟然	平静	经贸	庆祝	倾向	情景	平台	竞赛	领土	清晰
评估	领先	警告	名单	平常	形态	宁夏	性能	经典	精彩	名人	警方

4. in

in 位于左手区中排，以左手无名指击 S 键。

根据组合键规律 2："主键无名指，副键内相隔"，in 的速录方法如下 。

以右手无名指与食指同时击 L 键和 J 键（图 4-4-12）。

图 4-4-12　in 的速录方法

例如：今天

汉语拼音：jīn tiān

其中，"今"的韵母是 in。

"今天"的速录方法如下。

第一次击键：双手同时击 F 键、D 键、L 键和 J 键，录入 jīn 的声母 j 和韵母 in（图 4-4-13）。

图 4-4-13　"今"的速录方法

第二次击键：双手同时击 T 键、J 键和 K 键，录入 tiān 的声母 t 和韵母 ian（图4-4-14）。

图 4-4-14　"天"的速录方法

课堂练习　in 组成音节的字组词练习

请跟着老师或者课件的朗读录入以下二字词，音对了即可，不必选项。

今天	进行	今年	民族	进入	心理	进步	信息	紧张	民主	今后	民间
亲自	心情	今日	金融	品种	进展	信心	进程	临时	心灵	信任	近日
仅仅	新疆	进攻	进来	紧急	新型	欣赏	紧密	禁止	民众	品牌	进口
新鲜	民警	金牌	品质	信念	侵犯	金额	民工	尽量	新建	近期	信号
信贷	亲戚	民兵	亲人	信访	敏感	金属	频繁	心头	民俗	金钱	进而

5. iou

iou 位于左手区上排，以左手食指内移一个键击 T 键。

根据组合键规律 1："主键相对称，副键外相邻"，iou 的速录方法如下。

以右手食指内移一个键与中指同时击 Y 键和 I 键（图 4-4-15）。

图 4-4-15　iou 的速录方法

例如：就是

汉语拼音：jiù shì

其中，"就"的韵母是 iou。

"就是"的速录方法如下。

第一次击键：双手同时击 F 键、D 键、Y 键和 I 键，录入 jiù 的声母 j 和韵母 iou（iu①）（图 4-4-16）。

图 4-4-16　"就"的速录方法

---

① iu 是 iou 前面有声母时的写法，使用双飞速录软件录入时，录入 iou 即 iu。

第二次击键：双手同时击 E 键和 I 键，录入 shì 的声母 sh 和韵母 i（图 4-4-17）。

图 4-4-17　"是"的速录方法

课堂练习　iou 组成音节的字组词练习

请跟着老师或者课件的朗读录入以下二字词，音对了即可，不必选项。

就是　究竟　休息　修改　流动　流行　流通　纠纷　纠正　救助　修建　酒店

流失　救灾　就此　球迷　修订　秋天　休闲　修复　舅舅　救济　纽带　流露

救治　修理　流泪　牛奶　流氓　秋季　流程　修正　秀美　流量　秀才　流浪

丢失　纠缠　酒杯　就任　留心　流向　修路　酒吧　流派　流淌　求助　袖子

求得　求职　扭头　就读　留守　求实　留念　浏览　流畅　就诊　球场　就近

6. iao

iao 位于左手区上排，以左手食指击 R 键。

根据组合键规律 1："主键相对称，副键外相邻"，iao 的速录方法如下。

以右手食指与中指同时击 U 键和 I 键（图 4-4-18）。

图 4-4-18　iao 的速录方法

例如：表示

汉语拼音：biǎo shì

其中，"表"的韵母是 iao。

"表示"的速录方法如下。

第一次击键：双手同时击 B 键和 U 键、I 键，录入 biǎo 的声母 b 和韵母 iao(图 4-4-19)。

图 4-4-19　"表"的速录方法

第二次击键：双手同时击 E 键和 I 键，录入 shì 的声母 sh 和韵母 i(图 4-4-20)。

图 4-4-20　"示"的速录方法

课堂练习　iao 组成音节的字组词练习

请跟着老师或者课件的朗读录入以下二字词，音对了即可，不必选项。

表示	表现	条件	小时	教授	消息	调查	教师	调整	交通	表明	交流
标题	消费	校长	小组	表达	销售	标志	挑战	角度	交给	条例	漂亮
调动	表面	消除	小康	轿车	教练	调控	悄悄	表情	辽宁	教材	交谈
表彰	消耗	笑容	小子	脚步	晓得	消防	小心	桥梁	骄傲	焦点	消极
小型	交警	交叉	雕塑	较量	教堂	小声	交代	调度	表态	料到	小路

7. iong

iong 位于左手区上排，以左手中指击键的 E 键。

根据组合键规律 1："主键相对称，副键外相邻"，iong 的速录方法如下。

以右手中指与无名指同时击 I 键和 O 键(图 4-4-21)。

图 4-4-21 iong 的速录方法

例如：雄厚

汉语拼音：xióng hòu

其中，"雄"的韵母是 iong。

"雄厚"的速录方法如下。

第一次击键：双手同时击 X 键、I 键和 O 键，录入 xióng 的声母 x 和韵母 iong（图 4-4-22）。

图 4-4-22 "雄"的速录方法

第二次击键：双手同时击 G 键、D 键和 P 键，录入 hòu 的声母 h 和韵母 ou（图 4-4-23）。

图 4-4-23 "厚"的速录方法

课堂练习 iong 组成音节的字组词练习

请跟着老师或者课件的朗读录入以下二字词，音对了即可，不必选项。

雄厚	穷人	胸脯	胸口	胸腔	凶手	胸部	兄妹	熊熊	凶猛	胸襟	凶狠
雄性	雄风	熊猫	雄心	凶恶	雄辩	兄长	凶残	胸腔	炯炯	雄鸡	雄姿
迥然	凶杀	凶险	穷尽	胸闷	凶器	雄狮	胸臆	胸罩	凶悍	胸科	窘态

8. ie

ie 位于左手区上排，以左手无名指击 W 键。

根据组合键规律 2："主键无名指，副键内相隔"，ie 的速录方法如下。

以右手无名指与食指同时击 O 键和 U 键（图 4-4-24）。

图 4-4-24　ie 的速录方法

例如： 介绍

汉语拼音：jiè shào

其中，"介"的韵母是 ie。

"介绍"的速录方法如下。

第一次击键：双手同时击 F 键、D 键、O 键和 U 键，录入 jiè 的声母 j 和韵母 ie（图 4-4-25）。

图 4-4-25　"介"的速录方法

第二次击键：双手同时击 E 键和 K 键，录入 shào 的声母 sh 和韵母 ao（图 4-4-26）。

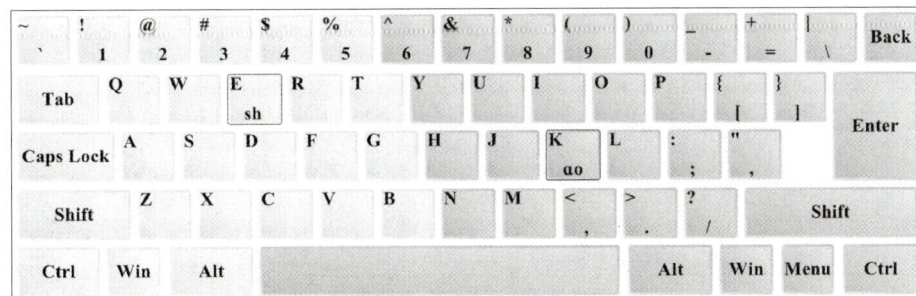

图 4-4-26　"绍"的速录方法

课堂练习 ie组成音节的字组词练习

请跟着老师或者课件的朗读录入以下二字词，音对了即可，不必选项。

介绍　接受　别人　结束　结构　结合　解释　解放　接着　铁路　协调　别的

接触　节目　街道　切实　接近　接待　阶级　节日　协商　截至　借鉴　姐姐

邪教　列车　列入　协助　街头　节能　协定　谢谢　贴近　节奏　姐妹　阶层

携带　接连　借助　节省　揭露　烈士　借口　界限　携手　介入　竭力　揭开

解难　揭晓　别墅　结晶　解答　解读　解散　协同　界定　别处　洁白　揭发

9. ia

ia位于左手区上排，以左手小指击Q键。

组合键规律2是："主键无名指，副键内相隔。""原键位以小指击键的，则食指内移一个键。"ia的速录方法是：以右手无名指与食指内移一个键同时击O键和Y键（图4-4-27）。

图4-4-27　ia的速录方法

例如： 家庭

汉语拼音：jiā tíng

其中，"家"的韵母是ia。

"家庭"的速录方法如下。

第一次击键：双头同时击F键、D键、O键和Y键，录入jiā的声母j和韵母ia（图4-4-28）。

图4-4-28　"家"的速录方法

第二次击键：双手同时击 T 键、K 键、L 键，录入 tíng 的声母 t 和韵母 ing(图 4-4-29)。

图 4-4-29　"庭"的速录方法

课堂练习　ia 组成音节的字组词练习

请跟着老师或者课件的朗读录入以下二字词，音对了即可，不必选项。

家庭	下来	价值	家里	加强	价格	加入	加上	下降	加大	家长	下面
家乡	下岗	家属	下乡	加速	夏天	家人	加深	下列	假日	夏季	加紧
驾驶	家族	下发	加重	家门	恰恰	下令	下属	下班	下达	价钱	家电
下跌	架子	假冒	恰当	下边	佳节	狭窄	下山	假期	下楼	下放	加盟
洽谈	假设	加热	峡谷	下手	下场	家家	嘉宾	下巴	驾车	家禽	家政

课堂练习　左手区 i 行的韵母组成音节的字组词练习

请跟着老师或者课件的朗读录入以下二字词，音对了即可，不必选项。

现在	今天	就是	进行	领导	表示	经济	先生	青年	表现	条件	了解
今年	民族	家庭	进入	介绍	下来	现代	建设	接受	坚持	形式	行动
形成	香港	相信	建立	现实	年代	变成	心理	联系	精神	小时	面前
别人	价值	结束	教授	并且	现象	年轻	消息	检查	相当	结构	调查
家里	清楚	明显	粮食	结合	形象	经常	解释	进步	教师	加强	健康

课堂练习　语句练习

请跟着老师或者课件的朗读录入以下语句。

雄心勃勃

大家都知道

增强协调性

促进经济增长

在担当中历练

在尽责中成长

担负时代使命

含金量明显提高了

调动各方面的积极性

实践是提高本领的途径

🎯 课后练习题

习题 1 　左手区 i 行的韵母组合键练习(5 道)(键位 08-01～08-05)

目标：录入速度 200 字符/分钟，正确率 100％。

习题 2 　左手区 i 行的韵母组成音节的字组词练习(12 道)(词语 08-01～08-12)

目标：录入速度 50 字/分钟，正确率 100％。

习题 3 　语句练习(语句 08)

目标：录入速度 50 字/分钟，正确率 100％。

(二) i 行的韵母自成音节的字的速录方法

在第一节中已经学习过，并击方案如下："双手同时击键，左手录入声母，右手同时录入韵母。"但是，i 行的韵母自成音节的字的汉语拼音没有声母。

《汉语拼音方案》规定："i 行的韵母，前面没有声母的时候，写成 yi(衣)，ya(呀)，ye(耶)，yao(腰)，you(忧)，yan(烟)，yin(因)，yang(央)，ying(英)，yong(雍)。"

i 行的韵母自成章节的字首字母为 y。其中，i、in、ing 前面加 y，其他 7 个 i 行的韵母则以 y 代替 i。

因此，本课程所采用的双飞速录软件是以 y 代替 i 行的韵母自成音节的字的声母，所以，i 行的韵母自成音节的字的速录方法是：双手同时击键，左手并击 T 键和 E 键录入首字母 y，右手同时录入 y 后面的韵母。详述如下。

1. yi

yi 是 i 自成音节的字的汉语拼音。

yi 的速录方法是：以首字母 y 代替声母，双手同时击 T 键、E 键和 I 键，录入 yi 的首字母 y 和韵母 i(图 4-4-30)。

图 4-4-30 　yi 的速录方法

例如：已经

汉语拼音：yǐ jīng

其中，"已"是 i 自成音节的字。

"已经"的速录方法如下。

第一次击键：双手同时击 T 键、E 键和 I 键，录入 yǐ 的首字母 y 和韵母 i(图 4-4-31)。

图 4-4-31　"已"的速录方法

第二次击键：双手同时击 F 键、D 键、K 键和 L 键，录入 jīng 的声母 j 和韵母 ing (图 4-4-32)。

图 4-4-32　"经"的速录方法

课堂练习　i 自成音节的字(yi)组词练习

请跟着老师或者课件的朗读录入以下二字词，音对了即可，不必选项。

已经	一些	一定	一切	艺术	以及	一直	一起	一般	以后	意义	意见
以来	以上	意识	一下	以前	医生	一边	依然	一旦	一面	依法	衣服
依靠	一套	医疗	意思	一阵	移动	一行	异常	一手	移民	一路	一带
一口	依照	一方	遗憾	疫情	一流	一道	一向	一同	一再	一体	依旧
遗产	议长	一度	一线	椅子	议案	一身	一旁	一新	一头	一派	疫苗

2. yang

yang 是 iang 自成音节的字的汉语拼音。

yang 的速录方法是：以首字母 y 代替声母，双手同时击 T 键、E 键和 H 键，录入 yang 的首字母 y 和韵母 ang(图 4-4-33)。

图 4-4-33　yang 的速录方法

例如：样子

汉语拼音：yàng zi

其中，"样"是 iang 自成音节的字。

"样子"的速录方法如下。

第一次击键：双手同时击 T 键、E 键和 H 键，录入 yàng 的首字母 y 和韵母 ang（图 4-4-34）。

图 4-4-34　"样"的速录方法

第二次击键：双手同时击 Z 键和 I 键，录入 zi 的声母 z 和韵母 i（图 4-4-35）。

图 4-4-35　"子"的速录方法

课堂练习 iang 自成音节的字（yang）组词练习

请跟着老师或者课件的朗读录入以下二字词，音对了即可，不必选项。

样子　养殖　养老　养成　洋溢　样品　阳台　洋人　氧气　样式　央行　样本

养护　养分　样板　杨树　杨柳　秧歌　阳性　养生　央求　洋车　痒痒　洋房

养料　养病　仰头　仰面　洋服　洋楼　秧苗　仰慕　养家　洋钱　羊羔　扬手

杨梅　殃及　仰天　扬尘　洋葱　杨帆　阳历　洋酒　扬名　扬鞭　仰仗　阳刚

3. yan

yan 是 ian 自成音节的字的汉语拼音。

yan 的速录方法是：以首字母 y 代替声母，双手同时击 T 键、E 键和 J 键，录入 yan 的首字母 y 和韵母 an（图 4-3-36）。

图 4-4-36 yan 的速录方法

例如： 研究

汉语拼音：yán jiū

其中，"研"是 ian 自成音节的字。

"研究"的速录方法如下。

第一次击键：双手同时击 T 键、E 键和 J 键，录入 yán 的首字母 y 和韵母 an（图 4-4-37）。

图 4-4-37 "研"的速录方法

第二次击键：双手同时击 F 键、D 键、Y 键和 I 键，录入 jiū 的声母 j 和韵母 iou（图 4-4-38）。

图 4-4-38　"究"的速录方法

课堂练习　ian 自成音节的字（yan）组词练习

请跟着老师或者课件的朗读录入以下二字词，音对了即可，不必选项。

研究	严重	眼睛	演出	严格	眼前	严肃	研制	眼泪	严厉	沿着	沿海
演讲	眼下	延伸	延长	演习	研发	眼看	验收	研讨	颜色	严密	严打
演变	严禁	演奏	沿线	岩石	眼界	烟草	掩盖	眼珠	淹没	演绎	言行
眼皮	沿途	沿岸	严惩	验证	眼界	眼角	演练	严寒	掩护	俨然	严防
烟囱	炎热	严明	沿用	眼见	严酷	烟尘	燕子	宴请	咽喉	延期	厌烦

4. ying

ying 是 ing 自成音节的字的汉语拼音。

ying 的速录方法是：以首字母 y 代替声母，双手同时击 T 键、E 键、K 键和 L 键，录入 ying 的首字母 y 和韵母 ing（图 4-4-39）。

图 4-4-39　ying 的速录方法

例如：应该

汉语拼音：yīng gāi

其中，"应"是 ing 自成音节的字。

"应该"的速录方法如下。

第一次击键：双手同时击 T 键、E 键、K 键和 L 键，录入 yīng 的首字母 y 和韵母 ing(图 4-4-40)。

图 4-4-40　"应"的速录方法

第二次击键：双手同时击 G 键和 L 键，录入 gāi 的声母 g 和韵母 ai(图 4-4-41)。

图 4-4-41　"该"的速录方法

课堂练习　ing 自成音节的字(ying)组词练习

请跟着老师或者课件的朗读录入以下二字词，音对了即可，不必选项。

应该	影响	应当	英雄	迎接	赢得	影片	营养	营造	影子	营销	应急
婴儿	影视	应付	盈利	硬件	营长	迎面	应酬	迎战	荧屏	营救	迎合
应变	英明	营地	樱桃	迎风	应诉	应从	英模	硬币	应聘	硬盘	英镑
应声	营房	应征	映照	硬性	英才	英烈	萦绕	映衬	盈盈	迎候	硬度
应承	硬朗	英尺	应答	婴孩	应验	硬仗	影坛	迎头	营垒	迎送	迎新

5. yin

yin 是 in 自成音节的字的汉语拼音。

yin 的速录方法是：以首字母 y 代替声母，双手同时击 T 键、E 键、L 键和 J 键，录入 yin 的首字母 y 和韵母 in(图 4-4-42)。

图 4-4-42　yin 的速录方法

例如：因此

汉语拼音：yīn cǐ

其中，"因"是 in 自成音节的字。

"因此"的速录方法如下。

第一次击键：双手同时击 T 键、E 键、L 键和 J 键，录入 yīn 的首字母 y 和韵母 in（图 4-4-43）。

图 4-4-43　"因"的速录方法

第二次击键：双手同时击 C 键和 I 键，录入 cǐ 的声母 c 和韵母 i（图 4-4-44）。

图 4-4-44　"此"的速录方法

课堂练习　in自成音节的字(yin)组词练习

请跟着老师或者课件的朗读录入以下二字词，音对了即可，不必选项。

因此　引起　银行　因素　因而　印度　引导　印象　引进　引发　印尼　引入

饮食　阴影　阴谋　饮料　隐藏　银子　隐隐　隐瞒　阴阳　隐蔽　印制　银牌

饮酒　印章　阴暗　殷切　隐私　殷勤　印证　银幕　阴沉　引力　银杏　银河

音符　引路　银屏　音调　音节　隐秘　引种　因公　银色　引爆　印记　银匠

阴险　阴霾　引擎　阴冷　印染　音色　阴天　隐含　吟唱　音译　阴森　因故

6. you

you 是 iou 自成音节的字的汉语拼音。

you 的速录方法是：以首字母 y 代替声母，双手同时击 T 键、E 键和 P 键，录入 you 的首字母 y 和韵母 ou(图 4-4-45)。

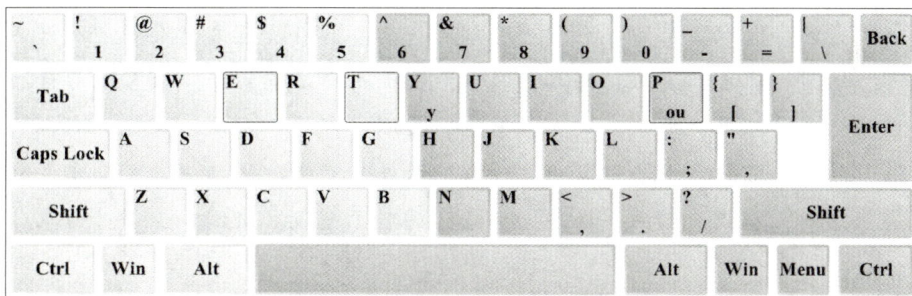

图 4-4-45　you 的速录方法

例如：有些

汉语拼音：yǒu xiē

其中，"有"是 iou 自成音节的字。

"有些"的速录方法如下。

第一次击键：双手同时击 T 键、E 键和 P 键，录入 yǒu 的首字母 y 和韵母 ou(图 4-4-46)。

图 4-4-46　"有"的速录方法

第二次击键：双手同时击 X 键、O 键和 U 键，录入 xiē 的声母 x 和韵母 ie(图 4-4-47)。

图 4-4-47　"些"的速录方法

课堂练习　iou 自成音节的字(you)组词练习

请跟着老师或者课件的朗读录入以下二字词，音对了即可，不必选项。

有些　有的　有人　尤其　有时　有效　优秀　有着　有力　友好　友谊　由此

有限　优质　优良　有机　游客　游戏　优美　有名　幽默　有害　游行　悠久

油田　犹如　邮票　邮政　优点　有待　右派　邮件　由衷　游览　有毒　有偿

悠悠　幼儿　右边　友情　有功　油菜　诱发　有病　忧伤　幼虫　友爱　忧愁

优劣　油灯　有钱　幼年　诱导　悠扬　油料　有成　右侧　幽静　由来　友善

7. yao

yao 是 iao 自成音节的字的汉语拼音。

yao 的速录方法是：以首字母 y 代替声母，双手同时击 T 键、E 键和 K 键，录入 yao 的首字母 y 和韵母 ao(图 4-4-48)。

图 4-4-48　yao 的速录方法

例如：要求

汉语拼音：yāo qiú

其中，"要"是 iao 自成音节的字。

"要求"的速录方法如下。

第一次击键：双手同时击 T 键、E 键和 K 键，录入 yāo 的首字母 y 和韵母 ao（图 4-4-49）。

图 4-4-49　"要"的速录方法

第二次击键：双手同时击 Q 键、Y 键、I 键，录入 qiú 的声母 q 和韵母 iou（iu）（图 4-4-50）。

图 4-4-50　"求"的速录方法

课堂练习　iao 自成音节的字（yao）组词练习

请跟着老师或者课件的朗读录入以下二字词，音对了即可，不必选项。

要求	邀请	药品	要是	要素	摇头	要紧	要么	药店	谣言	要不	吆喝
要命	遥感	窑洞	药材	摇篮	要害	药房	腰带	要死	腰包	要脸	摇摆
妖精	遥控	要道	要好	遥遥	夭折	药剂	要领	要挟	要饭	摇手	要塞
瑶族	腰肢	腰鼓	腰身	药费	要件	咬定	要价	要冲	窈窕	要义	耀斑
妖魔	药片	药箱	药理	要强	药效	摇撼	摇荡	遥测	药瓶	要人	药铺

8. yong

yong 是 iong 自成音节的字的汉语拼音。

yong 的速录方法是：以首字母 y 代替声母，双手同时击 T 键、E 键和 N 键，录入 yong 的首字母 y 和韵母 ong（图 4-4-51）。

图 4-4-51　yong 的速录方法

例如：拥有

汉语拼音：yōng yǒu

其中，"拥"是 iong 自成音节的字。

"拥有"的速录方法如下。

第一次击键：双手同时击 T 键、E 键和 N 键，录入 yōng 的首字母 y 和韵母 ong（图 4-4-52）。

图 4-4-52　"拥"的速录方法

第二次击键：双手同时击 T 键、E 键和 P 键，录入 yǒu 的首字母 y 和韵母 ou（图 4-4-53）。

图 4-4-53　"有"的速录方法

课堂练习　iong 自成音节的字(yong)组词练习

请跟着老师或者课件的朗读录入以下二字词，音对了即可，不必选项。

拥有　用户　勇气　用人　拥护　勇敢　用来　涌现　用品　用力　永久　永恒
永不　用途　拥挤　拥抱　用心　用工　用药　用以　用处　涌动　庸俗　勇士
用法　用兵　用量　拥戴　用餐　永生　用场　拥堵　勇猛　臃肿　用劲　用字
甬道　永别　雍容　用钱　用词　用料　慵懒　泳池　永驻　用材　用脑　喁喁
拥塞　咏叹　用饭　用刑　用茶　用膳　庸碌　用费　用印　庸才　勇悍　勇夫

9. ye

ye 是 ie 自成音节的字的汉语拼音。

ye 的速录方法是：以首字母 y 代替声母，双手同时击 T 键、E 键、I 键、O 键，录入 ye 的首字母 y 和韵母 e(图 4-4-54)。

图 4-4-54 ye 的速录方法

例如：也是

汉语拼音：yě shì

其中，"也"是 ie 自成音节的字。

"也是"的速录方法如下。

第一次击键：双手同时击 T 键、E 键、I 键和 O 键，录入 yě 的首字母 y 和韵母 e(图 4-4-55)。

图 4-4-55　"也"的速录方法

第二次击键：双手同时击 E 键和 I 键，录入 shì 的声母 sh 和韵母 i(图 4-4-56)。

图 4-4-56 "是"的速录方法

课堂练习 ie 自成音节的字(ye)组词练习

请跟着老师或者课件的朗读录入以下二字词，音对了即可，不必选项。

也是	爷爷	夜间	业绩	野生	夜里	也好	业主	叶子	液体	业已	冶金
也罢	野蛮	夜色	夜空	叶片	野兽	野心	耶稣	夜幕	野菜	夜班	冶炼
野马	液晶	野草	夜半	夜校	液态	野战	野人	野性	腋下	野狗	野地
野兔	业内	页面	夜饭	椰树	野猫	夜莺	野牛	夜游	椰林	页岩	夜袭
野餐	叶口	叶脉	夜航	夜壶	夜车	夜工	椰枣	液氮	爷娘	夜叉	夜场

10. ya

ya 是 ia 自成音节的字的汉语拼音。

ya 的速录方法是：以首字母 y 代替声母，双手同时击 T 键、E 键、L 键和 H 键，录入 ya 的首字母 y 和韵母 a(图 4-4-57)。

图 4-4-57 ya 的速录方法

例如：压力

汉语拼音：yā lì

其中，"压"是 ia 自成音节的字。

"压力"的速录方法如下。

第一次击键：双手同时击 T 键、E 键和 L 键、H 键，录入 yā 的首字母 y 和韵母 a（图 4-4-58）。

图 4-4-58 "压"的速录方法

第二次击键：双手同时击 S 键、F 键和 I 键，录入 lì 的声母 l 和韵母 i（图 4-4-59）。

图 4-4-59 "力"的速录方法

课堂练习 ia 自成音节的字(ya)组词练习

请跟着老师或者课件的朗读录入以下二字词，音对了即可，不必选项。

压力	亚洲	压迫	牙齿	丫头	压抑	衙门	鸦片	鸭子	压倒	压制	哑巴
牙膏	亚当	押金	押解	押送	牙缝	鸭蛋	压榨	压产	亚麻	牙签	蚜虫
雅号	雅士	崖壁	牙科	压服	雅兴	压境	牙龈	哑然	牙根	哑铃	雅人
哑谜	押车	压顶	压级	牙粉	压气	压延	鸭绒	雅量	押宝	压阵	压库
鸭肉	哑炮	压台	雅思	牙雕	牙口	牙碜	压港	押题	雅正	压场	牙垢

课堂练习 i 行的韵母自成音节的字组词练习

请跟着老师或者课件的朗读录入以下二字词，音对了即可，不必选项。

已经	一些	一定	要求	因此	应该	一切	研究	一样	艺术	以及	影响
一直	一起	有些	一般	以后	有的	应当	意义	意见	以来	有人	以上
引起	严重	意识	一下	也是	尤其	以前	医生	一边	眼睛	银行	有时
因素	有效	英雄	演出	严格	依然	优秀	拥有	应用	因而	印度	眼前
一旦	有着	一面	有力	压力	依法	衣服	引导	亚洲	严肃	依靠	友好

课堂练习 词语练习

请跟着老师或者课件的朗读录入以下二字词,音对了即可,不必选项。

已经　现在　今天　一定　就是　进行　因此　领导　应该　一切　研究　表示
一样　艺术　经济　以及　影响　先生　一直　一起　有些　一般　以后　青年
有的　表现　应当　意义　条件　了解　经验　今年　意见　民族　家庭　进入
介绍　下来　现代　建设　接受　以上　坚持　引起　形式　行动　形成　香港
相信　建立　意识　现实　年代　变成　心理　联系　精神　小时　尤其　面前

课堂练习 语句练习

请跟着老师或者课件的朗读录入以下语句。

应用型人才

就业是民生之本

提高人才培养质量

一定要坚持人才优先

拥有世界一流的技术

具有十分重大的意义

今年就业压力仍然较大

认真实施就业优先政策

吸引了一批重大科研项目

高校肩负着培养人才的历史使命

🎯 课后练习题

习题 1　i 行的韵母自成音节的字组词练习(11 道)(词语 09-01～09-11)

目标:录入速度 50 字/分钟,正确率 100%。

习题 2　词语练习(3 道)(词语 09-12～09-14)

目标:录入速度 50 字/分钟,正确率 100%。

习题 3　语句练习(语句 09)

目标:录入速度 50 字/分钟,正确率 100%。

第五节
ü 行的韵母的速录方法

一、速录键位

　　《汉语拼音方案》韵母表第 4 列第 1 行的韵母 ü 及其与第 1 列的零声母韵母拼合而成的韵母 üe、üan、ün 共计 4 个，《汉语拼音方案》称其为 ü 行的韵母，见表 4-5-1。

表 4-5-1　《汉语拼音方案》韵母表——ü 行的韵母

	i ㄧ　衣	u ㄨ　乌	ü ㄩ　迂
a ㄚ　啊	ia ㄧㄚ　呀	ua ㄨㄚ　蛙	
o ㄛ　喔		uo ㄨㄛ　窝	
e ㄜ　鹅	ie ㄧㄝ　耶		üe ㄩㄝ　约
ai ㄞ　哀		uai ㄨㄞ　歪	
ei ㄟ　欸		uei ㄨㄟ　威	
ao ㄠ　熬	iao ㄧㄠ　腰		
ou ㄡ　欧	iou ㄧㄡ　忧		
an ㄢ　安	ian ㄧㄢ　烟	uan ㄨㄢ　弯	üan ㄩㄢ　冤
en ㄣ　恩	in ㄧㄣ　因	uen ㄨㄣ　温	ün ㄩㄣ　晕
ang ㄤ　昂	iang ㄧㄤ　央	uang ㄨㄤ　汪	
eng ㄥ　亨的韵母	ing ㄧㄥ　英	ueng ㄨㄥ　翁	
ong （ㄨㄥ）轰的韵母	iong ㄩㄥ　雍		

ü 行的韵母的键位位于左手区下排，如图 4-5-1 所示。

图 4-5-1　ü 行的韵母的键位

二、速录方法

(一)ü 行的韵母组成音节的字的速录方法

韵母是以右手录入的，而 ü 行的韵母的键位位于左手区，根据并击方案(二)："当录入另一区的声母或韵母时，则双指并击组合键。"ü 行的韵母速录方法是：以右手双指并击组合键。详述如下。

1. ü

ü 位于左手区下排，以左手食指击 V 键。

根据组合键规律 1："主键相对称，副键外相邻"，ü 的速录方法如下。

以右手食指与中指同时击 M 键和逗号键(图 4-5-2)。

图 4-5-2　ü 的速录方法

例如：需要

汉语拼音：xū yào

其中，"需"的韵母是 ü。

"需要"的速录方法如下。

第一次击键：双手同时击 X 键、M 键和逗号键，录入 xū 的声母 x 和韵母 ü（图 4-5-3）。

图 4-5-3　"需"的速录方法

第二次击键：双手同时击 T 键、E 键和 K 键，录入 yào 的首字母 y 和韵母 ao（图 4-5-4）。

图 4-5-4　"要"的速录方法

课堂练习　　ü 组成音节的字组词练习

请跟着老师或者课件的朗读录入以下二字词，音对了即可，不必选项。

需要	具有	去年	具体	巨大	取得	举行	居民	局面	需求	旅游	举办
距离	趋势	女人	女士	律师	女性	具备	取消	履行	渠道	区别	居住
局势	旅客	居然	据悉	许可	举报	局部	剧本	聚集	叙述	曲折	虚假
取代	取缔	举动	剧目	女足	聚焦	女工	巨额	女生	局限	女排	区分
绿地	剧场	取向	许久	序幕	曲线	取胜	女婿	剧烈	句子	虚拟	拘留

2. üan

üan 位于左手区下排，以左手中指击 C 键。

根据组合键规律 1："主键相对称，副键外相邻"，üan 的速录方法如下。

以右手中指与无名指同时击逗号键和句号键（图 4-5-5）。

图 4-5-5　üan 的速录方法

例如：全部

汉语拼音：quán bù

其中，"全"的韵母是 üan。

"全部"的速录方法如下。

第一次击键：双手同时击 Q 键、逗号键、句号键，录入 quán 的声母 q 和韵母 üan（图 4-5-6）。

图 4-5-6　"全"的速录方法

第二次击键：双手同时击 B 键和 U 键，录入 bù 的声母 b 和韵母 u(图 4-5-7)。

图 4-5-7　"部"的速录方法

课堂练习　üan 组成音节的字组词练习

请跟着老师或者课件的朗读录入以下二字词，音对了即可，不必选项。

全部	选择	全面	宣布	权利	全体	全球	选举	选手	权益	全局	选拔
宣言	全年	全民	全身	全都	选民	捐赠	全新	宣告	宣讲	拳头	全长
全程	旋律	选票	全线	捐助	宣誓	选用	选派	宣称	宣扬	圈子	捐献
全然	诠释	全权	选购	选取	捐资	宣判	渲染	全集	悬念	劝阻	全能
绚丽	悬殊	卷烟	选题	悬崖	劝告	喧嚣	旋风	选中	炫耀	喧闹	全盘

3. ün

ün 位于左手区下排，以左手无名指击 X 键。

根据组合键规律 2："主键无名指，副键内相隔"，ün 的速录方法如下。

以右手无名指与食指同时击句号键和 M 键（图 4-5-8）。

图 4-5-8　ün 的速录方法

例如：群众

汉语拼音：qún zhòng

其中，"群"的韵母是 ün。

"群众"的速录方法如下。

第一次击键：双手同时击 Q 键、句号键和 M 键，录入 qún 的声母 q 和韵母 ün（图 4-5-9）。

图 4-5-9　"群"的速录方法

第二次击键：双手同时击 V 键和 N 键，录入 zhòng 的声母 zh 和韵母 ong（图 4-5-10）。

图 4-5-10 "众"的速录方法

课堂练习 ün 组成音节的字组词练习

请跟着老师或者课件的朗读录入以下二字词，音对了即可，不必选项。

群众　军事　迅速　训练　寻找　军人　群体　军区　寻求　军民　竣工　迅猛
军营　军阀　均衡　军方　巡警　君子　军用　巡视　寻常　裙子　军政　勋章
寻觅　军校　军舰　军警　熏陶　军旅　群山　巡查　汛期　军备　君主　军衔
军医　军费　训斥　骏马　军心　军属　军情　军品　寻访　军车　逊色　群岛
巡捕　军训　寻思　军需　军服　群星　均可　军部　军纪　军控　巡演　军帽

4. üe

üe 位于左手区下排，以左手小指击 Z 键。

组合键规律 2 是："主键无名指，副键内相隔。""原键位以小指击键的，则食指内移一个键。"üe 的速录方法是：以右手无名指与食指内移一个键同时击句号键和 N 键（图 4-5-11）。

图 4-5-11 üe 的速录方法

例如： 学生

汉语拼音：xué shēng

其中，"学"的韵母是 üe。

"学生"的速录方法如下。

第一次击键：双手同时击 X 键、句号键和 N 键，录入 xué 的声母 x 和韵母 üe（图 4-5-12）。

图 4-5-12　"学"的速录方法

第二次击键：双手同时击 E 键和 M 键，录入 shēng 的声母 sh 和韵母 eng（图 4-5-13）。

图 4-5-13　"生"的速录方法

课堂练习　üe 的组成音节的字组词练习

请跟着老师或者课件的朗读录入以下二字词，音对了即可，不必选项。

学生	决定	学校	学习	觉得	确定	学者	缺乏	确实	学术	决心	决策
确保	学科	缺少	角色	决议	确立	决赛	确认	学历	血液	缺陷	崛起
缺点	血肉	学费	削减	学期	角逐	缺口	雪白	确切	学风	学子	决战
学堂	确诊	雪山	抉择	学派	学界	学士	觉醒	觉察	绝非	雪地	确信
倔强	略略	血脉	学府	学徒	血迹	确凿	血腥	决裂	绝迹	疟疾	血汗

课堂练习　ü 行的韵母组成音节的字组词练习

请跟着老师或者课件的朗读录入以下二字词，音对了即可，不必选项。

学生	决定	学校	学习	群众	具有	全部	觉得	去年	选择	军事	具体
巨大	取得	举行	迅速	女子	全面	女儿	宣布	确定	训练	权利	学者
缺乏	确实	居民	局面	全体	绿色	寻找	学术	需求	旅游	拒绝	决心
举办	全球	决策	距离	趋势	选举	女人	女士	律师	确保	学科	女性
具备	取消	履行	选手	军人	权益	缺少	角色	渠道	群体	决议	确立

课堂练习　短语练习

请跟着老师或者课件的朗读录入以下短语。

必须高度重视

平均工资水平

注重基本技能的训练

德智体美劳全面发展

应该具备什么样的素质

学习是成长进步的阶梯

赋予地方很大空间和权限

提高职业技能和就业能力

建立终身职业技能培训制度

建设世界一流大学和一流学科

(二)ü 行的韵母自成音节的字的速录方法

在第一节中已经学习过，并击方案如下："双手同时击键，左手录入声母，右手同时录入韵母。"但是，ü 行的韵母自成音节的字的汉语拼音没有声母。

《汉语拼音方案》规定："ü 行的韵母，前面没有声母的时候，写成 yu(迂)，yue(约)，yuan(冤)，yun(晕)；ü 上两点省略。"

ü 行的韵母自成音节的字的首字母为 y，并且 4 个 ü 行的韵母都是前面加 y，并省略 ü 上的两点。

因此，本课程所采用的双飞速录软件是以 y 代替 ü 行的韵母自成音节的字的声母，所以，ü 行的韵母自成音节的字的速录方法是：双手同时击键，左手并击 T 键和 E 键录入首字母 y，右手同时录入 ü 行的韵母。详述如下。

1. yu

yu 是 ü 自成音节的字的汉语拼音。

yu 的速录方法是：以首字母 y 代替声母，双手同时击 T 键、E 键、M 键和逗号键，录入 yu 的首字母 y 和韵母 ü(图 4-5-14)。

图 4-5-14　yu 的速录方法

例如：于是

汉语拼音：yú shì

其中，"于"是 ü 自成音节的字。

"于是"的速录方法如下。

第一次击键：双手同时击 T 键、E 键、M 键和逗号键，录入 yú 的首字母 y 和韵母 ü（图 4-5-15）。

图 4-5-15　"于"的速录方法

第二次击键：双手同时击 E 键和 I 键，录入 shì 的声母 sh 和韵母 i（图 4-5-16）。

图 4-5-16　"是"的速录方法

课堂练习　ü 自成音节的字（yu）组词练习

请跟着老师或者课件的朗读录入以下二字词，音对了即可，不必选项。

于是	语言	预防	予以	预报	预计	预测	娱乐	玉米	宇宙	预备	预期
渔业	余额	预警	遇见	渔民	预定	预料	语音	遇难	鱼类	预案	预先
余地	与否	语法	育种	预赛	语调	愚昧	羽毛	域名	愈加	育苗	预感
余年	语录	预告	雨天	雨点	余下	浴场	育才	榆树	鱼塘	玉兰	预想
雨雪	雨伞	遇害	预祝	淤泥	鱼肉	雨量	语句	雨声	愈合	预留	郁闷

2. yuan

yuan 是 üan 自成音节的字的汉语拼音。

yuan 的速录方法是：以首字母 y 代替声母，双手同时击 T 键、E 键、逗号键和句号键，录入 yuan 的首字母 y 和韵母 üan（图 4-5-17）。

图 4-5-17　yuan 的速录方法

例如：原因

汉语拼音：yuán yīn

其中，"原"是 üan 自成音节的字。

"原因"的速录方法如下。

第一次击键：双手同时击 T 键、E 键、逗号键和句号键，录入 yuán 的首字母 y 和韵母 üan（图 4-5-18）。

图 4-5-18　"原"的速录方法

第二次击键：双手同时击 T 键、E 键、L 键和 J 键，录入 yīn 的首字母 y 和韵母 in（图 4-5-19）。

图 4-5-19　"因"的速录方法

课堂练习　üan 自成音节的字（yuan）组词练习

请跟着老师或者课件的朗读录入以下二字词，音对了即可，不必选项。

原因	原来	原则	愿意	院长	远远	援助	员工	原有	原料	院子	原理
原始	圆满	原本	源头	院校	远处	元首	缘故	原先	原告	元素	远程
园林	原谅	源泉	元旦	源于	远方	远大	原定	远近	原野	元年	圆形
远东	援建	怨恨	原地	怨言	鸳鸯	远景	原名	怨气	原煤	元朝	原籍
院墙	渊博	远道	冤家	元宝	缘分	原判	远征	元老	缘何	圆脸	远眺

3. yun

yun 是 ün 自成音节的字的汉语拼音。

yun 的速录方法是：以首字母 y 代替声母，双手同时击 T 键、E 键和句号键、M 键，录入 yun 的首字母 y 和韵母 ün（图4-5-20）。

图 4-5-20　yun 的速录方法

例如：运动

汉语拼音：yùn dòng

其中，"运"是 ün 自成音节的字。

"运动"的速录方法如下。

第一次击键：双手同时击 T 键、E 键、句号键和 M 键，录入 yùn 的首字母 y 和韵母 ün（图4-5-21）。

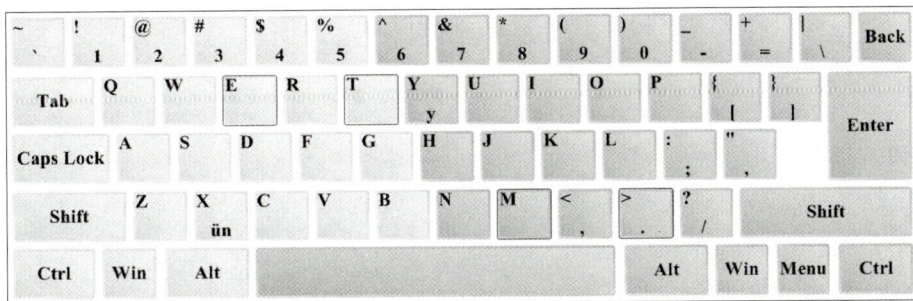

图 4-5-21　"运"的速录方法

第二次击键：双手同时击 D 键 N 键，录入 dòng 的声母 d 和韵母 ong（图 4-5-22）。

图 4-5-22 "动"的速录方法

课堂练习 ün 自成音节的字（yun）组词练习

请跟着老师或者课件的朗读录入以下二字词，音对了即可，不必选项。

运动	运用	运输	允许	运行	云南	运营	酝酿	运送	运气	孕育	运河
云云	蕴藏	云集	蕴含	运力	孕妇	晕倒	运载	云彩	韵律	运量	陨石
运抵	云层	运费	运销	匀称	云天	云海	匀速	运价	云梯	云散	运筹
云霞	云杉	云游	云雀	运能	云烟	韵致	云锦	愠怒	蕴藉	晕厥	云母

4. yue

yue 是 üe 自成音节的字的汉语拼音。

yue 的速录方法是：以首字母 y 代替声母，双手同时击 T 键、E 键、句号键和 N 键，录入 yue 的首字母 y 和韵母 üe（图 4-5-23）。

图 4-5-23 yue 的速录方法

例如： 越南

汉语拼音：yuè nán

其中，"越"是 üe 自成音节的字。

"越南"的速录方法如下。

第一次击键：双手同时击 T 键、E 键、句号键和 N 键，录入 yuè 的首字母 y 和韵母 üe（图 4-5-24）。

图 4-5-24 "越"的速录方法

第二次击键：双手同时击 B 键、C 键和 J 键，录入 nán 的声母 n 和韵母 an（图 4-5-25）。

图 4-5-25 "南"的速录方法

课堂练习 üe 自成音节的字（yue）组词练习
请跟着老师或者课件的朗读录入以下二字词，音对了即可，不必选项。

越南	约束	阅读	月份	月亮	约定	越是	越发	月底	月球	乐器	月饼
乐曲	岳父	月刊	月初	跃进	乐章	跃居	越冬	岳母	悦耳	月色	月中
阅历	越野	约合	月薪	越加	越权	跃升	月报	约莫	越级	约略	约请
约见	月经	乐坛	月子	阅览	月台	越界	约稿	阅卷	乐音	乐谱	乐手

课堂练习 ü 行的韵母自成音节的字组词练习
请跟着老师或者课件的朗读录入以下二字词，音对了即可，不必选项。

原因	运动	于是	原来	语言	原则	愿意	运用	运输	允许	运行	院长
远远	预防	予以	云南	预报	援助	预计	预测	娱乐	员工	越过	原有
原料	院子	原理	玉米	原始	约束	圆满	宇宙	阅读	预备	原本	运营
源头	院校	远处	月份	月亮	预期	渔业	元首	约定	缘故	原先	原告
越是	元素	远程	园林	原谅	余额	元旦	预警	遇见	源泉	越发	渔民

课堂练习　词语练习

请跟着老师或者课件的朗读录入以下二字词，音对了即可，不必选项。

许多	需要	学生	决定	学校	学习	群众	原因	具有	全部	运动	觉得
于是	原来	去年	选择	军事	具体	语言	巨大	取得	宣传	举行	原则
愿意	迅速	女子	全面	军队	女儿	宣布	确定	训练	权利	学者	缺乏
确实	运用	居民	局面	全体	绿色	绝对	寻找	学术	需求	旅游	拒绝
区域	决心	举办	全球	运输	决策	允许	距离	趋势	亲切	运行	选举

课堂练习　短语句练习

请跟着老师或者课件的朗读录入以下短语。

它却早已远去

树立远大理想

人类命运共同体

认同感越来越高

在当前的历史机遇中

大学是孕育思想的地方

着眼于长远发展的需要

在一定程度上阅读就等于教育

课后练习题

习题 1　右手录入 ü 行的韵母（3 道）（键位 10-01～10-03）

目标：录入速度 200 字符/分钟，正确率 100％。

习题 2　词语练习（13 道）（词语 10-01～10-13）

目标：录入速度 50 字/分钟，正确率 100％。

习题 3　短语练习 10-01～10-02

目标：录入速度 50 字/分钟，正确率 100％。

第六节
u 行的韵母的速录方法

一、速录键位

《汉语拼音方案》韵母表第 3 列第 1 行的韵母 u 及其与第 1 列的零声母韵母拼合而成的韵母 ua、uo、uai、uei、uan、uen、uang、ueng 共计 9 个，《汉语拼音方案》称其为 u 行的韵母，见表 4-6-1。

表 4-6-1　《汉语拼音方案》韵母表——u 行的韵母

	i ㄧ 衣	u ㄨ 乌	ü ㄩ 迂
a ㄚ 啊	ia ㄧㄚ 呀	ua ㄨㄚ 蛙	
o ㄛ 喔		uo ㄨㄛ 窝	
e ㄜ 鹅	ie ㄧㄝ 耶		üe ㄩㄝ 约
ai ㄞ 哀		uai ㄨㄞ 歪	
ei ㄟ 欸		uei ㄨㄟ 威	
ao ㄠ 熬	iao ㄧㄠ 腰		
ou ㄡ 欧	iou ㄧㄡ 忧		
an ㄢ 安	ian ㄧㄢ 烟	uan ㄨㄢ 弯	üan ㄩㄢ 冤
en ㄣ 恩	in ㄧㄣ 因	uen ㄨㄣ 温	ün ㄩㄣ 晕
ang ㄤ 昂	iang ㄧㄤ 央	uang ㄨㄤ 汪	
eng ㄥ 亨的韵母	ing ㄧㄥ 英	ueng ㄨㄥ 翁	
ong （ㄨㄥ）轰的韵母	iong ㄩㄥ 雍		

221

上述 9 个韵母中，ueng 因其只能自成音节，而不能与声母拼合，所以不需要键位；其他 8 个 u 行的韵母中，u 的键位与普通输入法相同，位于右手区的 U 键；uo 位于右手区的 O 键，与零声母韵母 o 位于同一个键；其他 6 个 u 行的韵母则位于左手区的中排和下排。

其键位如图 4-6-1 所示。

图 4-6-1　u 行的韵母的键位

二、速录方法

（一）u 行的韵母组成音节的字的速录方法

由于韵母是以右手录入，根据并击方案："当录入本区的声母或韵母时，单指单击原键位；当录入另一区的声母或韵母时，则双指并击组合键。"因此，右手区的 u 和 uo 是以右手单指单击原键位，而左手区的 u 行的韵母则以右手双指并击组合键。

由于单韵母 u 的键位及录入方法与普通输入法相同，所以不再赘述，下面重点学习 u 行的复韵母的速录方法。详述如下。

1. uo

uo 位于右手区上排，以右手无名指击键的 O 键。

uo 的速录方法是：以右手无名指击 O 键（图 4-6-2）。

图 4-6-2　uo 的速录方法

例如：国家

汉语拼音：guó jiā

其中，"国"的韵母是 uo。

"国家"的速录方法如下。

第一次击键：双手同时击 G 键和 O 键，录入 guó 的声母 g 和韵母 uo（图 4-6-3）。

图 4-6-3　"国"的速录方法

第二次击键：双手同时击 F 键、D 键、Y 键、O 键，录入 jiā 的声母 j 和韵母 ia（图 4-6-4）。

图 4-6-4　"家"的速录方法

课堂练习　uo 组成音节的字组词练习

请跟着老师或者课件的朗读录入以下二字词，音对了即可，不必选项。

国家	活动	所以	所有	或者	作品	作者	作用	多少	左右	过程	说明
国际	获得	国内	作家	过去	扩大	措施	过来	落实	昨天	多种	落后
作风	多么	国有	多次	作战	所在	多数	做法	国民	若干	活力	货币
国防	伙伴	说法	说道	作业	活跃	果然	脱离	火车	着眼	多年	或是
国情	或许	着手	国土	桌子	过渡	获悉	拓展	夺得	所得	逻辑	过于

2. uang

uang 位于左手区中排，以左手食指内移一个键击 G 键，与 i 行的韵母 iang 位于同一个键。

223

根据组合键规律 1："主键相对称，副键外相邻"，uang 的速录方法如下。

以右手食指内移一个键与中指同时击 H 键和 K 键（图 4-6-5）。

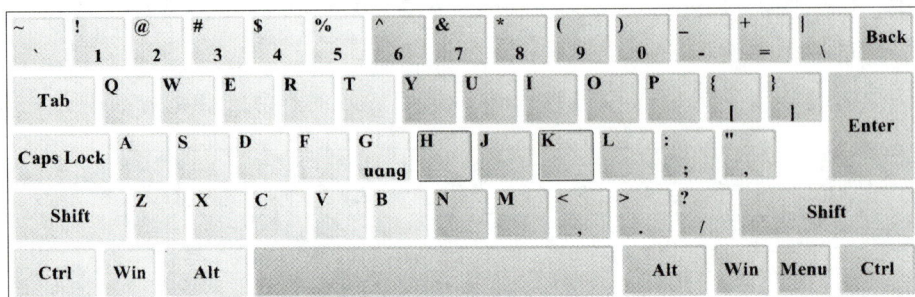

图 4-6-5　uang 的速录方法

例如：创造

汉语拼音：chuàng zào

其中，"创"的韵母是 uang。

"创造"的速录方法如下。

第一次击键：双手同时击 A 键、H 键和 K 键，录入 chuàng 的声母 ch 和韵母 uang（图 4-6-6）。

图 4-6-6　"创"的速录方法

第二次击键：双手同时击 Z 键和 K 键，录入 zào 的声母 z 和韵母 ao（图 4-6-7）。

图 4-6-7　"造"的速录方法

课堂练习　uang 组成音节的字组词练习

请跟着老师或者课件的朗读录入以下二字词，音对了即可，不必选项。

创造	创作	双方	广大	状态	广告	广泛	状况	创新	广州	广东	黄河
光荣	广播	广场	皇帝	装备	双手	广西	创建	创业	广阔	窗口	双边
光明	框架	黄金	创办	装置	壮大	庄严	黄色	矿产	窗户	装饰	装修
况且	皇后	光彩	创立	双重	庄稼	黄土	双向	光线	光芒	矿山	光盘
慌忙	荒山	双拥	窗子	双赢	光景	恍惚	矿业	荒唐	壮丽	光亮	双双

3. ua

ua 位于左手区中排，以左手食指击 F 键，与 i 行的韵母 ian 位于同一个键。

根据组合键规律 1："主键相对称，副键外相邻"，ua 的速录方法如下。

以右手食指与中指同时击 J 键和 K 键（图 4-6-8）。

图 4-6-8　ua 的速录方法

例如：抓住

汉语拼音：zhuā zhù

其中，"抓"的韵母是 ua。

"抓住"的速录方法如下。

第一次击键：双手同时击 V 键、J 键和 K 键，录入 zhuā 的声母 zh 和韵母 ua（图 4-6-9）。

图 4-6-9　"抓"的速录方法

第二次击键：双手同时击 V 键和 U 键，录入 zhù 的声母 zh 和韵母 u(图 4-6-10)。

图 4-6-10 "住"的速录方法

课堂练习 ua 组成音节的字组词练习

请跟着老师或者课件的朗读录入以下二字词，音对了即可，不必选项。

抓住　话题　抓紧　化学　画家　华人　画面　花园　划分　华侨　化肥　化工
花钱　话剧　华北　跨越　抓获　化石　话说　跨国　华丽　华夏　挂钩　寡妇
夸张　华南　花生　花朵　花样　华东　滑稽　滑坡　花草　画展　夸大　话音
花儿　画册　花圈　划定　化验　夸奖　画卷　花木　哗哗　哗啦　挂职　华中
瓜果　华裔　抓捕　化妆　华诞　话费　花白　花篮　跨度　划拨　话头　刷卡

4. uai

uai 位于左手区中排，以左手中指击 D 键，与 i 行的韵母 ing 位于同一个键。

根据组合键规律 1："主键相对称，副键外相邻"，uai 的速录方法如下。

以右手中指与无名指同时击 K 键和 L 键(图 4-6-11)。

图 4-6-11 uai 的速录方法

例如：快速

汉语拼音：kuài sù

其中，"快"的韵母是 uai。

"快速"的速录方法如下。

第一次击键：双手同时击 D 键、S 键、K 键、L 键，录入 kuài 的声母 K 和韵母 uai（图 4-6-12）。

图 4-6-12　"快"的速录方法

第二次击键：双手同时击 S 键和 U 键，录入 sù 的声母 s 和韵母 u（图 4-6-13）。

图 4-6-13　"速"的速录方法

课堂练习　uai 组成音节的字组词练习

请跟着老师或者课件的朗读录入以下二字词，音对了即可，不必选项。

快速	快乐	怀疑	率领	率先	会计	淮河	筷子	快活	怀念	衰退	怀抱
快捷	坏事	坏人	怀孕	快车	乖乖	摔跤	拐杖	快感	快步	怀旧	怪圈
快攻	坏处	坏话	淮海	乖巧	衰减	甩手	揣测	块儿	衰变	怀恨	拐子
快艇	怪诞	快报	拐角	摔打	快门	率真	快件	怪话	率直	坏账	块头
怪笑	怪道	帅才	怀古	怀恋	帅哥	怀表	怪胎	怀想	怪癖	揣想	率性

5. uei

uei 位于左手区中排，以左手无名指击 S 键，与 i 行的韵母 in 位于同一个键。

根据组合键规律 2："主键无名指，副键内相隔"，uei 的速录方法如下。

以右手无名指与食指同时击 L 键和 J 键（图 4-6-14）。

图 4-6-14　uei 的速录方法

例如：对于

汉语拼音：duì yú

其中，"对"的韵母是 uei。

"对于"的速录方法如下。

第一次击键：双手同时击 D 键、L 键和 J 键，录入 duì 的声母 d 和韵母 uei(ui①)
（图4-6-15）。

图 4-6-15　"对"的速录方法

第二次击键：双手同时击 T 键、E 键、M 键和逗号键，录入 yú 的首字母 y 和韵母 ü
（图 4-6-16）。

图 4-6-16　"于"的速录方法

---

①　ui 是 uei 前面有声母时的写法，使用双飞速录软件录入时，录入 uei 即 ui。

课堂练习 uei 组成音节的字组词练习

请跟着老师或者课件的朗读录入以下二字词，音对了即可，不必选项。

对于	虽然	最后	会议	随着	规定	水平	最近	回来	回复	追求	对象
推动	最终	规律	规模	对方	推进	规划	推广	回去	对待	会见	推出
随后	对话	队长	规则	队员	随时	汇报	对手	会谈	税收	辉煌	最好
最初	轨道	回头	退休	推荐	随即	水利	水泥	回顾	岁月	随意	水库
水果	绘画	对付	退耕	会员	水稻	水面	规矩	会场	对抗	回收	税费

6. uan

uan 位于左手区下排，以左手中指击 C 键，与 ü 行的韵母 üan 位于同一个键。

根据组合键规律 1："主键相对称，副键外相邻"，uan 的速录方法如下。

以右手中指与无名指同时击逗号键和句号键（图 4-6-17）。

图 4-6-17 uan 的速录方法

例如： 关系

汉语拼音：guān xì

其中，"关"的韵母是 uan。

"关系"的速录方法如下。

第一次击键：双手同时击 G 键、逗号键、句号键，录入 guān 的声母 g 和韵母 uan（图 4-6-18）。

图 4-6-18 "关"的速录方法

第二次击键：双手同时击 X 键和 I 键，录入 xì 的声母 x 和韵母 i（图 4-6-19）。

图 4-6-19 "系"的速录方法

课堂练习 uan 组成音节的字组词练习

请跟着老师或者课件的朗读录入以下二字词，音对了即可，不必选项。

关系	关于	环境	传统	管理	观念	关心	专家	欢迎	专门	关键	观众
专业	团结	观察	贯彻	观点	关注	转变	转移	患者	官员	传播	软件
团体	冠军	转化	环节	官兵	环保	锻炼	算是	专项	专利	专题	观看
关怀	专用	转身	关闭	全身	欢乐	传说	算了	转换	传递	转让	观测
穿着	短期	缓慢	灌溉	贯穿	关税	管道	幻想	传达	缓缓	短缺	转达

7. uen

uen 位于左手区下排，以左手无名指击 X 键，与 ü 行的韵母 ün 位于同一个键。

根据组合键规律 2："主键无名指，副键内相隔"，uen 的速录方法如下。

以右手无名指与食指同时击句号键和 M 键（图 4-6-20）。

图 4-6-20 uen 的速录方法

例如：存在

汉语拼音：cún zài

其中，"存"的韵母是 uen，即 un①。

"存在"的速录方法如下。

第一次击键：双手同时击 C 键、句号键、M 键，录入 cún 的声母 c 和韵母 uen，即 un(图 4-6-21)。

图 4-6-21　"存"的速录方法

第二次击键：双手同时击 Z 键和 L 键，录入 zài 的声母 z 和韵母 ai(图 4-6-22)。

图 4-6-22　"在"的速录方法

课堂练习　uen 组成音节的字组词练习

请跟着老师或者课件的朗读录入以下二字词，音对了即可，不必选项。

存在	准备	困难	损失	尊重	顺利	准确	春节	村民	春天	损害	论坛
婚姻	遵守	混乱	论述	昆明	存款	顿时	伦敦	遵循	浑身	论证	村庄
准则	尊严	困境	村子	混合	孙子	春秋	纯粹	瞬间	尊敬	困扰	伦理
迅猛	春李	顺应	春风	婚礼	春节	村俗	春运	春耕	困惑	轮流	论断
滚滚	顺手	损伤	顺序	敦促	轮船	损坏	顺便	滚动	轮廓	昆虫	村镇

课堂练习　词语练习

请跟着老师或者课件的朗读录入以下二字词，音对了即可，不必选项。

关系　国家　对于　虽然　活动　所以　最后　所有　或者　作品　关于　作者

---

① un 是 uen 前面有声母时的写法，使用双飞录软件录入时，录入 uen 即 un。

存在	准备	环境	会议	作用	困难	多少	随着	左右	过程	创造	传统
说明	回答	规定	管理	国际	创作	获得	水平	最近	国内	观念	关心
作家	回来	专家	双方	欢迎	恢复	抓住	过去	扩大	广大	专门	状态
追求	关键	措施	过来	观众	对象	专业	广告	广泛	损失	团结	状况

课堂练习　短文练习

请录入以下两段文字。

1. 雨果曾经说："谁虚度了年华，青春就将褪色。"是的，青春是用来奋斗的，不是用来挥霍的。

2. 发展靠创新，创新靠科技，科技靠人才。人才强国战略的工作重心是建设"人才资源"强国。

🎯 课后练习题

习题1　右手录入左手区 u 行的韵母练习(10 道)(键位 11-01～11-10)

目标：录入速度 200 字符/分钟，正确率 100％。

习题2　词语练习(10 道)(词语 11-01～11-10)

目标：录入速度 50 字/分钟，正确率 100％。

习题3　短文练习(2 道)(短文 11-01～11-02)

目标：录入速度 50 字/分钟，正确率 100％。

(二)u 行的韵母自成音节的字的速录方法

在第一节中已经学习过，并击方案如下："双手同时击键，左手录入声母，右手同时录入韵母。"但是，u 行的韵母自成音节的字的汉语拼音没有声母。

《汉语拼音方案》规定："u 行的韵母，前面没有声母的时候，写成 wu(乌)，wa(蛙)，wo(窝)，wai(歪)，wei(威)，wan(弯)，wen(温)，wang(汪)，weng(翁)。"

u 行的韵母自成音节的字首字母为 w。其中，u 的前面加 w，其他 8 个 u 行的韵母则以 w 代替 u。

因此，本课程所采用的双飞速录软件是以 w 代替 u 行的韵母自成音节的字的声母，所以，u 行的韵母自成音节的字的速录方法是：双手同时击键，左手击 W 键录入首字母 w，右手同时录入 w 后面的韵母。详述如下。

1. wu

wu 是 u 自成音节的字的汉语拼音。

wu 的速录方法是：以首字母 w 代替声母，双手同时击 W 键和 U 键，录入 wu 的首字母 w 和韵母 u(图 4-6-23)。

图 4-6-23　wu 的速录方法

例如：无法

汉语拼音：wú fǎ

其中，"无"是 u 自成音节的字。

"无法"的速录方法如下。

第一次击键：双手同时击 W 键和 U 键，录入 wú 的首字母 w 和韵母 u（图 4-6-24）。

图 4-6-24　"无"的速录方法

第二次击键：双手同时击 F 键、L 键、H 键，录入 fǎ 的声母 f 和韵母 α（图 4-6-25）。

图 4-6-25　"法"的速录方法

课堂练习　u 自成音节的字（wu）组词练习

请跟着老师或者课件的朗读录入以下二字词，音对了即可，不必选项。

无法	无论	物质	舞台	武器	污染	武装	武汉	舞蹈	无疑	无数	物资
无限	武警	污水	物理	无不	物品	无奈	无非	物流	无比	务实	物价
无效	无从	无偿	务工	物体	无聊	无声	无情	无形	物业	无关	物种
屋顶	午饭	无穷	误解	无辜	侮辱	误会	无私	舞剧	无须	误区	无人
无罪	无权	无心	无缘	午后	误差	舞厅	无名	无端	无边	乌云	乌鸦

2. wo

wo 是 uo 自成音节的字的汉语拼音。

wo 的速录方法是：以首字母 w 代替声母，双手同时击 W 键和 O 键，录入 wǒ 的首字母 w 和韵母 o(图 4-6-26)。

图 4-6-26 wo 的速录方法

例如： 我们

汉语拼音：wǒ men

其中，"我"是 uo 自成音节的字。

"我们"的速录方法如下。

第一次击键：双手同时击 W 键和 O 键，录入 wǒ 的首字母 w 和韵母 o(图 4-6-27)。

图 4-6-27 "我"的速录方法

第二次击键：双手同时击 V 键、C 键和 Y 键，录入 men 的声母 m 和韵母 en（图 4-6-28）。

图 4-6-28　"们"的速录方法

课堂练习　uo 自成音节的字（wo）组词练习

请跟着老师或者课件的朗读录入以下二字词，音对了即可，不必选项。

我们　握手　卧室　我见　斡旋　沃土　窝囊　窝棚　卧房　卧床　卧铺　龌龊

窝点　蜗牛　窝头　倭寇　卧病　窝藏　窝火　倭瓜　卧车　涡流　莴苣　握别

沃野　窝心　握拳　莴笋　卧底　握力　卧轨　窝赃　窝气　卧佛　窝工　窝主

3. wang

wang 是 uang 自成音节的字的汉语拼音。

wang 的速录方法是：以首字母 w 代替声母，双手同时击 W 键和 H 键，录入 wang 的首字母 w 和韵母 ang（图 4-6-29）。

图 4-6-29　wang 的速录方法

例如：往往

汉语拼音：wǎng wǎng

"往往"两个字都是 uang 自成音节的字。

"往往"的速录方法如下。

第一次击键：双手同时击 W 键和 H 键，录入 wǎng 的首字母 w 和韵母 ang（图 4-6-30）。

图 4-6-30 "往"的速录方法

第二次击键：双手再次同时击 W 键和 H 键，录入 wǎng 的首字母 w 和韵母 ang（图 4-6-31）。

图 4-6-31 "往"的速录方法

课堂练习 uang 自成音节的字（wang）组词练习

请跟着老师或者课件的朗读录入以下二字词，音对了即可，不必选项。

往往	网络	忘记	网上	往来	网站	网吧	往事	往年	网点	网球	往日
王国	旺盛	往后	王朝	网友	王爷	往返	往常	忘却	网民	望见	忘掉
王府	王子	网页	妄图	王宫	忘我	妄想	往昔	网址	枉法	汪洋	惘然
王牌	王储	忘怀	王妃	忘情	王孙	望风	王道	亡灵	忘形	亡命	妄言
网状	忘本	往还	王冠	网兜	妄加	枉死	亡故	望族	王权	妄动	旺销

4. wa

wa 是 ua 自成音节的字的汉语拼音。

wa 的速录方法是：以首字母 w 代替声母，双手同时击 W 键、L 键、H 键，录入 wa 的首字母 w 和韵母 a（图 4-6-32）。

图 4-6-32　wa 的速录方法

例如：挖掘

汉语拼音：wā jué

其中，"挖"是 ua 自成音节的字。

"挖掘"的速录方法如下。

第一次击键：双手同时击 W 键、L 键和 H 键，录入 wā 的首字母 w 和韵母 a（图 4-6-33）。

图 4-6-33　"挖"的速录方法

第二次击键：双手同时击 F 键、D 键、句号键和 N 键，录入 jué 的声母 j 和韵母 üe（图 4-6-34）。

图 4-6-34　"掘"的速录方法

课堂练习 ua 自成音节的字（wa）组词练习

请跟着老师或者课件的朗读录入以下二字词，音对了即可，不必选项。

挖掘　娃娃　瓦斯　袜子　瓦解　挖苦　瓦房　蛙泳　洼地　瓦砾　挖潜　哇啦

瓦罐　瓦特　瓦片　瓦盆　佤族　瓦工　蛙鸣　瓦匠　瓦蓝　瓦刀　瓦楞　瓦当

瓦灰　挖补　蛙人　袜筒　袜带

5. wai

wai 是 uai 自成音节的字的汉语拼音。

wai 的速录方法是：以首字母 w 代替声母，双手同时击 W 键和 L 键，录入 wai 的首字母 w 和韵母 ai（图 4-6-35）。

图 4-6-35 wai 的速录方法

例如： 外国

汉语拼音：wài guó

其中，"外"是 uai 自成音节的字。

"外国"的速录方法如下。

第一次击键：双手同时击 W 键和 L 键，录入 wài 的首字母 w 和韵母 ai（图 4-6-36）。

图 4-6-36 "外"的速录方法

第二次击键：双手同时击 G 键和 O 键，录入 guó 的声母 g 和韵母 uo（图 4-6-37）。

图 4-6-37　"国"的速录方法

课堂练习　uai 自成音节的字（wai）组词练习

请跟着老师或者课件的朗读录入以下二字词，音对了即可，不必选项。

外国　外交　外面　外资　外来　外地　外汇　外部　外商　外出　外贸　外边

外界　外语　外科　外人　外婆　歪曲　外援　外表　外事　外籍　外观　外债

外在　外头　外衣　外形　外方　外币　外企　歪理　外加　外行　外套　外号

外甥　外销　歪风　外流　外公　外宾　外间　外线　外孙　外运　外向　外传

外屋　外逃　外因　外调　外露　外迁　外城　歪斜　外层　外电　外海　外族

6.wei

wei 是 uei 自成音节的字的汉语拼音。

wei 的速录方法是：以首字母 w 代替声母，双手同时击 W 键和 N 键、逗号键，录入 wei 的首字母 w 和韵母 ei（图 4-6-38）。

图 4-6-38　wei 的速录方法

例如：为了

汉语拼音：wèi le

其中，"为"是 uei 自成音节的字。

"为了"的速录方法如下。

第一次击键：双手同时击 W 键、N 键和逗号键，录入 wèi 的首字母 w 和韵母 ei（图 4-6-39）。

图 4-6-39 "为"的速录方法

第二次击键：双手同时击 S 键、F 键、I 键和 O 键，录入 le 的声母 l 和韵母 e（图 4-6-40）。

图 4-6-40 "了"的速录方法

课堂练习 uei 自成音节的字（wei）组词练习

请跟着老师或者课件的朗读录入以下二字词，音对了即可，不必选项。

为了	伟大	未来	位置	卫生	危险	委员	维护	为主	威胁	围绕	维持
违法	位于	危机	微笑	违反	卫星	危害	未能	委托	为何	为期	未必
微微	为此	违规	尾巴	味道	维修	未经	为首	委屈	违背	未免	帷幕
维权	违章	未曾	为难	味儿	位居	伪造	卫士	伟业	伟人	唯有	微观
威力	未尝	围墙	微弱	威信	围攻	萎缩	为重	危房	威风	未卜	微型

7. wan

wan 是 uan 自成音节的字的汉语拼音。

wan 的速录方法是：以首字母 w 代替声母，双手同时击 W 键和 J 键，录入 wan 的首字母 w 和韵母 an（图 4-6-41）。

图 4-6-41　wan 的速录方法

例如：完全

汉语拼音：wán quán

其中，"完"是 uan 自成音节的字。

"完全"的速录方法如下。

第一次击键：双手同时击 W 键和 J 键，录入 wán 的首字母 w 和韵母 an（图 4-6-42）。

图 4-6-42　"完"的速录方法

第二次击键：双手同时击 Q 键、逗号键和句号键，录入 quán 的声母 q 和韵母 üan（图 4-6-43）。

图 4-6-43　"全"的速录方法

课堂练习 uan 自成音节的字(wan)组词练习

请跟着老师或者课件的朗读录入以下二字词，音对了即可，不必选项。

完全　完成　晚上　完善　完整　晚会　顽强　晚饭　万一　完美　完毕　玩具
挽救　完备　万物　玩笑　晚年　完工　顽固　晚报　万万　万分　万岁　惋惜
晚期　完了　弯腰　完好　玩耍　弯曲　晚间　蜿蜒　玩弄　晚餐　万国　宛如
顽皮　万象　万千　挽留　晚霞　完事　完结　万能　婉转　玩忽　万丈　豌豆
晚稻　弯路　万众　完蛋　宛若　万民　万般　挽联　完税　万顷　玩味　万状

8. wen

wen 是 uen 自成音节的字的汉语拼音。

wen 的速录方法是：以首字母 w 代替声母，双手同时击 W 键和 Y 键，录入 wen 的首字母 w 和韵母 en(图 4-6-44)。

图 4-6-44 wen 的速录方法

例如： 问题

汉语拼音：wèn tí

其中，"问"是 uen 自成音节的字。

"问题"的速录方法如下。

第一次击键：双手同时击 W 键和 Y 键，录入 wèn 的首字母 w 和韵母 en(图 4-6-45)。

图 4-6-45 "问"的速录方法

第二次击键：双手同时击 T 键和 I 键，录入 tí 的声母 t 和韵母 i（图 4-6-46）。

图 4-6-46　"题"的速录方法

课堂练习　uen 自成音节的字（wen）组词练习

请跟着老师或者课件的朗读录入以下二字词，音对了即可，不必选项。

问题　文化　文学　文艺　文章　文明　稳定　文字　文件　温暖　文物　温度

文献　问候　稳步　文人　温柔　温饱　问世　文书　温馨　文本　稳妥　文凭

文坛　温和　温泉　文集　文盲　稳固　闻讯　文选　文教　温情　吻合　问答

文科　文风　文官　紊乱　问卷　文言　文稿　文雅　文笔　问号　稳重　温带

温热　温存　文具　温差　文静　温顺　稳产　文娱　文摘　蚊虫　文库　温床

9. weng

weng 是 ueng 自成音节的字的汉语拼音。

weng 的速录方法是：以首字母 w 代替声母，双手同时击 W 键和 M 键，录入 weng 的首字母 w 和韵母 eng（图 4-6-47）。

图 4-6-47　weng 的速录方法

例如：瓮城

汉语拼音：wèng chéng

其中，"瓮"是 ueng 自成音节的字。

"瓮城"的速录方法如下。

第一次击键：双手同时击 W 键和 M 键，录入 wèng 的首字母 w 和韵母 eng（图 4-6-48）。

图 4-6-48 "瓮"的速录方法

第二次击键：双手同时击 A 键和 M 键，录入 chéng 的声母 ch 和韵母 eng（图 4-6-49）。

图 4-6-49 "城"的速录方法

课堂练习 ueng 自成音节的字（weng）组词练习

请跟着老师或者课件的朗读录入以下二字词，音对了即可，不必选项。

瓮城　翁婿　蓊郁　翁姑　蕹菜

课堂练习 u 行的韵母自成音节的字组词练习

请跟着老师或者课件的朗读录入以下二字词，音对了即可，不必选项。

我们	问题	为了	文化	完全	文学	文艺	无法	完成	伟大	往往	文章
晚上	未来	外国	文明	无论	稳定	位置	物质	网络	卫生	文字	危险
委员	维护	文件	完善	为主	舞台	武器	污染	武装	威胁	忘记	围绕
完整	外交	维持	违法	位于	武汉	外面	危机	温暖	微笑	文物	舞蹈
温度	无疑	无数	违反	卫星	危害	外资	网上	未能	往来	网站	物资

课堂练习 词语练习

请跟着老师或者课件的朗读录入以下二字词，音对了即可，不必选项。

| 我们 | 关系 | 国家 | 如果 | 为了 | 文化 | 对于 | 出现 | 虽然 | 组织 | 活动 | 如何 |
| 完全 | 主要 | 所以 | 最后 | 所有 | 或者 | 作品 | 不断 | 关于 | 作者 | 存在 | 准备 |

书记　环境　不仅　目前　会议　努力　注意　作用　如此　困难　多少　随着

主任　左右　过程　创造　不过　无法　传统　部队　部分　母亲　不可　处理

除了　主席　服务　不是　说明　回答　规定　管理　如今　父亲　国际　创作

课堂练习　同声速录练习　独一无二的记忆　独一无二的青春(230 字 1 分 25 秒 197 字/分钟)

1. 习题　同声速录独一无二的记忆　独一无二的青春 01(57 字)

人生有一首诗，当我们拥有它的时候，往往并没有读懂它；而当我们能够读懂它的时候，它却早已远去，这首诗的名字就叫青春。

2. 习题　同声速录独一无二的记忆　独一无二的青春 02(73 字)

青春是那么美好，在这段不可复制的旅途当中，我们拥有独一无二的记忆，不管它是迷茫的、孤独的、不安的，还是欢腾的、炽热的、理想的，它都是最闪亮的日子。

3. 习题　同声速录独一无二的记忆　独一无二的青春 03(100 字)

雨果曾经说："谁虚度了年华，青春就将褪色。"是的，青春是用来奋斗的，不是用来挥霍的。只有这样，当有一天我们回首来时路，和那个站在最绚烂的骄阳下曾经青春的自己告别的时候，我们才可能说："谢谢你！再见！"

◎ 课后练习题

习题 1　u 行的韵母自成音节的字组词练习(10 道)(词语 12-01～12-10)

目标：录入速度 50 字/分钟，正确率 100%。

习题 2　词语练习(2 道)(词语 12-11～12-12)

目标：录入速度 50 字/分钟，正确率 100%。

习题 3　同声速录练习(3 道)(同声速录 12-01～12-03)

在学习本课程之前，首先进行学前测试。

学前测试题

决定你层次的是你的努力（节选）

where you spend your time determines what kind of a person you become.

Remember，it's not where you came from but how hard you try that decides what level you finally end up in.

If you spend your time in working our，you'll end up in good shape.

If you spend your time in learning，you'll end up with skills which help you survive.

If you spend your time in idling，you'll end up achieving nothing.

If you spend your time queuing，you'll end up having neither time nor money

测试完毕，请记录速度和正确率。

　　英文速录按照所采用的输入设备，可分为以下两大类：计算机速录（直接在计算机键盘上进行并击录入）和速录机速录（在计算机上外接速录机进行并击录入）。按照实现并击录入功能所采用的速录软件或者速录机分别命名，可分为很多种。

　　本教材所学习的英文速录，是直接在计算机键盘上进行并击录入的计算机速录。实现并击录入功能所采用的速录软件是双飞速录软件，因此称为双飞速录。

　　英文速录与中文速录共用一个软件。

　　英文速录与普通输入法的主要区别是录入方式和录入方法不同。普通输入法采用的录入方式是单指交替击键、单键交替录入的单击录入方式，击键一次只能录入一个英文字母。而英文速录采用的录入方式是双手同时击键、多键同时录入的并击录入方式，击键一次可同时录入两个英文字母。

　　普通输入法每只手只能录入本区的英文字母，因此，必须双手操作或者单手跨区操作；而英文速录每只手都可以在本区内录入 26 个英文字母，因此，不但可以双手操作，而且还可单手操作，腾出另一只手来从事其他工作，如翻资料、接电话等。

　　普通输入法采用的录入方法是全码单击录入，需要将构成词语的字母逐个录入，一个词语是由几个字母构成，则需要击键几次。而英文速录采用的录入方法是简码并击录入，只需录入词汇的部分字母，通常情况下击键一至三次即可录入一个词汇，而且简码录入与全码录入兼容。

　　例如，understanding 是由 13 个字母构成。

　　普通输入法需要击键 13 次，逐个录入 13 个字母。

　　而英文速录只需录入前四个字母 unde 和最后两个字母 ng，击键 3 次 understanding 即可上屏，录入速度是普通输入法的 4.3 倍。并且还可采用高频词简码速录方法，同时录入首字母 u 和末字母 g，击键 1 次 understanding 即可上屏，录入速度是普通输入法的 13 倍。

　　由此可见，英文速录的文字录入速度非常快，能够大幅度地提高工作效率、学习效率及网络交流效率，相应地提高自身价值及职业发展能力。

第一节
并击方案

一、英文速录并击方案与中文速录并击方案的不同之处

第一，中文速录为双拼并击速录，而英文速录为简码并击速录。

第二，中文速录为双手同时击键，左手录入声母，右手同时录入韵母；而英文速录为双手同时击键，左手录入前一个字母，右手同时录入后一个字母。

例 1：a

左手击 A 键，右手可同时击空格键，则 a 及空格即可同时上屏。

例 2：by

左手击 B 键，右手同时击 Y 键，可同时击空格键，则 by 及空格即可同时上屏。

例 3：cod

第一次击键，左手击 C 键，右手同时击 O 键，录入第一、第二个字母 co；

第二次击键，左手击 D 键，右手可同时击空格键，录入第三个字母 d 和空格，则 cod 及空格即可同时上屏。

例 4：dial

第一次击键，左手击 D 键，右手同时击 I 键，录入第一、第二个字母 di；

第二次击键，左手击 A 键，右手击 L 键，可同时击空格键，录入第三、四个字母 al 和空格，则 dial 及空格即可同时上屏。

例 5：eight

第一次击键，左手击 E 键，右手同时击 I 键，录入第一、第二个字母 ei；

第二次击键，左手击 G 键，右手同时击 H 键，录入第三、第四个字母 gh；

第三次击键，左手击 T 键，右手可同时击空格键，录入第五个字母 t 和空格，则 eight 及空格即可同时上屏。

例 6：social

第一次击键，左手击 S 键，右手同时击 O 键，录入第一、第二个字母 so；

第二次击键，左手击 C 键，右手同时击 I 键，录入第三、第四个字母 ci；

第三次击键，左手击 A 键，右手同时击 L 键，可同时击空格键，录入第五、第六个字母 al 和空格，则 social 及空格即可同时上屏。

课堂练习　双手并击练习（4 道）

双手并击练习（三字母）

aid air ale and ant ape apt bid big bit bow box bud bug

bus but bye cow cue cut cod cue cog die dig dog dot due

dub dye elf end eye fit fix fig fir foe fog for fox fur

rib rid rig rob rod rot row rub rug rut rye she sir sit

six sow sue the tie toe tow tub tug vow via vie wit woe

双手并击练习（四字母）

also body born both bowl burn bury busy city clap clay

coal cock corn cosy cozy curl dial dish disk dock dorm

down duck dusk duty envy firm fish flap foam fork form

fuel girl goal rich risk rock ruby rush sick sigh sign

soak soap sock span such than them then they tick tidy

双手并击练习（五字母）

angle blame blend chair chaos cycle elbow flame field

fight flame focus giant rifle right rigid robot shake

shame shape shelf sight snake spend their throw tight

title tutor world quake queue virus visit vivid aisle

amend audit cubic endow toxic whale widow chant

双手并击练习（六字母）

ambush anthem biform citify burial bushel chapel chanty

clench dickey dismal dismay dispel eighth eighty emblem

embody enamel enrich ensign entity formal gospel quench

ritual shriek social signal sicken slangy sleigh theory

thrush turkey visual shaman shandy shough shekel shelly

二、英文速录并击方案与中文速录并击方案的相同之处

第一，当录入另一区以食指击键的字母时，则以食指与中指同时击键。

第二，当录入另一区以中指击键的字母时，则以中指与无名指同时击键。

第三，当录入另一区以无名指击键的字母时，则以无名指与食指同时击键。

第四，当录入另一区以小指击键的字母时，则以无名指与食指内移一个键同时击键。

例如：右手录入左手区中排 f、d、s、a

例1：当右手录入左手区以食指击键的 f 时，则以食指与中指同时击 J 键和 K 键（图 5-1-1）。

图 5-1-1　右手录入左手区的 f

例2：当右手录入左手区以中指击键的 d 时，则以中指与无名指同时击 K 键和 L 键（图 5-1-2）。

图 5-1-2　右手录入左手区的 d

例3：当右手录入左手区以无名指击键的 s 时，则以无名指与食指同时击 L 键和 J 键（图 5-1-3）。

图 5-1-3　右手录入左手区的 s

例 4：当右手录入左手区以小指击键的 a 时，则以无名指与食指内移一个键同时击 L 键和 H 键（图 5-1-4）。

图 5-1-4　右手录入左手区的 a

右手录入左手区的字母时，详见表 5-1-1。

表 5-1-1　右手录入左手区的字母

所录入的左手区的字母					右手的击键手指及组合键			
小指	无名指	中指	食指	食指内移	食指内移	食指	中指	无名指
				g	H		K	
			f			J	K	
		d					K	L
	s					J		L
a					H			L
			t		Y		I	
		r				U	I	
		e					I	O
	w					U		O
q					Y			O
			b		N		,	
		v				M	,	
		c					,	.
	x					M		
z					N			.

左手录入右手区的字母时，详见表 5-1-2。

表 5-1-2　左手录入右手区的字母

左手的击键手指及组合键				所录入的右手区的字母				
无名指	中指	食指	食指内移	食指内移	食指	中指	无名指	小指
	D		G	h				
	D	F			j			
S	D					k		
S		F					l	
	E		T	y				
	E	R			u			
W	E					i		
W		R					o	
W		T						p
	C	B		n				
	C	V			m			

课堂练习　右手录入左手区中排 g、f、d、s、a(2 道)

组合键词汇练习　右手中排(右手录入 g、f、d、s、a)

add age ago ash ask bad bag ban bar bat bay cab can cap
car cat dad dam day ear eat egg fan far fat fax gap gas
gay rat raw ray red rib rid rob rot row rub rug run sad
saw say tag tap tax war wax way

组合键词汇练习　右手中排(右手录入 g、f、d、s、a)

again agent aural bacon badly basic basin basis bathe
blast bless boast burst cabin cable cargo chase cheap
cheat chess chest cigar clasp class clean clear curse
eagle early fable fatal favor flash flesh glass guess
guest radar radio ratio ridge rival roast rural shade

课堂练习　右手录入左手区下排 b、v、c、x、z（1 道)

组合键词汇练习　右手下排(右手录入 b、v、c、x、z)

actor amaze black blaze carve catch check coach
curve ditch dizzy elect event exact force scale
scene shave slack slave snack space torch watch
batch eject scent scrap

课堂练习　右手录入左手区上排 t、r、e、w、q（2 道）

组合键词汇练习 右手上排（右手录入 t、r、e、w、q）

are arm art bed bee beg bet cry dry era fee few fry

get red sea see set sew sex tea try awe dew fro

after alarm alert alter angel anger angry apart argue

arrow beach beast begin bleed board bored brain brake

brand brass brave bread break breed carry cease charm

组合键词汇练习 右手上排（右手录入 t、r、e、w、q）

chart cheek cheer clerk cover crack craft crane crash

crawl crazy cream creep cyber death decay diary dirty

dozen draft drain drama dread dream dress dusty dwell

eager eagle earth elder enter entry erase erect error

every extra ferry fetch fever fleet fresh front glare

课堂练习　左手录入右手区中下排 h、j、k、l、n、m（3 道）

组合键词汇练习 左手中下排（左手录入 h、j、k、l、n、m）

had ham has hat hay hen her hey him his hit hot how

hug hut jam jar jaw jet job jog joy key kid lab lad

lag lap law lay leg let lid lie lip log lot low mad

man map may mix mud mat mob mop nap net new nod nor

not now nut

组合键词汇练习 左手中下排（左手录入 h、j、k、l、n、m）

habit handy hatch heart heavy hello hence hobby honey

honor horse hotel human humor jeans jewel judge label

labor large laser later least leave legal lemon level

light limit linen liner liter lobby local lodge lover

lower lucky lunch madam magic major manly match means

组合键词汇练习 左手中下排（左手录入 h、j、k、l、n、m）

medal media melon mercy merit metal meter midst might

minor minus model money month moral motor movie music

naked nerve never niece night noble north novel nurse

nylon range relax relay renew ruler rumor salad sense

silly since solar solid solve split sunny tempt tense

课堂练习 左手录入右手区上排 y、u、i、o、p（3 道）

组合键词汇练习 左手上排（左手录入 y、u、i、o、p）

ice ill ink inn its icy ion odd off oil old our out
owe owl own oak oar opt ore pad pan pay pea pen per
pet pie pig pin pit pop pot pub put paw use yes yet you

组合键词汇练习 左手上排（左手录入 y、u、i、o、p）

ideal idiom image imply index infer inner input issue
idiot incur inlet occur ocean odour offer often onion
opera orbit order organ other ought ounce outer owing
owner paint panda panic pants paper paste pause peace
peach penny phase phone photo piano piece pilot pitch

组合键词汇练习 左手上排（左手录入 y、u、i、o、p）

place plain plane plant plate plead point polar porch
pound power press price pride prime print prize proof
proud prove pupil purse panel patch pedal petty pinch
prick prior probe pulse punch uncle under union unite
unity until upper upset urban usual utter unify untie
usage yield young yours youth yeast

🎯 课后练习题

组合键词汇练习（11 道）（词汇 02-01～02-11）

目标：第一阶段为录入速度 100 字符/分钟，自第二阶段开始每阶段提高 20 字符，直至录入速度达到 200 字符/分钟。准确率 100%。

第二节
简码并击速录方法

一、简码并击速录方法的分类

为了更大幅度地减少击键次数，提高英文录入速度，对于六字母以上的词汇及高频词可采用简码并击速录方法。

简码并击速录方法共有两种：第一，通用简码并击速录方法，凡是六字母以上的词汇都可采用的简码并击速录方法，称为通用简码并击速录方法；第二，高频词简码并击速录方法，只有列入高频词范围的词汇才可采用的简码并击速录方法，称为高频词简码并击速录方法。

简码并击速录与全码并击速录兼容。

二、通用简码并击速录方法

只录入词汇的前四个字母和最后两个字母。

简称：前四后二

第一次击键，同时录入第一、第二个字母；

第二次击键，同时录入第三、第四个字母；

第三次击键，同时录入最后两个字母。

例 1：responsibility

第一次击键，同时录入第一、第二个字母 re；

第二次击键，同时录入第三、第四个字母 sp；

第三次击键，同时录入最后两个字母 ty，可同时击空格键，则 responsibility 及空格即可同时上屏。

例 2：correspondence

第一次击键，同时录入第一、第二个字母 co；

第二次击键，同时录入第三、第四个字母 rr；

第三次击键，同时录入最后两个字母 ce，可同时击空格键，则 correspondence 及空格即可同时上屏。

课堂练习　七字母

abandon abdomen ability abolish absence account achieve

acquire acrobat actress address advance against airline

airmail airport alcohol already amateur amongst analogy

课堂练习　八字母

absolute abstract abundant academic accident accurate

accustom acquaint activity adequate advanced advocate

aircraft airplane allergic although ambition analysis

课堂练习　九字母

accompany according advantage adventure advertize

aeroplane affection afternoon afterward agreement

alongside alternate ambiguous ambulance apartment

课堂练习 十字母

accelerate accomplish adolescent afterwards altogether

ambassador appearance assistance atmosphere attractive

automobile basketball beforehand bridegroom

🎯 **课后练习题**

习题 1　七字母（2 道）（词汇 06-01～06-02）

习题 2　八字母（2 道）（词汇 07-01～07-02）

习题 3　九字母（2 道）（词汇 08-01～08-02）

习题 4　十字母（2 道）（词汇 09-01～09-02）

目标：第一阶段为录入速度 200 字符/分钟，自第二阶段开始每阶段提高 20 字符，直至录入速度达到 300 字符/分钟，准确率 100%。

三、高频词简码并击速录方法

高频词为首字母和末字母相同的词汇中，词频最高的词汇，共计 397 个。

为了进一步减少击键次数，提高英文录入速度，将列入高频词的词汇采用高频词简码速录方法。速入方法如下。

只录入词汇的首字母和末字母。简称："前一后一"。高频词"前一后一"简码速录，与"前四后二"通用简码速录及全码录入三者兼容。

（一）速录方法

1. 一般高频词简码并击速录方法

双手同时击键，左手录入首字母，右手同时录入末字母。

例如：something

双手同时击键，左手录入首字母 s，右手同时录入末字母 g，可同时击空格键，则 something 及空格即可同时上屏。

2. 首字母为大写字母的高频词的速录方法

大写首字母按小写字母录入。

例如：Olympic

双手同时击键，左手录入大写首字母 O 的小写字母 o，右手同时录入末字母 c，可同时击空格键，则 Olympic 及空格即可同时上屏。

3. 含连字符的高频词的速录方法

录入时忽略连字符。

例如： long-term

双手同时击键，左手录入首字母 l，右手同时录入末字母 m，可同时击空格键，则 long-term 及空格即可同时上屏。

4. 单词后面为标点符号的高频词的速录方法

双手同时击键，左手录入首字母，右手同时录入末字母，然后击标点符号键，则高频词、标点符号及空格即可同时上屏。

例如： student

双手同时击键，左手录入首字母 s，右手同时录入末字母 t，然后击逗号键，则 student、逗号及空格即可同时上屏。

课堂练习　高频词练习 01[①]

you and for now ask yourself how one student what the better first mind should not until will think need have good like into expect that can better even most point read much just kind them few usually more than they work long period only with for help when find out use class show hand know understand such get understanding learn from look way all this but right develop

课堂练习　高频词练习 02

So you've finally made it to college. <u>You</u> been accepted，<u>and</u> you've been living on campus <u>for</u> some time. <u>Now</u> <u>you</u> begin to <u>ask</u> <u>yourself</u> "How does <u>one</u> become a success-ful <u>student</u>?" "<u>What</u> are <u>the</u> characteristics of successful students?" To answer these questions，you'd <u>better</u> <u>first</u> bear in <u>mind</u> <u>the</u> following tips：…

课堂练习　高频词练习 03

Be self-disciplined. <u>You</u> <u>should</u> <u>not</u> leave <u>the</u> weekly reading <u>until</u> <u>the</u> night before it is required. <u>You</u> must discipline <u>yourself</u>（no <u>one</u> <u>will</u> scold <u>you</u> if <u>you</u> don't）<u>and</u> set up a regular schedule in order to succeed.

课堂练习　高频词练习 04

Think positively. <u>You</u> <u>need</u> to <u>have</u> a <u>good</u> self-image so <u>you</u> <u>can</u> turn <u>what</u> seems like defeat <u>into</u> a positive learning situation. If <u>you</u> <u>expect</u> <u>that</u> <u>you</u> <u>can</u> do <u>better</u>，<u>and</u> <u>you</u> try to do <u>better</u>，then overall <u>you</u> <u>will</u> do <u>better</u>.

[①]　高频词练习 01 中的词汇为高频词练习 02 至高频词练习 11 中的高频词；高频词练习 02 至高频词练习 11 中画线的词汇为高频词。

课堂练习 高频词练习 05

Be interested in your courses. Even if you think a course is the most boring one in the world, force yourself to be interested. Take a minor point and read as much as possible about it in order to become an expert in just that little bit of information. That kind of interest can cause interest in the entire course.

课堂练习 高频词练习 06

Take good notes and study them regularly. Because there are so few tests (usually no more than two or three plus the final exam), they will cover work done over a long period of time. Only by taking and then keeping up with your notes can you study effectively for these tests.

课堂练习 高频词练习 07

Seek help when you need it, before it's too late. If you have special problems, don't be afraid to seek help. Seek your teacher, your advisor, anyone that you think may be able to help you. It is important that you be aware of where you can go for help. And most campuses can help you with money-student loans, scholarships, special student aid funds, or work-study programs. Find out what is available at your school, and be prepared to use it when you need it.

课堂练习 高频词练习 08

Attend classes and be active in class. Attending class and arriving on time are important points to show that you are serious about your learning. You should take part in classroom discussions and hand in assignments on time. Speaking up in class forces you to think about what is being discussed and keeps you interested in it.

课堂练习 高频词练习 09

Have a good attitude about college life. Know your strong points and your weaknesses, understand what a college can and cannot do for you. Take responsibility for your own education. You should realize that attending college offers you the raw material for success and education-libraries, teachers, textbooks. However, only you can educate yourself. Take advantage of what is around you and use it to your best advantage according to your own needs.

课堂练习 高频词练习 10

Have the "know-how" to be successful. Make sure that you know how to study, take notes, take tests, and use time wisely. Be sure reference sources such as the library. Develop memory skills. Try to get along with your teachers and your fellow students. You should be at ease in expressing yourself and in understanding words.

Learn from experience. Always <u>look</u> <u>for</u> <u>way</u> to do things <u>better</u>.

课堂练习　高频词练习 11

Following <u>all</u> <u>this</u> advice，<u>you</u> may <u>not</u> automatically become a successful <u>student</u>，<u>but</u> <u>you</u> <u>will</u> surely be on <u>the</u> <u>right</u> road to success.

(二)高频词表

为了便于学习和查询，本教材共编制了两种高频词表。表 5-2-1 至表 5-2-7 是按照词频降序编制的，表 5-2-8 至表 5-2-31 是按照字母顺序编制的。

表 5-2-1　高频词表 1-1

序号	高频词	编码	序号	高频词	编码
1	the	te	31	go	go
2	be	be	32	their	tr
3	and	ad	33	all	al
4	of	of	34	can	cn
5	to	to	35	who	wo
6	in	in	36	get	gt
7	that	tt	37	so	so
8	have	he	38	when	wn
9	for	fr	39	more	me10
11	you	yu	41	would	wd
12	on	on	42	out	ot
13	with	wh	43	my	my
14	do	do	44	know	kw
15	as	as	45	up	up
16	say	sy	46	will	wl
17	this	ts	47	like	le

续表

序号	高频词	编码	序号	高频词	编码
18	they	ty	48	think	tk
19	his	hs	49	year	yr
20	we	we	50	just	jt
21	but	bt	51	people	pe
22	at	at	52	them	tm
23	not	nt	53	him	hm
24	from	fm	54	into	io
25	by	by	55	than	tn
26	she	se	56	come	ce
27	or	or	57	now	nw
28	her	hr	58	could	cd
29	one	oe	59	look	lk
30	what	wt	60	no	no

表 5-2-2　高频词表 1-2

序号	高频词	编码	序号	高频词	编码
61	its	is	91	still	sl
62	how	hw	92	long	lg
63	use	ue	93	should	sd
64	back	bk	94	show	sw
65	work	wk	95	again	an
66	only	oy	96	ask	ak
67	right	rt	97	feel	fl

续表

序号	高频词	编码	序号	高频词	编码
71	after	ar	101	never	nr
72	most	mt	102	help	hp
73	even	en	103	student	st
74	day	dy	104	something	sg
75	very	vy	105	both	bh
76	man	mn	106	each	eh
77	thing	tg	107	hand	hd
78	find	fd	108	family	fy
79	tell	tl	109	point	pt
80	give	ge	110	old	od
81	through	th	111	keep	kp
82	much	mh	112	play	py
83	good	gd	113	group	gp
84	down	dn	114	big	bg
85	call	cl	115	country	cy
86	any	ay	116	seem	sm
87	need	nd	117	run	rn
88	us	us	118	problem	pm
89	such	sh	119	every	ey
90	last	lt	120	question	qn
68	first	ft	98	high	hh
69	way	wy	99	between	bn
70	also	ao	100	really	ry

表 5-2-3　高频词表 1-3

序号	高频词	编码	序号	高频词	编码
121	end	ed	151	ever	er
122	few	fw	152	stop	sp
123	face	fe	153	yet	yt
124	during	dg	154	bad	bd
125	Mr	mr	155	law	lw
126	under	ur	156	car	cr
127	kind	kd	157	level	ll
128	happen	hn	158	nothing	ng
129	issue	ie	159	door	dr
130	name	ne	160	learn	ln
131	room	rm	161	real	rl
132	public	pc	162	research	rh
133	eye	ee	163	idea	ia
134	until	ul	164	understand	ud
135	water	wr	165	cut	ct
136	national	nl	166	process	ps
137	area	aa	167	top	tp
138	different	dt	168	speak	sk
139	better	br	169	others	os
140	young	yg	170	history	hy
141	yes	ys	171	allow	aw
142	job	jb	172	read	rd
143	business	bs	173	morning	mg
144	plan	pn	174	girl	gl
145	lead	ld	175	guy	gy
146	less	ls	176	age	ae
147	political	pl	177	grow	gw
148	later	lr	178	himself	hf
149	power	pr	179	view	vw
150	among	ag	180	although	ah

表 5-2-4　高频词表 1-4

序号	高频词	编码	序号	高频词	编码
181	remember	rr	211	join	jn
182	drive	de	212	star	sr
183	deal	dl	213	pick	pk
184	toward	td	214	data	da
185	including	ig	215	instead	id
186	oh	oh	216	catch	ch
187	everything	eg	217	likely	ly
188	yeah	yh	218	industry	iy
189	music	mc	219	claim	cm
190	mind	md	220	news	ns
191	official	ol	221	quite	qe
192	rate	re	222	risk	rk
193	nation	nn	223	window	ww
194	individual	il	224	north	nh
195	expect	et	225	visit	vt
196	death	dh	226	wrong	wg
197	kill	kl	227	ok	ok
198	class	cs	228	draw	dw
199	six	sx	229	nearly	ny
200	economic	ec	230	period	pd
201	arm	am	231	check	ck
202	value	ve	232	dark	dk
203	hit	ht	233	key	ky
204	sign	sn	234	green	gn
205	model	ml	235	myself	mf
206	sometimes	ss	236	hospital	hl
207	develop	dp	237	throw	tw
208	relationship	rp	238	foreign	fn
209	focus	fs	239	interview	iw
210	tax	tx	240	upon	un

表 5-2-5　高频词表 1-5

序号	高频词	编码	序号	高频词	编码
241	laugh	lh	271	yourself	yf
242	quickly	qy	272	radio	ro
243	push	ph	273	specific	sc
244	judge	je	274	camera	ca
245	demand	dd	275	unit	ut
246	cup	cp	276	item	im
247	usually	uy	277	sea	sa
248	dream	dm	278	kitchen	kn
249	media	ma	279	painting	pg
250	environmental	el	280	yard	yd
251	growth	gh	281	whom	wm
252	finish	fh	282	mark	mk
253	knowledge	ke	283	victim	vm
254	staff	sf	284	bottom	bm
255	glass	gs	285	ring	rg
256	box	bx	286	video	vo
257	TV	tv	287	basic	bc
258	bill	bl	288	jump	jp
259	dress	ds	289	version	vn
260	feeling	fg	290	complex	cx
261	democratic	dc	291	mix	mx
262	chief	cf	292	understanding	ug
263	various	vs	293	express	es
264	hang	hg	294	Catholic	cc
265	miss	ms	295	club	cb
266	religious	rs	296	leadership	lp
267	network	nk	297	quick	qk
268	below	bw	298	witness	ws
269	review	rw	299	belief	bf
270	onto	oo	300	folk	fk

表 5-2-6 高频词表 1-6

序号	高频词	编码	序号	高频词	编码
301	academic	ac	331	hi	hi
302	voter	vr	332	hero	ho
303	gather	gr	333	opening	og
304	quarter	qr	334	Jew	jw
305	grab	gb	335	visual	vl
306	growing	gg	336	wrap	wp
307	quiet	qt	337	lab	lb
308	yesterday	yy	338	tea	ta
309	Israeli	ii	339	king	kg
310	photo	po	340	hook	hk
311	jury	jy	341	CEO	co
312	leaf	lf	342	junior	jr
313	extra	ea	343	historic	hc
314	Arab	ab	344	jail	jl
315	map	mp	345	Islamic	ic
316	bomb	bb	346	yell	yl
317	mom	mm	347	Olympic	oc
318	kiss	ks	348	via	va
319	yellow	yw	349	index	ix
320	investor	ir	350	ceiling	cg
321	pop	pp	351	killer	kr
322	traffic	tc	352	genetic	gc
323	crew	cw	353	rub	rb
324	golf	gf	354	ski	si
325	long—term	lm	355	relax	rx
326	zone	ze	356	Irish	ih
327	Jewish	jh	357	proof	pf
328	kick	kk	358	asleep	ap
329	relief	rf	359	fabric	fc
330	fix	fx	360	menu	mu

表 5-2-7　高频词表 1-7

序号	高频词	编码	序号	高频词	编码
361	uniform	um	380	jazz	jz
362	friendship	fp	381	vanish	vh
363	undergo	uo	382	pizza	pa
364	romantic	rc	383	pillow	pw
365	norm	nm	384	kit	kt
366	formula	fa	385	wolf	wf
367	jeans	js	386	Greek	gk
368	logic	lc	387	voting	vg
369	bishop	bp	388	equip	ep
370	elbow	ew	389	web	eb
371	echo	eo	390	organism	om
372	herb	hb	391	bureau	bu
373	bacteria	ba	392	uh	uh
374	suburb	sb	393	journalism	jm
375	ownership	op	394	kingdom	km
376	thumb	tb	395	disturb	db
377	enthusiasm	em	396	valid	vd
378	opera	oa	397	ha	ha
379	gym	gm			

表 5-2-8 高频词表 2-1

首字母	高频词	编码	首字母	高频词	编码
a	area	aa	a	arm	am
	Arab	ab		again	an
	academic	ac		also	ao
	and	ad		asleep	ap
	age	ae		after	ar
	among	ag		as	as
	although	ah		at	at
	ask	ak		allow	aw
	all	al		any	ay

表 5-2-9 高频词表 2-2

首字母	高频词	编码	首字母	高频词	编码
b	bacteria	ba	b	bottom	bm
	bomb	bb		between	bn
	basic	bc		bishop	bp
	bad	bd		better	br
	be	be		business	bs
	belief	bf		but	bt
	big	bg		bureau	bu
	both	bh		below	bw
	back	bk		box	bx
	bill	bl		by	by

表 5-2-10 高频词表 2-3

首字母	高频词	编码	首字母	高频词	编码
c	camera	ca	c	claim	cm
	club	cb		can	cn
	Catholic	cc		CEO	co
	could	cd		cup	cp
	come	ce		car	cr
	chief	cf		class	cs
	ceiling	cg		cut	ct
	catch	ch		crew	cw
	check	ck		complex	cx
	call	cl		country	cy

表 5-2-11　高频词表 2-4

首字母	高频词	编码	首字母	高频词	编码
d	data	da	d	dream	dm
	disturb	db		down	dn
	democratic	dc		do	do
	demand	dd		develop	dp
	drive	de		door	dr
	during	dg		dress	ds
	death	dh		different	dt
	dark	dk		draw	dw
	deal	dl		day	dy

表 5-2-12　高频词表 2-5

首字母	高频词	编码	首字母	高频词	编码
e	extra	ea	e	even	en
	economic	ec		echo	eo
	end	ed		equip	ep
	eye	ee		ever	er
	everything	eg		express	es
	each	eh		expect	et
	environmental	el		elbow	ew
	enthusiasm	em		every	ey

表 5-2-13　高频词表 2-6

首字母	高频词	编码	首字母	高频词	编码
f	formula	fa	f	foreign	fn
	fabric	fc		friendship	fp
	find	fd		for	fr
	face	fe		focus	fs
	feeling	fg		first	ft
	finish	fh		few	fw
	folk	fk		fix	fx
	feel	fl		family	fy
	from	fm			

表 5-2-14 高频词表 2-7

首字母	高频词	编码	首字母	高频词	编码
g	grab	gb	g	gym	gm
	genetic	gc		green	gn
	good	gd		go	go
	give	ge		group	gp
	golf	gf		gather	gr
	growing	gg		glass	gs
	growth	gh		get	gt
	Greek	gk		grow	gw
	girl	gl		guy	gy

表 5-2-15 高频词表 2-8

首字母	高频词	编码	首字母	高频词	编码
h	ha	ha	h	hospital	hl
	herb	hb		him	hm
	historic	hc		happen	hn
	hand	hd		hero	ho
	have	he		help	hp
	himself	hf		her	hr
	hang	hg		his	hs
	high	hh		hit	ht
	hi	hi		how	hw
	hook	hk		history	hy

表 5-2-16 高频词表 2-9

首字母	高频词	编码	首字母	高频词	编码
i	idea	ia	i	item	im
	Islamic	ic		in	in
	instead	id		into	io
	issue	ie		investor	ir
	if	if		its	is
	including	ig		it	it
	Irish	ih		interview	iw
	Israeli	ii		index	ix
	individual	il		industry	iy

表 5-2-17　高频词表 2-10

首字母	高频词	编码	首字母	高频词	编码
j	job	jb	j	jump	jp
	judge	je		jeans	js
	Jewish	jh		just	jt
	junior	jr		Jew	jw
	jail	jl		jury	jy
	journalism	jm		jazz	jz
	join	jn			

表 5-2-18　高频词表 2-11

首字母	高频词	编码	首字母	高频词	编码
k	kind	kd	k	keep	kp
	knowledge	ke		killer	kr
	king	kg		kiss	ks
	kick	kk		kit	kt
	kill	kl		know	kw
	kingdom	km		key	ky
	kitchen	kn			

表 5-2-19　高频词表 2-12

首字母	高频词	编码	首字母	高频词	编码
l	lab	lb	l	long-term	lm
	logic	lc		learn	ln
	lead	ld		leadership	lp
	like	le		later	lr
	leaf	lf		less	ls
	long	lg		last	lt
	laugh	lh		law	lw
	look	lk		likely	ly
	level	ll			

表 5-2-20 高频词表 2-13

首字母	高频词	编码	首字母	高频词	编码
m	media	ma	m	mom	mm
	music	mc		man	mn
	mind	md		map	mp
	more	me		Mr	mr
	myself	mf		miss	ms
	morning	mg		most	mt
	much	mh		menu	mu
	mark	mk		mix	mx
	model	ml		my	my

表 5-2-21 高频词表 2-14

首字母	高频词	编码	首字母	高频词	编码
n	need	nd	n	nation	nn
	name	ne		no	no
	nothing	ng		never	nr
	north	nh		news	ns
	network	nk		not	nt
	national	nl		now	nw
	norm	nm		nearly	ny

表 5-2-22 高频词表 2-15

首字母	高频词	编码	首字母	高频词	编码
o	opera	oa	o	organism	om
	Olympic	oc		on	on
	old	od		onto	oo
	one	oe		ownership	op
	of	of		or	or
	opening	og		others	os
	oh	oh		out	ot
	ok	ok		only	oy
	official	ol			

表 5-2-23　高频词表 2-16

首字母	高频词	编码	首字母	高频词	编码
p	pizza	pa	p	problem	pm
	public	pc		plan	pn
	period	pd		photo	po
	people	pe		pop	pp
	proof	pf		power	pr
	painting	pg		process	ps
	push	ph		point	pt
	pick	pk		pillow	pw
	political	pl		play	py

表 5-2-24　高频词表 2-17

首字母	高频词	编码	首字母	高频词	编码
q	quite	qe	q	quarter	qr
	quick	qk		quiet	qt
	question	qn		quickly	qy

表 5-2-25　高频词表 2-18

首字母	高频词	编码	首字母	高频词	编码
r	rub	rb	r	run	rn
	romantic	rc		radio	ro
	read	rd		relationship	rp
	rate	re		remember	rr
	relief	rf		religious	rs
	ring	rg		right	rt
	research	rh		review	rw
	risk	rk		relax	rx
	real	rl		really	ry
	room	rm			

表 5-2-26 高频词表 2-19

首字母	高频词	编码	首字母	高频词	编码
s	sea	sa	s	seem	sm
	suburb	sb		sign	sn
	specific	sc		so	so
	should	sd		stop	sp
	she	se		star	sr
	staff	sf		sometimes	ss
	something	sg		student	st
	such	sh		show	sw
	ski	si		six	sx
	speak	sk		say	sy
	still	sl			

表 5-2-27 高频词表 2-20

首字母	高频词	编码	首字母	高频词	编码
t	tea	ta	t	than	tn
	thumb	tb		to	to
	traffic	tc		top	tp
	toward	td		their	tr
	the	te		this	ts
	thing	tg		that	tt
	through	th		TV	tv
	think	tk		throw	tw
	tell	tl		tax	tx
	them	tm		they	ty

表 5-2-28 高频词表 2-21

首字母	高频词	编码	首字母	高频词	编码
u	understand	ud	u	undergo	uo
	use	ue		up	up
	understanding	ug		under	ur
	uh	uh		us	us
	until	ul		unit	ut
	uniform	um		usually	uy
	upon	un			

表 5-2-29　高频词表 2-22

首字母	高频词	编码	首字母	高频词	编码
v	via	va	v	version	vn
	valid	vd		video	vo
	value	ve		voter	vr
	voting	vg		various	vs
	vanish	vh		visit	vt
	visual	vl		view	vw
	victim	vm		very	vy

表 5-2-30　高频词表 2-23

首字母	高频词	编码	首字母	高频词	编码
w	web	wb	w	when	wn
	would	wd		who	wo
	we	we		wrap	wp
	wolf	wf		water	wr
	wrong	wg		witness	ws
	with	wh		what	wt
	work	wk		window	ww
	will	wl		way	wy
	whom	wm			

表 5-2-31　高频词表 2-24

首字母	高频词	编码	首字母	高频词	编码
y	yard	yd	y	yes	ys
	yourself	yf		yet	yt
	young	yg		you	yu
	yeah	yh		yellow	yw
	yell	yl		yesterday	yy
	year	yr			
z	zone	ze			

◎ 课后练习题

习题 1　高频词(按词频降序排列)(9 道)(高频词 01-09)

目标：第一阶段录入速度 300 字符/分钟，自第二阶段开始，每阶段提高 20 字符，直至录入速度达到 400 字符/分钟，准确率 100％。

习题 2　高频词(按字母顺序排列)(24 道)(高频词 10-33)

目标：同习题 1。

习题 3　高频词练习(11 道)(高频词练习 01-11)

目标：录入速度 300 字符/分钟，准确率 100％。

第一节
英汉分类名言

一、学习

He who will not learn when he is young will regret it when he is old. 少时不学，老来后悔。

If a man will not seek knowledge，it will not seek him. 你若不去找知识，知识不会来找你。

All successful men have an education. Some got it without going to school and some got it after going to school. 所有成功的人都受过教育。有些人是没有上学受的教育，有些人是离开学校后受的教育。

Reading without reflecting is like eating without digesting. 读而不思，犹如食而不化。

It is harder to conceal ignorance than to acquire knowledge. 掩盖无知要比学到知识更难。

No entertainment is so cheap as reading，nor any pleasure so lasting. 没有比读书更廉价的娱乐，也没有比读书更持久的欢愉。

二、艺术

The greatest artist was once a beginner. 最伟大的艺术家也曾经是一个初学者。

Painting is silent poetry，and poetry is a speaking picture. 画是无言的诗，诗是有声的画。

Great works are performed not by strength but by perseverance. 伟大作品的完成不靠气力靠毅力。

Artists who have won fame are embarrassed by it；thus their first works are often their best. 成名的艺术家往往被盛名所拘束，所以他们最早的作品往往是最好的。

三、时间

Fools look to tomorrow，and wise men use tonight. 愚人指望明天，智者利用今晚。

Wasting time is robbing oneself. 浪费时间就是掠夺自己。

Time is often said to be money，but it is more—it is life. 人们常说时间就是金钱，但不如说时间就是生命。

Those that make the best use of their time have none to spare. 充分利用时间的人不会有空闲。

四、友谊

As a man is，so is his company. 什么样的人就有什么样的朋友。

One enemy is too many ，and a hundred friends too few. 敌人一个也嫌多，朋友一百个也嫌少。

Friendships multiply joys，and divide grieves. 友谊能够添乐，也能够分忧。

A friend is a person with whom you dare to be yourself. 朋友是你敢于和他坦然相处的人。

That friendship will not continue to the end that is begun for an end. 出于某种目的的友谊不会长久。

五、智慧

Wisdom denotes the pursuing of the best ends by the best means. 智慧指的是用最好的方法谋取最好的结果。

Wisdom is in the head and not in the beard. 智慧在于有脑子，不在于有胡子。

To know oneself is wisdom；to forget oneself is folly. 自知之明是智慧，忘乎所以是愚蠢。

六、名声

Good fame is better than a good face. 好的名声胜于漂亮的面孔。

A good name is easier lost than won. 好的名誉很难得到，但是很容易失去。

A good deed is never lost. 好的事迹永不消逝。

He that leaves a name behind him does not die. 身后留名的人万世永存。

七、幸福

Blessed is the person who is too busy to worry in the daytime，and too sleepy to worry at night. 白天忙得没有时间发愁，夜里疲倦得来不及发愁的人真正有福。

Happiness lies first of all in health. 幸福首先在于健康。

Health and a good constitution are better than gold，and a good spirit than wealth without measure. 健康和好体格胜过财富，好的精神更是无价之宝。

八、哲理

Never fear shadows. They simply mean there's a light shining somewhere nearby. 永远不要害怕黑影。它只不过表示附近有光在照耀。

It is not the lofty sails but the unseen wind that moves the ship. 推动船的不是高大的帆，而是无形的风。

A ship in harbour is safe—but that is not what ships are for. 船泊在港中固然安全，可是这并非船的作用。

Only the person who has faith in himself is able to be faithful to others. 只有对自己有信念的人才能对别人守信用。

第二节
英汉分类词语

一、动物

bat 蝙蝠，bear 熊，beaver 河狸，buffalo 水牛，bull 公牛，calf 小牛，camel 骆驼，cat 猫，chimpanzee 黑猩猩，cow 母牛，deer 鹿，dog 狗，dolphin 海豚，donkey 驴，elephant 象，fox 狐，giraffe 长颈鹿，goat 山羊，gorilla 大猩猩，hedgehog 刺猬，hippopotamus 河马，hog 阉猪，horse 马，kangaroo 袋鼠，kitten 小猫，lamb 羔羊，leopard 豹，lion 狮，monkey 猴子，mouse 家鼠，mule 骡，orangutan 猩猩，otter 水

獭，ox 牛，panther，puma 美洲豹，pig，swine 猪，pony 矮马，rabbit 兔子，rat 鼠，reindeer 驯鹿，rhinoceros 犀牛，seal 海豹，sheep 羊，squirrel 松鼠，tiger 虎，walrus 海象，weasel 黄鼠狼，whale 鲸，wolf 狼，yak 牦牛，zebra 斑马

二、植物

flower 花，grass 草，cactus 仙人掌，camellia 山茶花，carnation 康乃馨，chrysanthemum 菊花，dahlia 大丽花，daisy 雏菊，jasmine 茉莉，lilac 丁香，lily 百合，magnolia 玉兰花，morning glory 喇叭花，narcissus 水仙花，orchid 兰花，pansy 三色堇，peony 牡丹，rose 玫瑰，tulip 郁金香，violet 紫罗兰，sunflower 向日葵，daffodil 黄水仙，pine 松，cedar 雪松，cone 松果，cypress 柏，bamboo 竹，poplar 白杨，willow 柳，birch 白桦，maple 枫，fir 冷杉，spruce 云杉，locust 洋槐，camphor tree 樟树，sandalwood 檀香木，elm 榆，oak 橡树，ginkgo 银杏树，holly 冬青，coco 椰树，beech 山毛榉，branch 树枝，twig 小树枝，bough 大树枝，knot 树节，trunk 树干，leaf 树叶，sprout 新芽，sapling 树苗

三、蔬菜

vegetables 蔬菜，asparagus 芦笋，bean 菜豆，beet，beetroot 甜菜，broad bean 蚕豆，cabbage 圆白菜、卷心菜，carrot 胡萝卜，cauliflower 菜花、花椰菜，celery 芹菜，chili 辣椒，chive 葱，cucumber 黄瓜，eggplant 茄子，French bean 法国菜豆，garlic 蒜，leek 韭菜，lentil 小扁豆，lettuce 莴苣，marrow 嫩葫芦，melon 甜瓜，mushroom 蘑菇，onion 洋葱，parsley 欧芹，pea 豌豆，pepper 胡椒，pimiento 甜椒，potato 马铃薯，pumpkin 南瓜，radish 萝卜，sweet potato 甘薯，tomato 西红柿，turnip 芜菁，yam 山药

四、水果

fruit 水果，apple 苹果，apricot 杏，banana 香蕉，cherry 樱桃，chestnut 栗子，date 枣，fig 无花果，grape 葡萄，hazelnut 榛子，lemon 柠檬，mango 杧果，orange 橙，peach 桃，peanut 花生，pear 梨，persimmon 柿子，pineapple 菠萝，plum 李子，pomegranate 石榴，strawberry 草莓，tangerine 柑橘，walnut 核桃，watermelon 西瓜

五、食品

food 食品，meat 肉，beef 牛肉，veal 小牛肉，lamb 羊肉，steak 牛排，chop 排骨，cutlet 肉条，stew 炖肉，roast 烤肉，pork 猪肉，ham 火腿，bacon 咸肉，sausage 香肠，chicken 鸡，turkey 火鸡，duck 鸭，fish 鱼，noodles 面条，macaroni 通心粉，broth 肉汤，milk 奶，cheese 奶酪，butter 奶油，bread 面包，crust 面包皮，crumb 面包心，egg 蛋，boiled eggs 水煮蛋，fried eggs 煎蛋，poached eggs 荷包蛋，scrambled eggs 炒鸡蛋，omelet 煎蛋卷，pastry 糕点，biscuits 饼干，ice cream 冰激凌，jam 果酱，marmalade 橘子酱，spices 调料，oil 油，salt 盐，vinegar 醋，sauce 酱油

六、气象

climate 气象，meteorology 气象学，atmosphere 大气，climate 气候，elements（风、雨等）自然力量，temperature 气温，season 季节，spring 春，summer 夏，autumn（fall）秋 ，winter 冬，frost 霜，hail 冰雹，snow 雪，thunder 雷，wind 风，mist 雾，cloud 云，haze 霾，rain 雨，shower 阵雨，downpour 暴雨，storm，tempest 暴风雨，lightning 闪电，hurricane 飓风，cyclone 旋风，typhoon 台风，whirlwind 龙卷风，gale 大风，gust of wind 阵风，breeze 微风，fog 浓雾，dew 露水，drought 干旱，humidity 潮湿，freeze 冰冻，snowflake 雪花

七、交通

traffic 交通，rush hour 高峰时间，traffic jam 交通堵塞，pedestrian 行人，private car 私人汽车，lorry 卡车，van 厢式货车，railway 铁路，track 轨道，train 火车，railway system，railway network 铁路系统，express train 特别快车，fast train 快车，through train 直达快车，stopping train，slow train 慢车，carriage 车厢，sleeping car，sleeper 卧车，dining car，restaurant car 餐车，berth，bunk 铺位，luggage van，baggage car 行李车，mail car 邮政车，railway station 火车站，station hall 车站大厅，booking office，ticket office 售票处，ticket-collector，gateman 收票员，platform 站台，platform ticket 站台票，waiting room 候车室，train attendant 列车员，guard，conductor 列车长，bus 公共汽车，double-decker bus 双层公共汽车，coach 大客车，taxi，taxicab 计程汽车、出租汽车，trolleybus 无轨电车，tramcar，streetcar 有轨电车，underground，tube，subway 地铁，stop 停车站，taxi stand 计程汽车车站，taxi driver，cab driver 出租车司机，conductor 售票员，ride 乘车，boat，ship 船，passenger liner 邮轮、客轮，cabin 船舱，hovercraft 气垫船，life buoy 救生圈，lifeboat 救生艇，life jacket 救生衣，first-class stateroom（cabin）头等舱，steerage 统舱，civil aviation 民用航空，aircraft，airplane 飞机，airliner 班机，airliner，passenger aircraft 客机，medium-haul aircraft 中程飞机，long-range aircraft 远程飞机，propeller-driven aircraft 螺旋桨飞机，jet 喷气飞机，by air，by plane 乘飞机，airline 航空线，boarding check 登机牌，airport 航空港，air terminal 航空集散站，tarmac 停机坪，air hostess，stewardess 空姐，女乘务员，steward 乘务员，aircraft crew，air crew 机组，机务人员，pilot 驾驶员，机长

八、城市

city 城市，metropolis 大都市，municipal 市的，市政的，district 区，residential area 住宅区，urban 市区的，suburb 近郊区，outskirts 郊区，slums 贫民窟，贫民区，village 村庄，hamlet 小村，house 房子，building 楼房，skyscraper 摩天楼，shop，store 商店，market 市场、集市，junk shop 旧货店，newsstand 报摊，town hall 市政厅，church 教堂，cathedral 大教堂，chapel 小礼拜堂，cemetery 墓地，school 学校，library 图书馆，theatre 剧院，museum 博物馆，zoological garden 动物园，fun fair 游乐园，stadium 体育场，art museum 美术馆，art gallery 画廊，botanical garden 植物园，monument 纪念碑，public telephone 公共电话，public lavatory 公共厕所，barracks 兵营，road 道路，street 街道，avenue 大街，boulevard 林荫大道，walk，promenade 散步路，ring road 环行路，alley 胡同，passageway，alleyway 过道，pavement 人行道，one-way street 单行线，intersection 交叉路口，traffic light 交通灯，corner 街角，block 街区，roadway 快车道，kerb 路边石，gutter 排水沟，sewer 下水道，hydrant 消火栓，pedestrian crossing 人行横道，arcade 过街楼，square 广场，pond 水池，fountain 喷泉，park 公园，garden 花园

九、旅行

journey，trip 旅行，tourism 旅游，pleasure trip 游览、漫游，business trip 商务旅行，itinerary，route 旅行路线，delay 延期，travel agency 旅行社，airline company 航空公司，traveller's cheque 旅行支票，ticket 票，single ticket 单程票，return ticket 往返票，fare 票价，half（fare），half-price ticket 半票，passage 票、票价，passengers 旅客，passport 护照，visa 签证，papers 证件，identity card 身份证，customs 海关，

tourist 旅游者，traveller 旅行者，hand luggage 手提行李，suitcase 提箱，small suit-case，valise 小提箱，trunk 大衣箱，travelling bag 旅行包，package 包裹，rucksack，pack，knapsack 背包，hotel 饭店、旅馆，motel 汽车旅馆，inn 小旅馆，hostel 旅社，boardinghouse 寄宿公寓，suite 套房，lobby 旅馆大厅，hotel register 旅馆登记簿，vacant room 空房，check-in 投宿，check-out 结账，reservation 房间预订，reception 接待，registration form 登记表，single room 单人房间，double room 双人房间，hotel manager 饭店经理，bellboy 侍者，chambermaid 清理房间的女服务员

十、购物

to go shopping 购物，shopping centre 商业中心区，department store 百货商店，children's goods store 儿童用品商店，antique shop 古玩店，second-hand store 旧货店，counter 柜台，stall，stand 售货摊，show window 橱窗，show case 玻璃柜台，shelf 货架，cashier's desk 收银处，price tag 标价签，fixed price 定价，discount 打折扣，change 零钱，to keep the bill 留发票，to wrap up 包装，free of charge 不收费，out of stock 售空，shop assistant，salesman 售货员，saleswoman 女售货员，glassware counter 玻璃器皿部，enamel ware 搪瓷器皿，haberdashery 男子服饰用品，confectionery 糖果糕点，cosmetics 化妆用品，stationery 文具，fabrics 纺织品，sports goods，athletic equipment 体育用品，sundries 零星物品，toilet articles 盥洗用品，towel 毛巾，handkerchief 手帕，toilet soap 香皂，shampoo 洗发香波，soap 肥皂，laundry soap 洗衣皂，soap powder 肥皂粉，soap flakes 皂片，medicated soap 药皂，detergent 洗衣粉，cleanser 去污粉，tooth paste 牙膏，tooth brush 牙刷，toilet mirror 梳妆镜，hair brush 发刷，cosmetics 化妆品，lipstick 口红、唇膏，face powder 粉，compact 粉盒，powder puff 粉扑，perfume，scent 香水，coat hanger 挂衣架，clothes-peg，clothes pin 晒衣夹，thermos bottle 热水瓶，water flask 水壶，lunch box，canteen 饭盒，thread 线，needle 针，button 纽扣，zipper 拉链，key-ring 钥匙圈，torch，flash-light 手电，bulb 灯泡，battery 电池，lock 锁，watch 表，wrist watch 手表，watch band 表带，watch chain 表链，clock 钟，alarm clock 闹钟，electric clock 电子钟，um-brella 雨伞，parasol，sun umbrella 太阳伞，knapsack 背包，handbag 女手提包，briefcase，portfolio 公文包，travelling bag 旅行包，suitcase 手提箱，trunk 大衣箱，magnifying glass 放大镜，binoculars 双筒望远镜，hot-water bottle 热水袋，lighter 打火机，jewelry，jewels 首饰，珠宝，jewel case 首饰盒，antique，curio 古玩，orna-ments 装饰品，ring，finger ring 戒指，necklace 项链，brooch 胸针，pendant 坠子，bracelet 镯子，chain bracelet 手链，ear ring 耳环，trinket 小饰物，safety-pin 别针，

cuff-link 袖扣，diamond 钻石，pearl 珍珠，imitation 仿制品，genuine 真的，fake 假的，baby's cot，crib 婴儿床，cradle 摇篮，diaper 尿布，perambulator 儿童车，rocking-horse 摇马，scooter 踏板车，child's tricycle 儿童三轮车，razor 剃刀，safety razor 保险剃须刀，electric razor 电剃须刀，razor blade 刀片，shaving brush 剃须刷，shaving cream 剃须膏，comb 梳子，hair-brush 发刷，hair pin 发夹，hair oil，brilliantine 发油，hair drier 吹风机，hair-curler 卷发夹，electric clippers，electric shears 电推子，nail scissors 指甲剪，nail clipper 指甲夹，nail file 指甲锉，nail varnish 指甲油

十一、服装

clothes 衣服，wardrobe 服装，clothing 服装，ready-made clothes 成衣，ready-to-wear 现成服装，men's wear 男服，women's wear 女服，underwear 内衣裤，garments 外衣，double-breasted suit 双排扣外衣，suit 男外衣，dress 女服，everyday clothes 便服，three-piece suit 三件套，uniform 制服，overalls 工装裤，formal dress 礼服，tailcoat 大礼服，evening dress 晚礼服，robe 长袍，overcoat 男式大衣，coat 女大衣，fur coat 皮大衣，dust coat 风衣，mantle，cloak 斗篷，sheepskin jacket 羊皮夹克，hood 风帽，scarf，muffler 围巾，shawl 大披巾，bathrobe 浴衣，nightgown，nightdress 女睡衣，pajamas 睡衣，pocket 衣袋，lapel 上衣翻领，sleeve 袖子，cuff 袖口，buttonhole 纽扣孔，shirt 衬衫，blouse 女衫，T-shirt 短袖圆领衫，vest 汗衫，polo shirt 球衣，sweater 运动衫，short-sleeved sweater 短袖运动衫，roll-neck sweater 高翻领运动衫，round-neck sweater 圆领运动衫，suit 套服，twinset 两件套，运动衫裤，kimono 和服，cardigan 开襟毛衣，mackintosh，raincoat 雨衣，trousers 裤子，jeans 牛仔裤，belt 裤带，skirt 裙子，divided skirt，split skirt 裙裤，underwear，underclothes 内衣裤，underpants，pants 内裤，briefs 短内裤，三角裤，panties 女短内裤，brassiere，bra 乳罩，corselet 紧身胸衣，waistcoat 背心，slip，petticoat 衬裙，girdle 腰带，stockings 长袜，socks 短袜，tights 紧身衣裤，handkerchief 手帕，bathing trunks 游泳裤，bathing costume，swimsuit 游泳衣，bikini 比基尼泳衣，apron 围裙，shoe 鞋，sole 鞋底，heel 鞋后跟，lace 鞋带，boot 靴子，slippers 便鞋，sandal 凉鞋，clog 木拖鞋，galosh，overshoe 套鞋，glove 手套，tie（necktie）领带，bow tie 蝶形领带，cap 便帽，hat 带沿的帽子，bowler hat 圆顶硬礼帽，top hat 高顶丝质礼帽，Panama hat 巴拿马草帽，beret 贝雷帽，broad-brimmed straw hat 宽边草帽，headdress 头饰，turban 头巾，veil 面纱，cotton 棉，silk 丝，wool 毛料，linen 麻，synthetic fabric 混合纤维，nylon 尼龙，cashmere 羊毛，patterns 花样，tartan plaid 格子花，dot 圆点花，stripe 条纹

十二、颜色

colour 颜色，pink 粉红色，salmon pink 橙红色，baby pink 浅粉红色，shocking pink 鲜粉红色，brown 褐色，beige 灰褐色，chocolate 红褐色，sandy beige 浅褐色，camel 驼色，amber 琥珀色，khaki 卡其色，maroon 褐红色，green 绿色，emerald green 鲜绿色，olive green 橄榄绿，blue 蓝色，navy blue 深蓝色，red 红色，scarlet 绯红、猩红，mauve 紫红，wine red 葡萄酒红，purple，violet 紫色，lavender 淡紫色，lilac 浅紫色，pansy 紫罗兰色，white 白色，off-white 灰白色，ivory 象牙色，snowy white 雪白色，oyster white 乳白色，gray 灰色

十三、教育

education 教育，primary education 初等教育，secondary education 中等教育，higher education 高等教育，school year 学年，term，semester 学期，curriculum 课程，subject 学科，class，lesson 上课，homework 家庭作业，exercise 练习，short course 短训班，seminar 研讨班，break 课间休息，to play truant 逃学、旷课，classmate，schoolmate 同学，pupil 小学生，student 学生，auditor 旁听生，scholarship 奖学金，teacher 教师，professor 教授，assistant 助教，president 校长，dean 教务长，laboratory assistant 实验员，beginning of term 开学，matriculation 注册，to take lessons（学生）上课，to teach（老师）上课，to study 学习，to learn by heart 记住、掌握，to revise 复习，test 考试，to take an examination 参加考试，oral examination 口试，written examination 笔试，question 问题，question paper 试卷，to pass an examination 通过考试，to repeat a year 留级，degree 学位，graduate 毕业生，to graduate 毕业，project，thesis 毕业论文，doctorate 博士学位，major 主修，minor 辅修，school 学校，kindergarten 幼儿园，infant school 幼儿学校，primary school 小学，secondary school 中学，university 大学，boarding school 供膳宿的学校，day school 走读学校，faculty 系，classroom 教室，staff room 教研室，assembly hall 礼堂，library 图书馆，playground 操场，desk 课桌，blackboard 黑板，chalk 粉笔，fountain pen 自来水笔，biro，ballpoint（pen）圆珠笔，pencil 铅笔，propelling pencil 自动铅笔，pencil sharpener 卷铅笔刀，ink 墨水，rubber，eraser 橡皮，ruler，rule 尺，a pair of compasses 圆规，set square 三角板，protractor 量角器

十四、体育

gymnastics 体操，gymnastic apparatus 体操器械，horizontal bar 单杠，parallel bars 双杠，weight-lifting 举重，weights 重量级，boxing 拳击，Greece-Roman wrestling 古典式摔跤，judo 柔道，fencing 击剑，winter sports 冬季运动，skiing 滑雪，ski 滑雪板，downhill race 速降滑雪赛、滑降，ice skating 滑冰，figure skating 花样滑冰，roller skating 滑旱冰，race 赛跑，middle-distance race 中长跑，long-distance runner 长跑运动员，sprint（dash）短跑，the 400 metre hurdles 400 米栏，marathon 马拉松，decathlon 十项全能，cross-country race 越野赛跑，high jump 跳高，long jump（broad jump）跳远，triple jump，hop step and jump 三级跳，pole vault 撑竿跳，throwing 投掷运动，putting the shot，shot put 推铅球，throwing the discus 掷铁饼，throwing the hammer 掷链锤，throwing the javelin 掷标枪，football 足球，rugby 橄榄球，basketball 篮球，volleyball 排球，tennis 网球，baseball 垒球，handball 手球，hockey 曲棍球，golf 高尔夫球，cricket 板球，ice hockey 冰球，to score a goal 射门得分，swimming pool 游泳池，swimming 游泳，medley relay 混合泳，crawl 爬泳，breaststroke 蛙式，backstroke 仰式，freestyle 自由式，butterfly stroke 蝶泳，diving competition 跳水，water polo 水球，water skiing 水橇，rowing 划船，canoe 划艇，boat race 赛艇，yacht 游艇，sailing 帆船运动，tennis 网球运动，racket 球拍，cut 削球，smash 抽球，jump smash 跃起抽球，spin 旋转球，game 局，set 盘

十五、医学

doctor 医生，physician 内科医师，pediatrician 儿科医师，gynecologist 妇科医师，psychiatrist 精神病学专家，ophthalmologist, oculist 眼科专家，dentist 牙科医师，surgeon 外科医师，anesthetist 麻醉师，nurse 护士，hospital 医院，clinic 诊所，sanatorium 疗养院，hygiene 卫生，to get vaccinated 接种，sick person，patient 患者，pain 疼痛，disease 疾病，ulcer 溃疡，wound 伤口，lesion 损害，injury 损伤，pimple 丘疹，blister 水疱，scar 疤痕，chilblain 冻疮，bruise 挫伤，bump 肿，swelling 肿胀，sprain，twist 扭伤，fracture 骨折，symptom 症状，diagnosis 诊断，case 病例，incubation 潜伏，epidemic 流行病，contagion 传染，fever 发热，attack，access，fit 发作，coughing fit 咳嗽发作，to sneeze 打喷嚏，faint，fainting fit 晕厥，to feel sick 恶心，to lose consciousness 失去知觉，coma 昏迷，treatment 治疗，cure 治愈

十六、文学

classical literature 古典文学，contemporary literature 现代文学，popular literature 大众文学，light literature 通俗文学，folklore 民间文学，novel 长篇小说，short story 短篇小说，love story 爱情小说，detective story 侦探小说，humorous story 幽默小说，historical novel 历史小说，essay 随笔，book of travels 游记，reportage 报告文学，criticism 评论，best seller 畅销书，anthology 选集，the complete works 全集，edition，printing 版，masterpiece 杰作，copyright 版权、著作权，deluxe binding 精装，flat stitching 平装，writer 作家，book 书，volume 卷，theatre 戏剧 ，drama 话剧，comedy 喜剧，tragedy 悲剧，farce 滑稽剧，play 剧本，playwright 编剧，act 幕，scene 场，plot 情节，intrigue 错综复杂的剧情，story 故事，episode 逸事，ending，denouement 结局，poetry 诗歌，poet 诗人，poem 诗，epic poetry 史诗，epopee 叙事诗，ode 颂歌，sonnet 十四行诗，verse，stanza（诗）节，line（诗）行，rhyme 韵脚、押韵，metrics 韵律学、格律学，prose 散文，novel 小说，biography 自传，allegory 寓言，science fiction 科幻小说，satire 讽刺诗，essay 杂文，composition 学术著作，rhetoric 修辞学，oratory 讲演术，declamation 朗诵技巧，improvisation 即席讲演，criticism 批判主义，critic 批评家

第三节
汉语练习材料

一、句子

①学习要广然后深，博然后专。
②兴趣和好奇心是学习的重要动力。
③要想知识渊博，就要读万卷书，行万里路。
④要学好任何东西，需要用心、耐心、细心、决心、信心、恒心。
⑤要保证足够的高质的睡眠。这样才能维持身体各项机能正常运转。
⑥治病不如防病，药疗不如食疗，疗身不如疗心，人疗不如自疗。
⑦修养身心，动静结合，养身在动，养心在静。作息时间规律，多动少吃早睡；

养成良好习惯，有益身体健康。

⑧饮食不宜过饱，但要注意全面均衡的营养搭配。应多食用低糖、低盐、高碳水化合物、高蛋白的食物，尽量少吃辛辣、油炸的食品。

⑨好的教师能够引发学生的兴趣，指出学习的重点，让学生掌握学习的方法。

⑩基础的东西应该在学校里学习，应用的东西应该在工作实践中学习。

⑪语言不仅仅是工具，语言本身就承载了丰富的文化信息。

⑫语言是人类的民族的标志，也是个人的标志。

⑬语言的熟练掌握需要千百次的反复应用，不能速成。

⑭世界语是国际普通话，它的推广非常有利于国际间的交往和信息传播。

⑮汉语双声词是声母相同的联绵字，如叮当、乒乓、琵琶、尴尬、荆棘、踌躇、仿佛、慷慨、玲珑、犹豫等。

⑯汉语叠韵词是韵母相同的联绵字，如当啷、轰隆、夯拉、灿烂、蜿蜒、苍茫、朦胧、邋遢、啰唆、缥缈等。

⑰旅游是一项很好的户外活动，它能使人心胸开阔，心旷神怡，对于调节人的心理状态具有很好的作用。

⑱公园内，海棠花、桃花、连翘、榆叶梅等花竞相开放，前来赏花拍照的游人川流不息。

⑲经济的发展，推动着人类的进步，发展越好的大城市，意味着生活成本相对来说会越高。全世界生活成本最高的城市是香港、新加坡和巴黎。

⑳康多兀鹫是飞行鸟类中的巨人，两翅展开达 5 米宽，它是世界上最大的猛禽，还是地球上飞得最高的鸟类，最高时可以飞到 8500 米。

二、谚语

①笑一笑，十年少。

②笑口常开，青春常在。

③药补食补，不如心补。

④早吃好，午吃饱，晚吃巧。

⑤每餐留一口，活到九十九。

⑥吃得慌，咽得忙，伤了胃口害了肠。

⑦铁不冶炼不成钢，人不运动不健康。

⑧千保健，万保健，心态平衡是关键。

⑨吃米带点糠，营养又健康。

⑩三天不吃青，两眼冒金星。

⑪饭前喝汤，胜过药方。

⑫一日三枣，长生不老。

⑬夏天一碗绿豆汤，解毒去暑赛仙方。

⑭大蒜是个宝，常吃身体好。

⑮锻炼要趁小，别等老时恼。

⑯刀闲易生锈，人闲易生病。

⑰最好的医生是自己，最好的运动是步行。

⑱饭后百步走，活到九十九。

⑲要得腿不老，常踢毽子好。

⑳要得腿不废，走路往后退。

㉑心灵手巧，动指健脑。

㉒汗水没干，冷水莫沾。

㉓常把舞来跳，痴呆不会到。

㉔常打太极拳，益寿又延年。

㉕中午睡觉好，犹如捡个宝。

㉖冬睡不蒙头，夏睡不露肚。

㉗吃好睡好，长生不老。

㉘经常失眠，少活十年。

㉙一夜不睡，十夜不醒。

㉚热水洗脚，如吃补药。

㉛冷水洗脸，美容保健。

㉜戒烟限酒，健康长久。

㉝饭后一支烟，害处大无边。

㉞青蛙叫，大雨到。

㉟云低要雨，云高转晴。

㊱雷轰天边，大雨连天。

㊲炸雷雨小，闷雷雨大。

㊳急雨易晴，慢雨不开。

㊴半夜东风起，明日好天气。

㊵朝霞不出门，晚霞行千里。

㊶雷公先唱歌，有雨也不多。

㊷满天乱飞云，雨雪下不停。

㊸天色亮一亮，河水涨一丈。

㊹雨后刮东风，未来雨不停。

㊹日落胭脂红，非雨便是风。

㊻西北起黑云，雷雨必来临。

㊼有雨山戴帽，无雨山没腰。

㊽有雨天边亮，无雨顶上光。

㊾风大夜无露，阴天夜无霜。

㊿天上乌云盖，大雨来得快。

○51喜鹊枝头叫，出门晴天报。

○52久雨闻鸟鸣，不久即转晴。

○53先雷后刮风，有雨也不凶。

○54久晴大雾阴，久雨大雾晴。

○55天上鱼鳞斑，晒谷不用翻。

○56不挑担子不知重，不走长路不知远。

○57不当家不知柴米贵，不生子不知父母恩。

○58打柴问樵夫，驶船问艄公。

○59宁可做过，不可错过。

○60耳听为虚，眼见为实。

○61百闻不如一见，百见不如一干。

○62人行千里路，胜读十年书。

○63药农进山见草药，猎人进山见禽兽。

○64一等二靠三落空，一想二干三成功。

○65光说不练假把式，光练不说真把式，连说带练全把式。

○66一天不练手脚慢，两天不练丢一半，三天不练门外汉，四天不练瞪眼看。

三、绕口令

①板凳宽，扁担长。
扁担没有板凳宽，
板凳没有扁担长。
扁担要绑在板凳上，
板凳不让扁担绑在板凳上，
扁担偏要扁担绑在板凳上。
板凳偏不让扁担绑在板凳上。

②一位爷爷他姓顾，

上街打醋又买布。

买了布，打了醋，

回头看见鹰抓兔。

放下布，搁下醋，

上前去追鹰和兔，

飞了鹰，跑了兔。

打翻醋，醋湿布。

③蜜蜂酿蜂蜜，

蜂蜜养蜜蜂。

蜜养蜜蜂蜂酿蜜，

蜂酿蜂蜜蜜养蜂。

四、对联

①庙小无僧风扫地　　天高有佛月点灯

②独览梅花扫腊雪　　细睨山势舞流溪

③喜居宝地千年旺　　福照家门万事兴

④一帆风顺年年好　　万事如意步步高

⑤春满人间百花吐艳　　福临大院四季常安

五、短文

①外事翻译要承担外交会谈、会见、磋商、对话、谈判及国际会议的翻译工作，承担中、外领导人出访、来访的参观、游览、购物、观看演出等一切活动的翻译工作。翻译内容范围广泛，包罗万象。

②称谓是为了表明人们之间的社会关系而产生的，它区分了人们在社会关系中所扮演的不同角色。称谓广义上可以指名称；狭义上指人交往当中彼此的称呼，这种称呼通常基于血缘关系、职业特性、宗教信仰、社会地位等因素，有时也可以指人的姓氏、名字。很多民族如汉族对表达同一含义的称谓分为尊称、谦称、雅称、昵称、别称等多种形式。不同场合，对于同一人的称谓不同。

③段落是文章的缩影。写好了段落就能比较成功地写出较好的文章。进行段落层次上的写作训练是写好文章的关键一环。主题句通常放在段落的开端，其特点是开门见山地摆出问题，然后加以详细说明。其作用是使文章的结构更清晰，更具说服力，便于读者迅速地把握主题和想象全段的内容。主题句也可以放在段中起到承上启下的

作用，或放在段尾起概括全段的作用。文章的开头很重要，因为好的开头可以吸引读者、抓住读者的注意力。同样，文章的结尾也很重要，好的结尾会使读者对全文的中心思想留下深刻的印象，可以增添文章的效果和说服力，让人深思，回味无穷。

④最早人们以人力、畜力作为交通工具，后来人类的交通工具不断发展，从自行车、火车、汽车等，发展到如今的高铁、飞机。以前使用的交通能源也从主要的燃煤、燃油，发展到今天以电为动力的新型交通能源。而且在全球绿色环保的大势下，越来越多的国家注重减少不可再生能源的消耗，大力推崇新能源交通工具的研发和使用。

⑤辞书编纂需要创新。除了词典，还应该重视句典的编纂与研究。学习一门语言，学习句子的重要性并不亚于学习词语，甚至可以说更为重要。因此，收集句子的句典和收集词语的词典同样具有很高的实用价值。句典是编者精心挑选出的具有示范性、启发性和备用性的典型句子。句典具有较强的可读性，兼顾检索性。因此它既可以作为工具书供检索查阅、解难释疑，又可以供有选择的系统阅读，作为课堂教学的材料使用。

⑥古代就有旅行，中国是世界文明古国之一，旅行活动的兴起居世界前列，早在公元前 22 世纪就有了。当时最典型的旅行家是大禹，他为了疏浚江河，游历了大好河山。之后是春秋战国时的老子、孔子。老子传道，骑青牛西去。孔子讲学周游列国。汉时张骞出使西域，远至波斯，即现在的伊朗和叙利亚。唐时玄奘取经到印度，明朝郑和七下西洋，远至东非海岸。此外，大旅行家徐霞客写了著名的游记。

⑦联合国世界粮食计划署发布报告称，2018 年非洲和亚洲等 53 个国家和地区，有约 1.13 亿人因纷争和干旱等引发的食物短缺处于饥饿状态。人数比 2017 年的约 1.24 亿人略有减少，但连续 3 年超过 1 亿人，报告指出造成自然灾害的全球气候变暖也是一个重要原因。

⑧要学好英语，首先要有足够的信心，坚信英语是可以学好的。有了信心，还必须有决心。要学好英语不容易，必须准备花大力气、下苦功夫。信心与恒心是学好英语的必要条件。只有相信自己能够成功的人，才会有无穷的动力。兴趣是最好的老师，爱上英语才能学好英语。入门阶段要将基础打扎实。要勤用眼、勤用耳、勤用嘴、勤用手、勤用脑。入门阶段的词汇是基本词，必须通过一两年的学习和练习才能真正掌握。入门阶段应该以语音和语法为重点。入门阶段先要练语音，还要结合基本语法，基本词形变化，反复操练基本句型。入门阶段听说的能力首先是听懂别人问题以及向别人提问题的能力。能学会以不同问句形式，以不同人称，不同时态、语态，问清时间、地点、原因等，并能流利作答，是入门阶段最大的成就。听说训练要由浅入深，循序渐进。先从日常生活开始，逐步扩大题材。

⑨在人类文明的几千年进程中，世界各国留下了许多闪烁着智慧光芒的名言和警句。无数影响世界的人物、无数叱咤风云的精英、无数学贯中西的智者，通过他们的

话语，呈现了他们的广阔的视野和渊博的学识。名人名言总结了各界精英宝贵的人生经验，荟萃了智者、学人千锤百炼的智慧结晶。这笔宝贵的精神财富是历代仁人志士的思想精华，是人类文化的优秀遗产，一直被广为传诵。名言都具有真知灼见。无论是治国大事、营商心得、经验之谈、成功诀窍，还是为人处世，这些话语片段都为我们提供了非常具有价值的参考。名言是励志解惑、增长见识、陶冶情操的智慧宝库。这些话语往往言简意赅、隽永清新、内涵丰富、意味深长，它们都具有真知灼见。徜徉其间，反复品味，常常能发人深省。

名言多出自古今中外著名的哲学家、思想家、政治家、科学家、文学家、艺术家以及其他领域的著名人物。这些语句有些是他们丰富经验的总结，有些是他们奋斗生活的写照，有些生动地反映了他们高尚的情操和卓越的见识，有些反映了事物的客观规律。名言所涉及的内容覆盖面很广，包括人生哲理、为人处世、学习生活、思想方法、工作方法、健康之道、交友择偶、修养策略等各个领域。人们可以从这些充满智慧的名言中领略人生的真谛与价值，树立正确的处世态度，善待生活中所面临的各种问题，汲取积极进取的力量，鞭策和激励自己的学习、工作和生活，使人明确目标，掌握方法，振奋精神，不断进取。

⑩中华民族包括汉族、满族、蒙古族、回族、藏族、维吾尔族、苗族、彝族、壮族、布依族、侗族、瑶族、白族、土家族、哈尼族、哈萨克族、傣族、黎族、傈僳族、佤族、畲族、高山族、拉祜族、水族、东乡族、纳西族、景颇族、柯尔克孜族、土族、达斡尔族、仫佬族、羌族、布朗族、撒拉族、毛南族、仡佬族、锡伯族、阿昌族、普米族、朝鲜族、塔吉克族、怒族、乌孜别克族、俄罗斯族、鄂温克族、德昂族、保安族、裕固族、京族、塔塔尔族、独龙族、鄂伦春族、赫哲族、门巴族、珞巴族、基诺族，共 56 个民族。

⑪很多鸟类具有沿纬度季节迁移的特性，夏天的时候这些鸟在纬度较高的温带地区繁殖，冬天的时候则在纬度较低的热带地区过冬。夏末秋初的时候这些鸟类由繁殖地往南迁移到度冬地，而在春天的时候由度冬地北返回到繁殖地。这些随着季节变化而南北迁移的鸟类称为候鸟。影响鸟类迁徙的因素有很多，其中既有外在的气候、日照时间、温度、食物等因素，也有鸟类内在的生理因素。在纬度较低的热带、亚热带地区候鸟较少而留鸟较多，而在中高纬度地区候鸟较多而留鸟较少。其主要原因低纬度地区气候变化较小，每年间各项气候指数相对稳定；而中高纬度地区季节鲜明气候变化较大。温度不仅仅影响了鸟类本身的感受同时也会影响鸟类的食物来源，当高纬度地区温度降低时，鸟类便会随之迁徙。相当一部分候鸟，每年开始迁徙时间非常稳定，这与日照时间有关，当日照时间达到一定长度之后，会触发鸟类体内的某种反应机制，诱发其迁徙行为。食物状况是影响鸟类迁徙一个重要因素，由于鸟类是恒温动物，本身对环境温度的变化较不敏感，因而温度因素对鸟类迁徙的影响主要就是通过

食物来实现的，温度降低不仅食物本身的活动停止，而且鸟类的觅食活动也受到很大限制，这一因素迫使鸟类开始迁徙。

⑫符号是人们共同约定用来指称一定对象的标志物，它可以包括以任何形式通过感觉来显示意义的全部现象。在这些现象中某种可以感觉的东西就是对象及其意义的体现者。符号形式简单，种类繁多，来源于规定或者约定成俗。符号与被反映物之间的这种联系是通过意义来实现的。符号总是具有意义的符号，意义也总是以一定符号形式来表现的。符号的建构作用就是在知觉符号与其意义之间建立联系，并把这种联系呈现在我们的意识之中。

⑬语音是指人类通过发音器官发出来的、具有一定意义的用来进行社会交际的声音。人类的语言首先是以语音的形式形成，世界上有无文字的语言，但没有无语音的语言，语音在语言中是第一位的，起决定性的作用。语音即语言的声音，是语言符号系统的载体。它由人的发音器官发出，负载着一定的语言意义。语言依靠语音实现它的社会功能。语言是音义结合的符号系统，语言的声音和语言的意义是紧密联系着的，因此，语音与一般的声音有本质的区别。语音是人类发音器官发出的具有区别意义功能的声音，语音是最直接地记录思维活动的符号体系，是语言交际工具的声音形式。语音和语义的联系是人们在长期的语言实践中约定的，这种音义的结合关系体现了语音有重要的社会属性。

⑭略语是语言中经过压缩和省略的词语。为了方便，人们常把形式较长的名称或习用的短语化短，成为略语。可分为简称和数字略语。简称是较复杂的名称的简化形式，与全称相对而言的。简称本来是全称的临时替代，在正式场合往往要用全称。但是有些简称经长期使用，形式和内容都固定了，便转化为一般的词，全称反而很少使用了，如"地铁""空调"等。一些习用的联合短语，选择其中各项的共同语素加上短语包含的项数即构成数字略语，如"陆军、海军、空军"简称"三军"。

⑮作者去过美国的东西南北，经历了风霜雨雪、冬去春来，行程数万公里，乘坐飞机、火车、汽车、轮船，足迹遍布太平洋沿岸美国西部的加利福尼亚州、俄勒冈州、华盛顿州，大西洋沿岸美国东部的马萨诸塞州、康涅狄格州、纽约州、新泽西州、宾夕法尼亚州、马里兰州、弗吉尼亚州、华盛顿哥伦比亚特区，墨西哥湾沿岸美国南部的得克萨斯州、路易斯安那州，美国中部和北部湖泊、山川、荒漠地区的伊利诺伊州、南达科他州、蒙大拿州、爱达荷州、怀俄明州、科罗拉多州、亚利桑那州、犹他州、内华达州，包括了美国大部分的主要地区。作者到过美国的特大都市、中小城镇、乡村、牧场、原野、荒漠、森林、海滨、湖泊、瀑布、峡谷，参观学校、医院、图书馆、博物馆、蜡像馆、纪念馆、民俗村、家庭住宅、私家房车、周末市场、书市、展销会、城市公园、广场、游乐场、体育场、剧场、会议中心、议会大厦、市政厅、邮局、书店、教堂、农场、工厂、环球影城、航空母舰、国家公园、名胜古迹、野生动物园、

水族馆，到过机场、车站、旅店、公寓、银行、商场、餐馆，听过多种讲座，出席各种文化活动，参加音乐会、家庭聚会，看过婚礼、街头杂耍、美洲印第安人的舞蹈欢聚庆典，与当地人交流，目睹了真实的美国社会。

⑯吸烟对人体所有器官均会产生损害，吸烟可能导致人类的任何疾病。吸烟引起的死亡超过任何疾病或瘟疫。烟草是全人类的最大杀手。当一支烟被点燃，"烟魔"就立刻张开了血盆大口，肆意地吞噬周围所有人的生命。此时此刻，面目狰狞的"死神"也开始悄悄地收网，一步步地逼近所有主动和被动吸烟的人。吸烟严重摧毁健康。每年死于吸烟相关疾病的人数达 140 万，远远超过因艾滋病、结核病、疟疾和伤害所导致的死亡人数的总和。吸烟是继战争、饥饿和瘟疫之后，对人类生存的最大威胁。吸烟不仅害己，而且害人。二手烟造成成年人罹患心血管疾病、癌症、呼吸道疾病，引发儿童肺炎、哮喘、中耳炎，影响儿童智力发育。二手烟增加了环境中镉的含量，减少体内维生素 C 的含量，削弱免疫系统的功能。不抽烟但吸入二手烟雾者，伤害眼睛、咽喉、皮肤和听力。三手烟是在室内吸烟时烟雾释放出来的物质留存在空间，所含的有毒成分包括多种高度致癌的化合物。残留在衣服和家具上的烟味能被皮肤吸收。污染可导致香烟的残留气味滞留数天甚至数月。即使到室外吸烟，残留物依然会附着在吸烟者的皮肤和衣物上，回到室内会蔓延到各处，使人体细胞引起基因突变，造成癌症和其他多种疾病。吸烟使人咳嗽气喘、血流不畅、口臭痰多、嗅觉不灵、味觉迟钝、肺部发黑、面色如灰、手指焦黄、皮肤粗糙。吸入二手烟、三手烟的无辜受害者被动吸烟后，身体受到严重伤害，比较敏感的人会立刻感到头晕头痛、四肢发麻、血压升高、心跳加快、呼吸艰难——不仅当时异常难受，过后继续痛苦异常，有时甚至持续多时，彻夜难眠，完全无法让人忍受。吸烟造成大量人员死亡。吸烟会大大缩短人的寿命。许多人死于吸烟而不自知。因为被动吸烟这个原因，成千上万的婴儿猝死在摇篮里。活生生的幼小生命就这样惨遭扼杀。这是血的事实！烟害确确实实是洪水猛兽，烟害不折不扣是人类的头号杀手。吸烟大大缩短了无数人的寿命。各大医院人满为患，病因绝大多数与直接和间接的吸烟相关。一百多年以前，鸦片使中国人身体虚弱，中国人被蔑称为"东亚病夫"。近几十年来，世界各国的吸烟人数在不断下降，而中国吸烟人数却有增无减。观念决定习惯，习惯决定命运。这不仅是个人与家庭的命运，更加是民族与国家的命运。

⑰火灾发生时，一定要冷静地面对。假如火灾初起时就被发现，可趁火势很小之际，用灭火器、自来水等灭火工具在第一时间去扑救，同时还应呼喊周围人员出来参与灭火和报警。如有多人灭火，应进行分工，一部分人负责灭火，另一部分人清除火焰周围的可燃物，防止、减缓火势蔓延。逃生开门前应先触摸门锁。若门锁温度很高，则说明大火或烟雾已封锁房门出口，此时切不可打开房门。应关闭房内所有门窗，用毛巾、被子等堵塞门缝，并泼水降温。同时利用通信工具向外报警。若门锁温度正常

或门缝没有浓烟进来，说明大火离自己尚有一段距离，此时可开门观察外面通道的情况。开门时要用一只脚抵住门的下框，以防热气浪将门冲开。在确信大火并未对自己构成威胁的情况下，应尽快逃出火场。通过浓烟区时，要尽可能以最低姿势或匍匐姿势快速前进，并用湿毛巾捂住口鼻。

高层建筑发生火灾，首先要冷静地观察火情和环境，迅速分析判断火势趋向和灾情发展的可能，理智地做出果断决策。万万不可留恋火场中的财物而长时间逗留，抓住有利时机，选择合理的逃生路线和方法，争分夺秒地逃离十分危险的火灾现场。火场逃生要迅速，动作越快越好，但是，千万不要轻易乘坐普通电梯。因为发生火灾后，都会断电而造成电梯"卡壳"，这样逃生者会被困在电梯中，反而处于更危险的境地，给救援工作增加难度；另外，电梯口直通大楼各层，火场上烟气涌入电梯井，人在电梯里随时会被浓烟毒气熏呛而窒息。火灾中切记千万不可钻到床底下、衣橱内、阁楼上躲避火焰或烟雾。因为这些都是火灾现场中最危险的地方，而且又不易被消防人员发觉，难以获得及时的营救。在得不到及时救援，又身居楼层较高的情况下切不可盲目跳楼，可用房间内的床单、被里、窗帘等织物撕成能负重的布条连成绳索，系在窗户或阳台的构件上向楼下滑去，也可利用门窗、阳台、落水管等逃生自救。除了拨打手机之外，也可从阳台或临街的窗户向外发出呼救信号，比如向楼下抛扔沙发垫、枕头和衣物等软体信号物。夜间则可用打开手电、应急照明灯等方式发出求救信号，帮助营救人员找到确切目标。

⑱国际社交场合，服装大致分为便服与礼服。服装的种类、样式、花色千差万别，因场合不同，季节变化，个人爱好而在穿着上有所差异。从原则上讲，正式的、隆重的、严肃的场合穿着深色礼服，一般场合则可着便服。

男士小礼服为全白色或全黑色西装上衣，衣领镶有缎面，腰间仅一粒纽扣，下衣为配有缎带或丝腰带的黑裤。系黑色领结，穿黑皮鞋。穿着这种礼服一般为参加晚六时以后举行的晚宴、音乐会、剧院演出等活动。大礼服为黑色或深蓝色上装，前摆齐腰剪平，后摆剪成燕尾样子。翻领上镶有缎面。下衣为黑或蓝色配有缎带、裤腿外面有黑丝带的长裤，系白色领结。配黑色皮鞋黑丝袜、白色手套。

女士的服装种类、样式花色繁多，日常均穿着便服。礼服也可分为常礼服、小礼服和大礼服等。常礼服为质料、颜色相同的上衣与裙子，可戴帽子与手套。小礼服为长至脚背而不拖地的露背式单色连衣裙式服装。大礼服则为一种袒胸露背的单色拖地或不拖地的连衣裙式服装，并佩戴颜色相同的帽子，长纱手套及各种头饰、耳环、项链等首饰。

相当数量的国家规定民族服装为礼服，在国庆、民族节日等重大庆典和最隆重场合穿着，其他正式场合穿着西装。最隆重的场合应穿着严肃、大方的礼服。如国家庆典仪式、国宴、国家领导人接见、国王登基、国家元首任职、元旦国家领导人团拜、大使递交国书、授勋等。乘汽车、火车、轮船、飞机旅行，可穿便装。但如在登机、上车以前，或下机、下车以后，有迎送仪式，则应考虑更换服装。迎送仪式应着礼服。任何服装均应注意清洁、整齐、挺直。衣服应烫平整，裤子烫出裤线。衣领袖口要干净，皮鞋要上油擦亮。

⑲人生，方向比努力更重要。人的生命之旅就像一次远行，每个人都渴望在自己人生之路上获得成功，到达理想的彼岸。要学会做事，做自己力所能及的事，按照正确的方法做事。用心做事才能把一件事情做好。用心做事就是用自己的真心、诚心、良心去做事。要提升自主管理能力，包括制订计划、合理安排时间、养成良好的学习习惯和生活习惯。

习惯是积久养成的生活方式。任何一种行为只要不断地重复，就会成为一种习惯。良好的习惯是步向成功的钥匙。好习惯一旦形成，就具有很强的稳定性。不同的习惯造就不同的人生。养成良好的习惯，就掌握了达到目标的技巧，它将贯穿成功人生的始终。

从小事做起是一种良好的习惯，也是一种正确的心态，不好高骛远，懂得"千里之行，始于足下"，明白成功得来不易，需要长时间的坚持不懈，遇到挫折不气馁。只要每天进步，就能获得成功。

认真对待自己的工作和生活。要重视健康，注意饮食，加强锻炼，善于休息，睡眠良好。锻炼贵在持之以恒，作息贵在养成规律。

心理健康也很重要，要有良好的自我意识，对自己适合做什么，有什么潜力，要有正确的认识。要能够坦然面对现实，既有理想，又能正确对待生活中的挫折。保持正常的人际关系，有较强的情绪控制力，能保持情绪稳定与心理平衡，对外界的刺激反应适度，行为协调。处事乐观，满怀希望，始终保持积极向上的进取态度。能理性地分析、客观看待与自己有利害关系的事情。遇到一件事，如果喜欢它，就享受它；不喜欢，就避开它；避不开，就改变它；改不了，就接受它；接受不下，就处理它；难以处理，就放下它。给自己迂回的空间，学会等待，学会调整。热爱生活，珍惜生命。

习惯的力量是巨大的，它是成功不可或缺的催化剂；好习惯让人更有效率、更有条理。做任何事情，都善始善终。良好生活习惯会使人终身受益。保持整洁。有条不紊，避免浪费时间，尽量把精力集中在重要的事情上。行事不要过分仓促，不要受情绪左右。保持快乐的心态。心理承受能力很重要，坚强的人对生活充满信心和希望，这样才能接受人生的各种挑战，把握人生的各种机遇。

培养业余爱好。在繁忙和紧张的学习、工作之余，从事一些自己感兴趣的业余活动，对于调养心情、消除疲劳是很有好处的。

我们一方面要注意培养良好习惯，另一方面要注意防止养成坏的习惯。吸烟、酗酒、赌博等恶习危害极大，害人害己，一旦形成，难以摆脱，危害终生，必须远离。若已沾染，一定要及早痛下决心戒除。

⑳目标是灯塔，一个人如果没有生活的目标，就只能在人生的征途上徘徊，难以到达理想的彼岸，生活就显得平庸、乏味、无聊，就可能滋生各种有害健康的恶习。人生需要追求的东西有很多，但由于受到生活环境层次、社会文化情景层次和个人实际条件等主、客观因素的限制，往往是"鱼和熊掌不可兼得"。这就要求我们在现实生活中确定明确的目标。

要珍惜时间。只有珍惜时间才能学到更多的知识。莎士比亚说："抛弃时间的人，时间也抛弃他。"时间是由分秒积累而成的，善于利用零星时间的人，才会做出大的成绩。节约时间，实际上是使时间的利用更有效。时间浪费有两种形式，一是有时间而未加利用；二是做事拖拉，学习、工作中效率不高。应该尽量避免这两种情况。要准时。上课、约会不要迟到。要尽力保持良好状态。学习、工作时专注，休息、娱乐时放松，做到张弛有度。

㉑人际交往是我们生活的一部分，贯穿生命的始终。要学会与人相处，互帮互助，共同进步；要学会关心别人，主动帮助别人，要善于和他人沟通，与人交往要礼貌、诚信，要学会尊重别人。良好的人际交往，能让我们掌握更多的社会信息。良好的人际交往能力也是将来在社会立足的生存需要。要使人际关系和谐，需要注意以下方面。

尊重。尊重包括自尊和尊重他人。只有尊重别人才能得到别人的尊重。

真诚。只有诚以待人，才能产生感情的共鸣，才能收获真正的友谊。

宽容。人际交往中，难免会产生不愉快的事情，甚至产生矛盾冲突，这时候要学会宽容。

倾听。在与别人交流的时候，仔细认真地听别人说话，就能准确地理解和领会别人想要表达的思想，以及说话的目的，这样就能很好地与人交流和沟通。

理解。理解是成功的人际交往的必要前提。理解就是我们能真正地了解对方的需要，并能设身处地关心对方。

平等。与人交往应做到一视同仁，不能因为家庭背景、地位、职权等方面原因而对人另眼相看。

信用。要守信，要取信于人，言行一致，说到做到。言必信，行必果。与人约会要守时。

互利。人际交往是双向互动。在交往的过程中，双方应互相关心、互相爱护，考虑双方的共同利益。

要有与他人交往的愿望，珍视友情，尊重他人，助人为乐，与人为善。在人际交往中应了解并遵循人际交往的原则：平等待人是人际交往的前提，诚实守信是人际交往的基石，宽容谦让是人际交往的黏合剂，互利互惠是人际交往的润滑剂。

㉒读万卷书，还要行万里路。长期在一个地方，视野会受到局限。如果说世界是一本书，那么不旅行的人就只能看到其中的一页。旅行可以开阔眼界，增长知识和见闻。把旅行当作一种学习，汲取旅行中得到的养分，有益于自己成长。旅行能改变一个人的价值观。通过旅行，可以观察到丰富的人文景观，可以了解各地的文化风俗，通过旅行可以拥有全新的感受。走出去，别样的风光，别样的世界，会为心灵打开一扇新的窗口。

旅行是一项综合性的活动，涉及地理、自然、考古、建筑、园林、动植物学、方言、风土人情、饮食文化、地方特产等。可以把旅行的过程当作一个考察学习、增长知识的过程。面对新奇的景象，耳目一新的外界刺激，能激发人的创作灵感。面对灵秀的山水，形形色色的植物，各种各样的建筑，内心潜在的活力就会被激发出来，生发出奇妙的想法，完成一些平常想不到的创作。

旅行能开阔视野、增长知识、陶冶情操，丰富精神生活，锻炼身体，增进健康。生活在现代社会，特别是在大城市中，噪声、大气污染和人群的拥挤，给人们的健康带来了许多不良影响，到大自然怀抱中去，呼吸新鲜空气，欣赏青山绿水使身心得到彻底休息。游览大自然的愉快，可以驱散愁闷和抑郁，调节心情，祛除疼痛，使人的身心接受一次美好的洗礼。平时常用的电脑、电视、手机屏幕和室内灯光对视网膜均有损害。原野、森林、草地的自然绿色有益于人的视觉。旅行可以缓解压力，使精神得到放松。旅行中包含运动，旅行不知不觉给人带来了一次锻炼身体的机会。人只有在静下来的时候，才能听到自己内心的声音，自我觉察，觉察自己的需要、动机、态度、情感等心理状态和人格特点，修正行为，调整方向，只有这样才不至于失去自我。人生最重要的是经历，经历越多，心态就会越平和，对待人和事物的判断就越客观，遭遇不平和坎坷就越从容，经历可以让人的内心更加强大，经历是人生的一种财富。

㉓北京外国语大学开设了 101 种外国语言。按照时间先后，学校开设语种包括俄语、英语、法语、德语、西班牙语、波兰语、捷克语、罗马尼亚语、日语、阿拉伯语、柬埔寨语、老挝语、僧伽罗语、马来语、瑞典语、葡萄牙语、匈牙利语、阿尔巴尼亚语、保加利亚语、斯瓦希里语、缅甸语、印度尼西亚语、意大利语、克罗地亚语、塞尔维亚语、豪萨语、越南语、泰语、土耳其语、朝鲜语、斯洛伐克语、芬兰语、乌克兰语、荷兰语、挪威语、冰岛语、丹麦语、希腊语、菲律宾语、印地语、乌尔都语、希伯来语、波斯语、斯洛文尼亚语、爱沙尼亚语、拉脱维亚语、立陶宛语、爱尔兰语、马耳他语、孟加拉语、哈萨克语、乌兹别克语、拉丁语、祖鲁语、吉尔吉斯语、普什图语、梵语、巴利语、阿姆哈拉语、尼泊尔语、索马里语、泰米尔语、土库曼语、加泰罗尼亚语、约鲁巴语、蒙古语、亚美尼亚语、马达加斯加语、格鲁吉亚语、阿塞拜疆语、阿非利卡语、马其顿语、塔吉克语、茨瓦纳语、恩得贝莱语、科摩罗语、克里

奥尔语、绍纳语、提格雷尼亚语、白俄罗斯语、毛利语、汤加语、萨摩亚语、库尔德语、比斯拉马语、达里语、德顿语、迪维希语、斐济语、库克群岛毛利语、隆迪语、卢森堡语、卢旺达语、纽埃语、皮金语、切瓦语、塞苏陀语、桑戈语、塔玛齐格特语、爪哇语、旁遮普语。学校目前已开齐与中国建交国家的官方用语。

㉔教育可以通过多种形式进行。最古老也是最基本的方式是长辈对幼辈的言传身教，特别是父母对子女的家庭教育。人在幼年最易接受教育，而且影响最深，记忆最久。父母与子女生活密切，父母的言行最易被子女模仿。为人父母者，不能忽视这一点。人再长大一些，特别是在青少年阶段，师友的作用最为主要。因为父母的表率有限，父母的品质也不能选择，仅依靠父母，知识和智慧难以扩大发展。而师友则不同，他们的范围可无限扩大，他们的品质也可以任意选择，这就为人的进取提供了宽广的可能性。在古时的中国，寻师访友成为年轻人的重要活动。这种活动造就了不少杰出人才。但是寻师访友这种形式并非每一个人都有条件实行。它不仅要有时间，还要有资金，更要有一定的人际关系。另外，要找到名师益友也不是一件容易的事，要有机缘。所以不少人还是靠自学，依靠书本和个人的实际体验。这种自由的受教育方式有个最大的优点，就是能切合个人的实际需要并且能发挥学习的主动性。缺点是如无名师指点，极易走弯路，效率不高；再就是能这样求学的人不多，难以普及。后来逐渐出现了以教育为专职的人，开课授徒，吸收一帮年轻人聚集一起共同受教育。各地都有，寻师较易，共同学习，亦易交友，这是学校的前身。最后发展成为学校。现在，学校已成为一个社会不可或缺的组成部分。大多数人从幼年到青年都在学校中度过。

㉕学生喜欢的老师主要有下列特点：认真负责、讲授细致、课堂效率高、讲授熟练、信息量大、内容涉及面广、可以增长学生各方面的知识。让学生发挥自己的特长、课堂活跃、口语标准、注重让学生成为课堂的主体。讲课细致易懂，每堂课都精心准备、与学生有很好的互动。知识讲解细致、耐心解答学生疑问。教学系统化、深入浅出、内容更新快、表达清楚、备课认真、讲课仔细、责任心强、授课耐心、讲解清晰。与学生相处融洽、对学生亲切、理解学生、爱学生、尊重学生。对同学态度和蔼又不失严肃、对学生严格要求、课堂气氛活跃。教学内容与时俱进，能够吸引学生。清楚每个学生的问题、一视同仁、给每个人机会。能够准确抓住每个学生的缺点、及时纠正。与学生在学习及其他方面有很好的沟通，能够很好地融入学生，不仅教授课堂知识也讲授一些人生经验。对每个同学都很耐心而且细心、教学计划清晰、注重细节、教学经验丰富、耐心指导学生、课上内容丰富多彩。能做学生的朋友、教给学生很多做人的道理、做到了教书育人、有高尚的师德、教学方法科学有效、积极鼓励、使每个学生都有信心。

㉖人在青少年时期是受教育的最重要时期，同时也是人生程途中一段最危险的时

期，可以说是人之一生定型于此时。有不少人由于遭遇不幸，或失去父母，或失学，或无人关怀，往往易受社会黑势力引诱沦入邪道，或过早陷入劳动求生耽误受教育时机，不仅造成个人一生不幸，还对社会添加负面影响。也有些人，环境过于优裕，成为纨绔子弟，不愿接受教育，只知嬉戏玩乐，滑向成为腐蚀社会的寄生虫。所有这些现象，都是人性在起作用。人性如果完全不受约束，必定向恶的方向发展，有如水势，顺流而下。约束人性的道德法律，要它们能起预防作用，只有通过教育。因此，人们接受教育是和人性自然发展逆向而行，有如逆水行舟，必须付出努力，并非人人乐于接受。青少年时期，是人生的一大岔口，如无适当引导，极易舍难就易，流入恶道歧途。

㉗身体的免疫力就是身体的第一道防线，一个人的身体的免疫力不好的话，那么就更容易引起很多的疾病，不管是对于老人还是孩子来说，提高身体的免疫力都是非常重要的，下面是几个提高免疫力的方法。

保持乐观的情绪。乐观的情绪可以产生更多的辅助 T 细胞，而这种细胞对提高人体的免疫力有着很大的帮助，因此，日常生活中，保持乐观的情绪，可以调理好自己的心态，就算遇到了什么不开心的事，也要从另一方面来看待问题。

充足的睡眠。睡眠不足，人体的免疫力就会下降。因此，要保持 8 个小时的睡眠时间，而且最好做到日落而息，尽量减少夜生活。

少吃甜腻的食物。过多的甜腻食物会加重身体的湿气，从而影响人体的抵抗力。

保持室内的空气流通。尤其是对于一些住在湿气很重的环境中的人来说，更要保持空气的流通。

多交朋友。多交朋友可以让我们接触到很多新的东西，更有利于人的心理素质的提高，而人的心理健康了，身体的抵抗力也就会跟着上去了。

运动。运动是提高身体免疫力的一个最好的方法，通过运动，就可以让身体的各种机能变得更加的完善，尤其是对于提高抵抗力，新陈代谢，血液循环也都是会有很大的帮助。

日常可以多吃一些具有补脾益气，滋补的食物，多吃一些对促进消化有好处的食物，这样才能让身体处于更健康的状态。

吃一些有滋补作用的药品，如西洋参、沙参、麦冬、五味了，这些都有补气益气的作用。由于都是中药，因此日常在服用的时候，要尽量在医生的指导下服用。

减少到人多的地方。人多的地方，空气中多有细菌，如果经常在这里地方待太久的话，就容易引起各种疾病。

良好的生活习惯。疾病和日常的生活习惯息息相关，日常如果不注意这些细节的话，就更容易引起疾病。

㉘要打下扎实的外语基础，在学习上必须要有一定的深度与广度。深，就要求对

所学的语言材料有透彻的理解，这不仅指字面上的理解，还要弄清楚背景知识、言外之意，以及修辞手法、语言技巧等。广，就是涉及面要广泛。语言包罗万象，涉及文、史、哲、科技、艺术等各个领域与学科。要多接触各种题材、体裁、语体和各种术语，包括文学作品、科技文献、新闻报道、实用文体、商业广告等各种材料。这样，在学习语言的同时，还能增长知识，提高学习兴趣。

精读与泛读，精听与泛听，对于学好外语来说都是不要缺少的。精的材料要有一定的难度，要弄通熟记，要真正做到精通。泛的材料数量要大，阅读的速度要快，要养成博览群书、广泛阅读的好习惯。

学习过程是一种观察、模仿、认识、思考、记忆等综合的心理活动过程。学生要通过观察、思考、记忆，使自己认识学习的内容，学会进行比较和区分，学会把整体分为部分，把部分合为整体。一般说来，在一天里集中花费过长的时间学英语，效果并不好，而零碎的时间学习英语最容易出效果。由于个是自然习得，外语学习过程中的遗忘现象不可避免，而有效防止遗忘的方法之一就是书面记录。学生在学习英语的过程中必须针对重点难点做相应的笔记，并时常加以复习巩固。应该主动地在课外使用英语，养成写英语日记的习惯，来提高自己的英语写作水平。写作练习可以从最简单的简单句写起，逐渐发展到写出较复杂的句子。

英语学习进入高级阶段以后，写作和翻译能力更为重要。语言技能之外，百科知识也应该是探求的目标。要学好英语，不能只停留在语音语法词汇上，还要重视整体文化素质和人文修养的提升。

㉙中国十大名胜古迹是指 1985 年由《中国旅游报》发起并组织全国人民经过半年多的评比，于当年 9 月 9 日评选出的万里长城、桂林山水、北京故宫、杭州西湖、苏州园林、安徽黄山、长江三峡、台湾日月潭、承德避暑山庄、西安秦兵马俑十个风景名胜区，包括自然景观，历史建筑，人文景观和文物古迹。

㉚中国城市分级

一线城市 4 个

北京、上海、广州、深圳

新一线城市 15 个

成都、杭州、武汉、重庆、南京、天津、苏州、西安、长沙、沈阳、青岛、郑州、大连、东莞、宁波

二线城市 30 个

厦门、福州、无锡、合肥、昆明、哈尔滨、济南、佛山、长春、温州、石家庄、南宁、常州、泉州、南昌、贵阳、太原、烟台、嘉兴、南通、金华、珠海、惠州、徐州、海口、乌鲁木齐、绍兴、中山、台州、兰州

三线城市 70 个

潍坊、保定、镇江、扬州、桂林、唐山、三亚、湖州、呼和浩特、廊坊、洛阳、威海、盐城、临沂、江门、汕头、泰州、漳州、邯郸、济宁、芜湖、淄博、银川、柳州、绵阳、湛江、鞍山、赣州、大庆、宜昌、包头、咸阳、秦皇岛、株洲、莆田、吉林、淮安、肇庆、宁德、衡阳、南平、连云港、丹东、丽江、揭阳、延边朝鲜族自治州、舟山、九江、龙岩、沧州、抚顺、襄阳、上饶、营口、三明、蚌埠、丽水、岳阳、清远、荆州、泰安、衢州、盘锦、东营、南阳、马鞍山、南充、西宁、孝感、齐齐哈尔

四线城市 90 个

乐山、湘潭、遵义、宿迁、新乡、信阳、滁州、锦州、潮州、黄冈、开封、德阳、德州、梅州、鄂尔多斯、邢台、茂名、大理白族自治州、韶关、商丘、安庆、黄石、六安、玉林、宜春、北海、牡丹江、张家口、梧州、日照、咸宁、常德、佳木斯、红河哈尼族彝族自治州、黔东南苗族侗族自治州、阳江、晋中、渭南、呼伦贝尔、恩施土家族苗族自治州、河源、郴州、阜阳、聊城、大同、宝鸡、许昌、赤峰、运城、安阳、临汾、宣城、曲靖、西双版纳傣族自治州、邵阳、葫芦岛、平顶山、辽阳、菏泽、本溪、驻马店、汕尾、焦作、黄山、怀化、四平、榆林、十堰、宜宾、滨州、抚州、淮南、周口、黔南布依族苗族自治州、泸州、玉溪、眉山、通化、宿州、枣庄、内江、遂宁、吉安、通辽、景德镇、阜新、雅安、铁岭、承德、娄底

五线城市 129 个

克拉玛依、长治、永州、绥化、巴音郭楞蒙古自治州、拉萨、云浮、益阳、百色、资阳、荆门、松原、凉山彝族自治州、达州、伊犁哈萨克自治州、广安、自贡、汉中、朝阳、漯河、钦州、贵港、安顺、鄂州、广元、河池、鹰潭、乌兰察布、铜陵、昌吉回族自治州、衡水、黔西南布依族苗族自治州、濮阳、锡林郭勒盟、巴彦淖尔、鸡西、贺州、防城港、兴安盟、白山、三门峡、忻州、双鸭山、楚雄彝族自治州、新余、来宾、淮北、亳州、湘西土家族苗族自治州、吕梁、攀枝花、晋城、延安、毕节、张家界、酒泉、崇左、萍乡、乌海、伊春、六盘水、随州、德宏傣族景颇族自治州、池州、黑河、哈密、文山壮族苗族自治州、阿坝藏族羌族自治州、天水、辽源、张掖、铜仁、鹤壁、儋州、保山、安康、白城、巴中、普洱、鹤岗、莱芜、阳泉、甘孜藏族自治州、嘉峪关、白银、临沧、商洛、阿克苏地区、海西蒙古族藏族自治州、大兴安岭地区、七台河、朔州、铜川、定西、迪庆藏族自治州、日喀则、庆阳、昭通、喀什地区、怒江傈僳族自治州、海东、阿勒泰地区、平凉、石嘴山、武威、阿拉善盟、塔城地区、林芝、金昌、吴忠、中卫、陇南、山南、吐鲁番、博尔塔拉蒙古自治州、临夏回族自治州、固原、甘南藏族自治州、昌都、阿里地区、海南藏族自治州、和田地区、克孜勒苏柯尔克孜自治州、海北藏族自治州、那曲地区、玉树藏族自治州、黄南藏族自治州、果洛藏族自治州、三沙

第四节
英语练习材料

一、句子

①The sky is the ultimate art gallery just above us.

②Don't count the days. Make the days count.

③The best car safety device is a rear-view mirror with a cop in it.

④A diamond is merely a lump of coal that did well under pressure.

⑤Plant the seeds of beautiful ideas in your mind and water them with belief.

⑥You can be discouraged by failure or you can learn from it，so go ahead and make mistakes. Make all you can. Because remember that's where you will find success.

⑦Kindness is one of the greatest gifts you can bestow upon another. If someone is in need，lend them a helping hand. Do not wait for a thank you. True kindness lies within the act of giving without the expectation of something in return.

⑧What you're supposed to do when you don't like a thing is change it. If you can't change it，change the way you think about it.

⑨It is good to love many things，for therein lies the true strength，and whosoever loves much performs much，and can accomplish much，and what is done in love is well done.

⑩Associate yourself with men of good quality if you esteem your own reputation；for it's better to be alone than in bad company.

⑪If it can't be reduced，reused，repaired，rebuilt，resold，recycled or composted，then it should be restricted，redesigned or removed from production.

⑫The influence of teachers extends beyond the classroom，well into the future. It is they who shape and enrich the minds of the young，who touch their hearts and souls. It is they who shape a nation's future.

⑬What matters in life is not what happens to you but what you remember and how you remember it.

⑭The farther back you can look，the farther forward you are likely to see.

⑮The secret to living well and longer is: eat half, walk double, laugh triple and love without measure.

⑯Sometimes that smallest step in the right direction ends up being the biggest step of your life. Tiptoe if you must, but take a step.

⑰Be thankful for what you have; you'll end up having more. If you concentrate on what you don't have, you will never, ever have enough.

⑱You aren't wealthy until you have something money can't buy.

⑲The greatest gifts you can give your children are the roots of responsibility and the wings of independence.

⑳Patience is not the ability to wait but the ability to keep a good attitude while waiting.

㉑Don't impress others with what you have; impress them with who you are.

㉒The things you do for yourself are gone when you are gone, but the things you do for others remain as your legacy.

㉓It's not how long you live, but how you live, that matters most.

㉔One of the sanest, surest, and most generous joys of life comes from being happy over the good fortune of others.

㉕Everywhere is within walking distance if you have the time.

㉖Anything worth doing is worth doing poorly until you learn to do it well.

㉗Manners are a sensitive awareness of the feelings of others. If you have that awareness, you have good manners.

㉘Happiness consists of living each day as if it were the first day of your honeymoon and the last day of your vacation.

㉙Life is not a matter of holding good cards, but of playing a poor hand well.

㉚Reading gives us someplace to go when we have to stay where we are.

㉛Do what makes you happy, be with who makes you smile, laugh as much as you breathe, and love as long as you live.

㉜To handle yourself, use your head; to handle others, use your heart.

㉝It is during our darkest moments that we must focus to see the light.

㉞If I had a flower for every time I thought of you, I could walk through my garden forever.

㉟I find television very educational. Every time someone turns it on, I go in the other room and read a book.

二、短文

①Smile every chance you get. Not because life has been easy, perfect, or exactly as you had anticipated, but because you choose to be happy and grateful for all the good things you do have and all the problems you know you don't have.

②Do more than belong: participate. Do more than care: help. Do more than believe: practice. Do more than be fair: be kind. Do more than forgive: forget. Do more than dream: work.

Work for a cause, not for applause. Live life to express and not for impress. Don't strive to make your presence noticed, just make your absence felt.

③Enthusiasm is one of the most powerful engines of success. When you do a thing, do it with all your might. Put your whole soul into it. Stamp it with your own personality. Be active, be energetic and faithful, and you will accomplish your object. Nothing great was ever achieved without enthusiasm.

④Life is an opportunity, benefit from it. Life is beauty, admire it. Life is a dream, realize it. Life is a challenge, meet it. Life is a duty, complete it. Life is a game, play it. Life is a promise, fulfill it. Life is sorrow, overcome it. Life is a song, sing it. Life is a struggle, accept it. Life is a tragedy, confront it. Life is an adventure, dare it. Life is luck, make it. Life is too precious, do not destroy it.

⑤A beautiful day begins with a beautiful mindset. When you wake up, take a second to think about what a privilege it is to simply be alive and healthy. The moment you start acting like life is a blessing, I assure you it will start to feel like one. Time spent appreciating is time worth living.

⑥Kite flying is the sport of sending up into the air, by means of the wind, a light frame covered with paper, plastic or cloth. The frame can be one of many different shapes and is attached to a long string held in the hand or wound on a drum. Kites have a long history of practical application and many different types of kites have been developed to serve various purposes.

⑦Nowadays, we can own a private car. Having a car of your own means no more traveling to work on crowded buses or subway trains, and you can drop off the children at school on the way. Moreover, it also means that you can enjoy the weekends and holidays better, because with a car you can go to places where the regular buses and trains do not go, and so you can find a quiet scenic spot. However, there are drawbacks to owning a car. For one thing, with the increase in car ownership in recent years, the roads are becoming more and more crowded, often making the journey to work more of a nightmare than a dream. For another, it is not cheap to run a car, as the prices of gasoline and repairs are constantly rising, not to mention the prices you have to pay for a license and insurance coverage.

⑧Esperanto was devised in 1887 by Dr. Lazarus Ludwig Zamenhof of Warsaw, Poland. Based on the elements of the foremost Western languages, Esperanto is incomparably easier to master than any national tongue, for its grammar rules are completely consistent, and a relatively small number of basic roots can be expanded into an extensive vocabulary by means of numerous prefixes, suffixes, and infixes. The French Academy of Sciences has called Esperanto "a masterpiece of logic and simplicity".

A knowledge of Esperanto makes it much easier to learn other foreign languages, and there is some evidence that it is actually more efficient to learn Esperanto first, before learning other languages, rather than to study foreign languages directly. For example, one may become more fluent in French by first studying Esperanto for 6 months and then studying French for a year and a half, rather than studying French for two continuous years. The reason may be that Esperanto's regular grammar and word formation and flexible syntax makes it easier to understand other languages' grammar and rules.

⑨Smoking generally has negative health effects, because smoke inhalation inherently poses challenges to various physiologic processes such as respiration. Diseases related to tobacco smoking have been shown to kill approximately half of long-term smokers when compared to average mortality rates faced by non-smokers. Smoking caused over five million deaths a year from 1990 to 2015.

Smoking bans are enacted in an attempt to protect people from the effects of second-hand smoke, which include an increased risk of heart disease, cancer, emphysema, and other diseases. Laws implementing bans on indoor smoking have been introduced by many countries in various forms over the years, with some legislators citing scientific evidence that shows tobacco smoking is harmful to the smokers themselves and to those inhaling second-hand smoke.

The World Health Organization considers smoking bans to have an influence to reduce demand for tobacco by creating an environment where smoking becomes increasingly more difficult and to help shift social norms away from the acceptance of smoking in everyday life.

⑩ Healthy sleep habits can make a big difference in your quality of life. Try to keep the following sleep practices on a consistent basis:

Stick to a sleep schedule of the same bedtime and wake up time, even on the weekends. This helps to regulate your body's clock and could help you fall asleep and stay asleep for the night.

Practice a relaxing bedtime ritual. A relaxing, routine activity right before bedtime conducted away from bright lights helps separate your sleep time from activities that can cause excitement, stress or anxiety which can make it more difficult to fall asleep, get sound and deep sleep or remain asleep.

If you have trouble sleeping, avoid naps, especially in the afternoon. Power napping may help you get through the day, but if you find that you can't fall asleep at bedtime, eliminating even short catnaps may help.

Exercise daily. Vigorous exercise is best, but even light exercise is better than no activity. Exercise at any time of day, but not at the expense of your sleep.

Evaluate your room. Design your sleep environment to establish the conditions you need for sleep. Your bedroom should be cool-between 16 and 20 degrees. Your bedroom should also be free from any noise that can disturb your sleep. Finally, your bedroom should be free from any light. Check your room for noises or other distractions. This includes a bed partner's sleep disruptions such as snoring. Consider using blackout curtains, eye shades, ear plugs, humidifiers, fans and other devices.

Sleep on a comfortable mattress and pillows. Make sure your mattress is comfortable and supportive. The one you have been using for years may have exceeded its life expectancy—about 10 years for most good quality mattresses. Have comfortable pillows and make the room attractive and inviting for sleep but also free of allergens that might affect you and objects that might cause you to slip or fall if you have to get up during the night.

Use bright light to help manage your circadian rhythms. Avoid bright light in the evening and expose yourself to sunlight in the morning. This will keep your circadian rhythms in check.

Avoid alcohol, cigarettes, and heavy meals in the evening. Alcohol, cigarettes and caffeine can disrupt sleep. Eating big or spicy meals can cause discomfort from indigestion that can make it hard to sleep. If you can, avoid eating large meals for two to three hours before bedtime. Try a light snack 45 minutes before bed if you're still hungry.

Wind down. Your body needs time to shift into sleep mode, so spend the last hour before bed doing a calming activity such as reading. For some people, using an electronic device such as a laptop can make it hard to fall asleep, because the particular type of light emanating from the screens of these devices is activating to the brain. If you have trouble sleeping, avoid electronics before bed or in the middle of the night.

If you can't sleep, go into another room and do something relaxing until you feel tired. It is best to take work materials, computers and televisions out of the sleeping environment. Use your bed only for sleep to strengthen the association between bed and sleep.

⑪At the invitation of the National Administration of Radio, Film and Television, I started to work in Beijing Broadcasting Institute in August 1998. It was not easy to come to Beijing from other place then. My family and I became Beijing citizens with approval of National Ministry of Personnel as a case of introducing talents to the capital. I first went to the National Administration of Radio, Film and Television to report myself for duty before I started my work in Beijing Broadcasting Institute. Since I came to Beijing Broadcasting Institute, I have taught students majoring in International Journalism, English broadcasting, Japanese-English, Bangladeshi-English, Dutch-English, German-English, Russian-English, Korean-English, Vietnamese-English, English Language and Literature, Network English, and Film and Television Drama Dubbing. I have taught Intensive English Reading, Extensive English Reading, Advanced English, English Writing, English News Writing, English Linguistics, English Lexicology, English Shorthand, etc. I have directed dozens of students on their graduation thesis. I like my teaching job very much. I know my students well and there is a great deal of interaction in my class. I was cited as an excellent teacher in 2000, 2005 and 2006. I got a certificate of honor of teaching for 30 years in 2005, issued by the Education Commission of Beijing City. Since 2001, every winter I went to other city to interview candidates applying for art majors. I have been to Kunming, Chengdu, Hangzhou, Harbin, Wuhan and Nanjing. In summers, I sometimes travel for sightseeing. I have been to Sichuan, Jiangxi, Yunnan and Fujian. I also visited Rizhao in Shandong and Huludao in Liaoning. In 2004 I visited Germany, Belgium, France, Luxemburg, Austria and Italy with some other teachers. I have been to the cities of Frankfurt, Heidelberg, Cologne, Brussels, Paris, Luxemburg, Stuttgart, Munich, Salzburg, Vienna, Graz and Venice. The travel increased my knowledge, broadened my vision, and I learned many new things.

From 1994 to 2016, I had 18 books published to my name. One of them, A Treasury of Useful English-Chinese Sentences，was among the best sellers in 2000，ranking the second place nationwide. Some of my books are not only kept by most libraries in China，but also by overseas libraries such as the National Library of Canada，Library of University of Calgary in Canada and the National Library of Australia. Over the years，I have published quite a number of papers about language，media，cross-cultural communication，translation and English teaching，etc.

⑫In 2006，at the invitation of the sponsor，I did research work on communication in City University of Hong Kong as a visiting scholar. I stayed at the International Center of Hong Kong Baptist University for one month when I worked in Hong Kong. In 2006 I was promoted to be a full professor. I had been a class supervisor for 5 successive years，over class of Dutch of 02 and classes of English broadcasting of 01 and 03，between 2002 and 2007. Many of my students are now working with CCTV，CRI，or Phoenix TV，and now I can often see them on TV. Some of my students have gone abroad for further studies and some have also become college teachers. From the spring of 2007 I began to teach public course of Chinese shorthand；many students of nearly all majors in our university selected it.

From November，2011 to May，2012，I stayed in the United States as a senior visiting scholar to the University of Oregon. I travelled to other parts of the US four times. In recent years，I visited many countries，including Russia，Cambodia，Thailand，Malaysia，Singapore，Vietnam，Japan，Australia，New Zealand，Brunei，The United Arab Emirates，Nepal，Czech Republic，Liechtenstein，Switzerland，Holland，Norway，Sweden，Finland，Estonia，Denmark，Egypt and Laos. I revisited Italy，Austria，Germany，Belgium and France when I went to Europe in 2019. So far，I have been to all parts of China except Tibet.

⑬Since 1986，compulsory education in China comprises primary and junior secondary school，which together last for nine years. In 2010，about 82. 5 percent of students continued their education at a three-year senior secondary school. The Gaokao，China's national university entrance exam，is a prerequisite for entrance into most higher education institutions. In 2010，27 percent of secondary school graduates are enrolled in higher education. Vocational education is available to students at the secondary and tertiary level.

In February 2006，the government pledged to provide completely free nine-year education，including textbooks and fees. Annual education investment went from less than US＄50 billion in 2003 to more than US＄250 billion in 2011. However，there remains an inequality in education spending. Free compulsory education in China consists of primary school and junior secondary school between the ages of 6 and 15. In 2011, around 81.4% of Chinese have received secondary education. By 2007, there were 396,567 primary schools, 94,116 secondary schools, and 2,236 higher education institutions in China.

As of 2010, 94% of the population over age 15 are literate, compared to only 20% in 1950. In 2009, Chinese students from Shanghai achieved the world's best results in mathematics, science and literacy, as tested by the Programme for International Student Assessment (PISA), a worldwide evaluation of 15-year-old school pupils' scholastic performance. Despite the high results, Chinese education has also faced both native and international criticism for its emphasis on rote memorization and its gap in quality from rural to urban areas.

⑭Chinese literature is based on the literature of the Zhou dynasty. Concepts covered within the Chinese classic texts present a wide range of thoughts and subjects including calendar, military, astrology, herbology, geography and many others. Some of the most important early texts include the I Ching and the Shujing within the Four Books and Five Classics which served as the Confucian authoritative books for the state-sponsored curriculum in dynastic era. Inherited from the Classic of Poetry, classical Chinese poetry developed to its floruit during the Tang dynasty. Li Bai and Du Fu opened the forking ways for the poetic circles through romanticism and realism respectively. Chinese historiography began with the Shiji, the overall scope of the historiographical tradition in China is termed the Twenty-Four Histories, which set a vast stage for Chinese fictions along with Chinese mythology and folklore. Pushed by a burgeoning citizen class in the Ming dynasty, Chinese classical fiction rose to a boom of fictions as represented by the Four Great Classical Novels which include Water Margin, Romance of the Three Kingdoms, Journey to the West and Dream of the Red Chamber. Along with the wuxia fictions of Jin Yong and Liang Yusheng, it remains an enduring source of popular culture in the East Asian cultural sphere.

In the wake of the New Culture Movement after the end of the Qing dynasty, Chinese literature embarked on a new era with written vernacular Chinese for ordinary citizens. Hu Shi and Lu Xun were pioneers in modern literature.

⑮The 35 modern languages taught in Shanghai International Studies University include English, Russian, French, German, Spanish, Arabic, Japanese, Greek, Italian, Portuguese, Korean, Persian, Thai, Vietnamese, Indonesian, Swedish,

Dutch, Hebrew, Ukrainian, Turkish, Hindi, Hungarian, Uzbek, Kazakh, Polish, Czech, Swahili, Serbian, Romanian, Urdu, Malay, Javanese, Pashto, Tajik, Chinese, etc. There are as well 11 classical and international auxiliary language courses, including Latin, ancient Greek, Esperanto, Sanskrit, ancient English, classical Syrian, Pahlavi, classical Navat, Akkadian, Sumerian, and classical Hebrew.

⑯Due to an illness, Keller lost her sight and hearing before the age of two, then struggled to find her place in the world. In 1887, a 20-year-old Sullivan, a recent graduate of the Perkins Institution for the Blind, arrived at Keller's Alabama home to become the young girl's teacher. Keller was initially combative with Sullivan but eventually associated water flowing over her hand with Sullivan using her fingers to spell the word"water"on her palm. This breakthrough provided a means for Keller to communicate with others and unlocked her abilities. However, Sullivan and Keller's story extends far beyond this moment.

With Sullivan's assistance, Keller was able to pursue educational opportunities in New York and Massachusetts. Keller passed the entrance exams for Harvard's Radcliffe College in 1899 and enrolled there in 1900. Sullivan remained at Keller's side, using finger spelling to convey lectures and conversations to the younger woman. Though it hurt her own eyesight, Sullivan also reviewed textbooks to deliver the information inside to Keller.

Keller helped Sullivan in turn. The opportunity to teach a young Keller came at a time when Sullivan, whose sight was limited due to a childhood infection, desperately needed a way to earn her living. While at Radcliffe, Keller could tell her teacher's eyes were hurting due to the amount of reading she was doing. Keller later stated that at times "when she asked if I did not want certain passages reread, I lied and declared that I could recall them,"so as to spare Sullivan further eyestrain.

Through their time together, Sullivan, who was always haunted by a horrific childhood stay in a poorhouse, knew she could depend on Keller for support. When Sullivan's health failed and she became blind in the 1930s, Keller aided her teacher with tasks such as writing letters. And her work with Keller offered Sullivan a feeling of accomplishment.

At a time when women, especially disabled women, had few paths to live independently, Keller and Sullivan supported themselves in a myriad of ways. Sullivan helped Keller with her successful autobiography, The Story of My Life, which was published in 1903. Sullivan didn't claim credit for Keller's ideas, but once explained in a letter，"Someone must always be at her side to read to her，to keep her typewriter in order，to read over her manuscript，make corrections and look up words for her，and to do the many things which she would do for herself if she had her sight. "

Before Sullivan died in 1936，she said of Keller，"Thank God I gave of my life that Helen might live. God help her to live without me when I go. "Keller survived and even thrived after Sullivan was gone. With the help of other companions，she continued to write. She offered her support to soldiers blinded during World War Ⅱ. She urged governments and institutions across the globe to provide more resources for educating the blind. In 1953，she received a nomination for a Nobel Peace Prize. This life of accomplishment lasted until Keller's own death in 1968.

Keller once said of Sullivan，"By the vitalizing power of her beautiful friendship she has stirred and enlarged my faculties. She has held me up to the ideals of the great and the good. She has opened my eyes to find my fellow men that need help，and it is the dearest joy of her life to have me do the most that lies in my power for them. "

附录一

汉语速记符号一览表

汉语速记基本符号一览表

序号	符号名称	速记符号	书写方向	大小比例	代表语音	代表常用汉字
1	短横	一	从左向右	2	n、ni、en(g)、in(g)、yin(g)	因、应、年（数字后）、你（上符）
2	长横	一	从左向右	4	m、mi	米
3	短提	╱	从左向右	2	t、te、ti	体、特（上符）
4	长提	╱	从左向右	4	d、de、di	地、的（下符）、电（上符）
5	短斜竖	╱	从上向下	1.5	x、xi	西、小（上符）、性（下符）
6	中斜竖	╱	从上向下	3	q、qi	起
7	长斜竖	╱	从上向下	4.5	j、ji	基
8	右下斜	～	从左向右	2	ng、ang	昂
9	短左弧	╭	从上向下	1	z、zh、zi、zhi	子
10	中左弧	╭	从上向下	3	p、pi	皮
11	长左弧	╭	从上向下	5	b、bi、bu	比
12	左下圆	╮	从左向右	3	c、ch	吃、超（上符）
13	短右弧	╮	从上向下	1	s、sh、si、shi	是
14	中右弧	╮	从上向下	3	f	费（下符）
15	长右弧	╯	从上向下	5	ü、yu	语

续表

序号	符号名称	速记符号	书写方向	大小比例	代表语音	代表常用汉字
16	右上圆	)	从左上向右下	3	wei	为
17	右下圆	)	从左上向右下	3	z(h)ai	在
18	短下弧	⌣	从左向右	2	r、re、ri	日、儿
19	长下弧	⌣	从左向右	4	l、le、li	了、里
20	短上弧	⌢	从左向右	2	k、ke	可
21	长上弧	⌢	从左向右	4	g、ge	个
22	左上圆	⌐	从左向右	2	tian	天
23	小圈	◦	顺时针或逆时针	1	e、i、y、yi	一、以
24	大圈	O	顺时针或逆时针	3	a、ei	阿
25	破圈	⊘	顺时针或逆时针	3	ai	爱
26	上开口钩	∪	逆时针	1	o、uo、wo	我
27	下开口钩	∩	顺时针	1	u、w、wu	无、化（下符）
28	右开口钩	⊂	逆时针	1	ou	欧
29	圈加点	⊙	顺时针或逆时针（先画圈）	1	ia、ya	亚
30	大圈加钩	℮	逆时针（先画圈）	3	ao	奥
31	钩加大圈	♂	顺时针（后画圈）	4	ua、wa、wei	挖
32	钩加破圈	♂	顺时针（后画圈）	4	uai、wai	外
33	小圈加钩	♂	顺时针向上（先画圈）	1	you	有
34	钩加小圈	♀	顺时针向上（后画圈）	2	ue、ui	五一
35	扁圈	∅	顺时针或逆时针	2	ie、ye	也
36	点	·	点一下	2	h、he	和、会（下符）

汉语音节简写符号一览表

序号	音节	原符　简化符	位置（未标注者为中位，可以连写；上位、下位不可连写）
1	bang		
2	c(h)ang		
3	c(h)eng		
4	c(h)uang		
5	dang		
6	fang		
7	guang		
8	hang		
9	hen(g)		
10	huang		
11	hui		下位
12	he		（注意：中位的点也不可连写）
13	jiang		

续表

序号	音节	原符　简化符	位置（未标注者为中位，可以连写；上位、下位不可连写）
14	kang		
15	kuang		
16	le		下位
17	liang		
18	mang		
19	mian		
20	pang		
21	qiang		
22	s(h)en(g)		
23	tang		
24	tian		
25	wang		
26	wen(g)		
27	xiang		
28	z(h)en(g)		

续表

序号	音节	原符　简化符	位置（未标注者为中位，可以连写；上位、下位不可连写）
29	z(h)ang		
30	z(h)uang		
31	s(h)uang		
32	wei		
33	zai		
34	dian		上位
35	de		下位
36	hua		下位
37	hao		上位
38	yao		
39	c(h)ao		上位
40	xiao		上位
41	liao		上位
42	hai		

汉语音节符号一览表

音序	音节符号
A	a　ai　an　ang　ao
B	ba　bai　ban　bang*　bao　bei　ben(g) bi　bian　biao　bie　bin(g)　bo　bu
C	c(h)a　c(h)ai　c(h)an　c(h)ang*　c(h)ao*　c(h)e　c(h)en(g)* c(h)i　c(h)ong　c(h)ou　c(h)u　chua　chuai c(h)uan　chuang　c(h)ui　c(h)un　c(h)uo
D	da　dai　dan　dang*　dao　de　dei　den(g) di　dia　dian*　diao　die　din(g)　diu　dong dou　du　duan　dui　dun　duo
E	e*　ei*　en(g)*　er
F	fa　fan　fang*　fei*　fen(g)*　fo　fou　fu

319

音序	音节符号
G	ga　gai　gan　gang*　gao　ge　gei gen(g)*　gong　gou　gu　gua　guai guan　guang*　gui　gun　guo
H	ha　hai*　han　hang*　hao*　he*　hei　hen(g) hong　hou　hu　hua*　huai huan　huang*　hui*　hun　huo
J	ji　jia　jian　jiang*　jiao　jie　jin(g) jiong　jiu　ju　juan　jue　jun
K	ka　kai　kan　kang*　kao　ke　kei ken(g)*　kong　kou　ku　kua　kuai kuan　kuang*　kui　kun　kuo

音序	音节符号
L	 la　lai　lan　lang　lao　le*　lei len(g)　li　lia　lian　liang*　liao* lie　lin(g)　liu　lo　long　lou lu　luan　lun　luo　lü　lüe
M	 ma　mai　man　mang*　mao　me　mei men(g)　mi　mian　miao　mie min(g)　miu　mo　mou　mu
N	 na　nai　nan　nang　nao　ne　nei nen(g)　ni　nian　niang　niao　nie　nin(g) niu　nong　nou　nu　nuan　nun　nuo nü　nüe　o　ou　pa　pai　pan

音序	音节符号
P	pang　pao　pei　pen(g)　pi　pian piao　pie　pin(g)　po　pou　pu qi　qia　qian　qiang*　qiao　qie qin(g)　qiong　qiu　qu　quan　que　qun
R	ran　rang　rao　re　ren(g)　ri　rong rou　ru　ruan　rui　run　ruo
S	s(h)a　s(h)ai　s(h)an　s(h)ang　s(h)ao　s(h)e　s(h)ei* s(h)en(g)*　s(h)i　s(h)ou　s(h)u　s(h)ua　s(h)uai s(h)uan　shuang*　s(h)ui　s(h)un　s(h)uo　song
T	ta　tai　tan　tang*　tao　te　ten(g) ti　tian*　tiao　tie　ting　tong tou　tu　tuan　tui　tun　tuo

续表

音序	音节符号
W	wa　wai　wan　wang*　wei*　wen(g)*　wo　wu
X	xi　xia　xian　xiang*　xiao　xie　xin(g) xiong　xiu　xu　xuan　xue　xun
Y	ya　yan*　yang*　yao*　ye　yi　yin(g) yong　you　yu　yuan　yue　yun
Z	z(h)a　z(h)ai*　z(h)an　z(h)ang*　z(h)ao　z(h)e　z(h)ei* z(h)en(g)　z(h)i　z(h)ong　z(h)ou　z(h)u　zhua　zhuai z(h)uan　zhuang　z(h)ui　z(h)un　z(h)uo　z(h)u

* 表示这个符号的圈可以省略或者有其他简写形式，见汉语音节简写符号一览表。

附录二

英语速记符号一览表

英语速记符号一览表

序号	速记符号	书写方向	大小比例	代表 基本音	代表前缀、后缀或字母组合 （斜体为附离符号）	代表词语
1	—	从左向右	2	n	en，un-，in-inter-， enter-，intr-，entr-	in，not
2	——	从左向右	4	m	im-，em-，-ment	am，more，million
3	╱	从下向上	2	t	trans-	it，at，to＋v.
4	╱	从下向上	4	d	de-，di-， -ward，-hood	would
5	╱	从上向下	1.5	sh	tion，tial，cian， sion，shionshort，ship	shall
6	╱	从上向下	3	ch		which
7	╱	从上向下	4.5	j		just
8	～	从左向右	2	ng		
9	～	从左向右	4	nk		
10	(	从上向下	1	s	-self， circum-，self-，-ings	
11	(	从上向下	2.5	p	post-	put
12	(	从上向下	4	b	be-，-ble	be，by
13	)	从上向下	1	s	self， sub-，super-	is，his
14	)	从上向下	2.5	f	for-，fore-，fur-，-ful， -ification	for
15	)	从上向下	4	v		have

续表

序号	速记符号	书写方向	大小比例	代表基本音	代表前缀、后缀或字母组合（斜体为附离符号）	代表词语
16	⌣	从左向右	2	r	re-，-er，-ure，-rity	are，our，hour
17	⌣	从左向右	4	l	al-，-ual，-lity，-lty	will，well
18	⌢	从左向右	2	k	con-，com-，-ical，-icle	can
19	⌢	从左向右	4	g	gram	good，go，+ago
20	⌐	从左向右	3	th	-ther	the
21	⌐	从左向右	3	th	-ther	there，their
22	⌡	从上向下	2	sis，ses，sus	-selves	
23	⌡	从上向下	2	sis，ses，sus	-selves	
24	⌣	从左向右	3	rd，red		
25	⌣	从右向右	5	ld，led		
26	⌐	从左下向右上	4	d-n，t-n		
27	⌐	从左下向右上	5	d-m，t-,		time
28	⌡	从左下向右上	4	nd，nt		and，end，hand，+want
29	⌡	从左下向右上	5	md，mt		
30	°	顺时针或逆时针	1	e，i，y	-ly，-ingly，inclu-，incli-	he
31	O	顺时针或逆时针	3	a		I
32	O	顺时针或逆时针	3	i[ai]		why
33	◡	逆时针	1	o	al-	of over
34	◠	顺时针	1	u，oo	-ulate	you，your，under
35	6	顺时针向上（先画圈）	2	u[ju]		use

325

序号	速记符号	书写方向	大小比例	代表 基本音	代表前缀、后缀或字母组合 （斜体为附离符号）	代表词语
36	ᕱ	逆时针 向上 （后画圈）	2	oi		
37	⊙	顺时针或 逆时针 （先画大圈）	3	ia, ea		
38	⊘	顺时针或 逆时针 （先画大圈）	3	ia		
39	6	顺时针 向上 （先画圈）	4	ow, ou		how, out
40	⬭	顺时针或 逆时针	2	ye, ily		
41	⬭	顺时针或 逆时针	3	ya		
42	·	点	0.2	h-, -ing	*a-*, *h-*, *-ing*	a, an
43	—	从左向右	6	m-n, m-m	mem	men
44	╱	从下向上	6	d-t, t-d, d-d		did, date
45	╱	从上向下	6	i-j		judge
46	∩	顺时针	5	d-f, d-v, t-v	*-tive*	
47	∪	逆时针	5	gent, pend, pent		
48	C	逆时针	4	per, pro, pur		
49	‿	从左向右 （画在圈下）	2	(q+)w		
50	ℓ ᕱ	顺时针或 逆时针 （先画圈）	2	es, ex	*ex*, *es-*	he is

主要参考资料

1. Crystal，David. The Cambridge Encyclopedia of Language（Second Edition），Cambridge University Press，1997.

2. Glazier，Stephen. Word Menu，Random House，Inc.，New York，1992.

3. Leslie Louis A. Gregg Shorthand（Diamond Jubilee Edition），Gregg Adult Education Series，Cincinnati Public Schools，Cincinnati，Ohio，Mcgraw-Hill，Inc.，1966.

4. Roget，Peter Mark. Roget's Thesaurus of English Words and Phrases，Longman House，1982.

5. Pitman's College. New Ere Shorthand，Teach Yourself Books，Hodder and Stoughton，1979.

6. The World Book Encyclopedia. World Book，Inc.，Chicago，2001.

7. 李会平．英语速记教程．哈尔滨：哈尔滨工业大学出版社，1986.

8. 夏征农主编．辞海．上海：上海辞书出版社，1999.

9. 梅家驹等．同义词词林．上海：上海辞书出版社，1983.

10. 童之侠．汉语和英语速记．北京：中国传媒大学出版社，2007.

11. 童之侠．中外名人名言汉英对照．北京：商务印书馆国际有限公司，2002.

12. 童之侠．实用英汉句典．北京：商务印书馆国际有限公司，2001.

13. 童之侠．学生英汉分类词汇手册．北京：北京广播学院出版社，2000.

14. 童之侠．英汉谚语格言．北京：外文出版社，2000.

15. 杨之蟾．英文速记．北京：中国对外经济贸易出版社，1986.

16. 新华字典．北京：商务印书馆，2012.